KB023661

전환시대의 문명

# 전환시대의 문명

**초판 1쇄 발행**   2019년 12월 20일

**원제**        Civilization in Transition
**지은이**      칼 구스타프 융
**옮긴이**      정명진
**펴낸이**      정명진
**디자인**      정다희
**펴낸곳**      도서출판 부글북스
**등록번호**    제300-2005-150호
**등록일자**    2005년 9월 2일

**주소**        서울시 노원구 공릉로 63길 14(하계동 청구빌라 101동 203호)
               (01830)
**전화**        02-948-7289
**전자우편**    00123korea@hanmail.net
**ISBN**        979-11-5920-114-1 03180

# 전환시대의 문명

*Civilization in Transition*

차례

〈들어가는 글〉

# 이 책에 대하여

이 책은 미국 프린스턴 대학교에서 출간한 칼 융의 전집 10권에 실린 에세이 중 일부를 번역한 것이다. 1차 세계대전이 끝날 무렵부터 2차 세계대전을 거쳐 냉전을 맞던 1950년대까지 발표된, 시사성이 다소 강한 글들이 주를 이루고 있다. 철학과 정치, 종교 분야까지 두루 건드리고 있어, 칼 융의 인생관과 세계관을 엿볼 수 있다.

글들 중에서 제1장에 실린 '무의식의 역할'(1918년)이 다른 글들의 토대가 되고 있다. 칼 융이 이 책을 통해 주장하는 바를 한 마디로 요약한다면, 유럽 대륙에서 빚어진 물리적 충돌은 기본적으로 심리적 갈등이 그 원인이라는 것이다. 이런 기조를 바탕으로, 칼 융은 개인과 사회의 관계를 파고들면서 유럽의 갈등의 기원을 집단과 국가를 형성하고 있는 개인들의 집단 무의식에서 찾는다.

칼 융은 특히 개인의 역할을 강조한다. 두 차례의 세계 대전이나 이데올로기에 따른 충돌 같은 것을 피할 수 있으려면, 무엇보다 개인이 사회적 압력에 맞서 자신을 옹호할 수 있을 만큼 강해져야 한다는 점이 지적되고 있다. 그러기 위해서는 개인이 자신의 의식 세계뿐만 아니라 무의식 세계까지도 깊이 앎으로써 자기 자신에 대한 지식을 높일 수 있어야 한다는 것이 칼 융의 기본 입장이다. 또 전환시대의 문명은 인간이 자신의 다른 반쪽을 얼마나 정직하게 보느냐에 크게 좌우된다는 점이 강조되고 있다. 심리학자로서 세상 돌아가는 이치가 빤히 보이는데도 그 실상을 대중에게 쉽게 전할 수 없어 애태우는 심리학자의 모습이 고스란히 드러난다.

사회주의가 세력을 떨치던 시기에 개인과 대중 사회의 관계를 집중적으로 다룬 6장 '발견되지 않은 자기'는 1957년에 단행본으로 발표되었으며, 국내에서도 '무엇이 개인을 이렇게 만드는가?'(부글북스)라는 제목으로 이미 소개된 바 있다.

옮긴이

1장

# 무의식의 역할

평범한 사람들의 귀에, "무의식"이라는 단어는 형이상학적이고 다소 신비한 무엇인가를 담고 있는 것처럼 들린다.[1] 무의식이라는 개념이 풍기는 이런 특성은 주로 무의식이라는 단어가 일상적인 표현에서 형이상학적인 어떤 실체를 뜻하는 것으로 쓰이고 있다는 사실에서 기인한다. 예를 들어, 하르트만(Eduard von Hartmann)은 무의식을 "보편적 바탕"(Universal Ground)이라고 불렀다. 무의식이라는 단어는 신비주의에도 채택되었다. 왜냐하면 신비주의 경향을 가진 사람들이 자신들의 생각에 "과학"의 옷을 입히기 위해서 과학적인 용어를 차용하길 대단히 좋아하기 때문이다.

이와 정반대로, 아주 오랫동안 스스로를 유일하게 과학적인 심리학

..........
1  이 글은 1918년 'Schweizerland: Monastshefte für Schweizer Art und Arbeit' IV에 'Uber das Unbewusste'라는 제목으로 실렸다.

의 대표자로 여겨온 실험 심리학자들은 무의식이라는 개념에 부정적인 태도를 보였다. 정신의 모든 것은 의식적이며, 의식만이 "정신"이라는 이름으로 불릴 가치를 지닌다는 뜻이었다. 실험 심리학자들은 의식적인 정신의 내용물 중에도 다른 것에 비해 "보다 분명하거나 보다 어두운" 것이 있기 때문에 뚜렷함에서 서로 차이를 보인다는 점을 인정했지만, 무의식적인 내용물의 존재는 무의식적 내용물이라는 표현 자체가 모순으로 여겨지며 부정당했다.

이 같은 견해는 실험실에서 이뤄지는 연구가 전적으로 "정상적인" 주제에 국한된다는 사실과 실험 자체의 성격에서 비롯되었다. 심리학의 실험들은 가장 기본적인 정신 과정에 가장 많은 관심을 기울인 반면에, 본질적으로 정확한 측정을 바탕으로 하는 실험의 대상이 되기 어려운 복잡한 정신적 기능들에 대한 연구는 거의 행해지지 않았다. 그러나 그 중요성에서 이 두 가지 이유를 훨씬 능가하는 한 요인이 바로 실험 심리학과 정신 병리학의 분리였다.

프랑스에서는 리보(Théodule Armand Ribot) 이후로 심리학자들은 비정상적인 정신 현상에 깊은 관심을 보였으며, 그런 심리학자들의 대표자인 비네(Alfred Binet)는 한 걸음 더 나아가 병적인 정신은 이해하기 매우 힘든, 정상으로부터의 일탈을 과장되게 보여주고 있기 때문에 그런 정신을 부각시킴으로써 일탈에 대한 이해를 크게 높일 수 있다고 주장했다. 또 다른 프랑스 심리학자로서 살페트리에르 병원에서 근무하고 있는 피에르 자네(Pierre Janet)는 정신의 병적 과정에 거의 전적으로 매달리면서 큰 성공을 거두었다. 그러나 무의식의 존재를 가장 분명하게 보여주는 것은 바로 비정상적인 정신 과정이다. 바로 그런 이유로, 무의식이라는 가설을 가장 강력하게 지지하고 옹호했던 사람들은 의사들, 특히 정신병 분야의 전문가들이었다. 그러나 프랑스에서는 심리학이 정신 병리학의 발견들에 의해 상당히 풍성해지면서 "무의식적" 과정이라는 개념이 받아들여지게 된 반면에, 독일의 경우에 다수의 실험적 방법을 제공하면서 정신 병리학을 풍성하게 가꾼 것은 심리학이었다. 그러나 독일의 심리학은 정신 병리학으로부터 병리학적인 현상에 대한 관심을 넘겨받지 않았다. 이것이 정신 병리학의 연구가 독일 과학계에서 프랑스가 걸었던 길과 완전히 다른 길을 걷게 된 이유를 설명해준다.

환자들이 보이는 복잡한 정신적 현상이 학계에 불러일으키는 관심과 별도로, 그런 현상을 이해하는 것이 의료계 종사자들에게 하나의 과제가 되었다. 그리하여, 이론적인 견해가 많이 나타나게 되었으며 아울러 "정신분석"으로 알려진 실용적인 기법이 등장하게 되었다. 무의식이라는 개념은 정신분석 운동을 통해 엄청난 발전을 이루었다. 프랑스 학파에서 있었던 발전보다 더 큰 발전이었다. 당시에 프랑스 학파는 무의식의 인과관계나 무의식의 특별한 내용물보다 무의식적 과정이 드러내는 다양한 형태에 더 많은 관심을 보였다. 15년 전에, 프로이트(Sigmund Freud) 학파와 별도로 나 자신의 실험적 연구를 바탕으로, 나는 무의식적 과정의 존재와 의미를 충분히 이해했으며, 동시에 무의식적 과정을 겉으로 드러낼 수 있는 방법을 구체적으로 떠올릴 수 있었다. 훗날 여러 제자들과 함께, 나는 또 정신적 광기를 보이는 환자의 경우에 무의식적 과정이 중요하다는 점을 보여주었다.

처음에 이런 식으로 순수하게 의학적인 측면에서 발달하게 된 결과,

무의식이라는 개념은 자연 과학에서 비롯된 어떤 성격을 얻게 되었다. 무의식은 프로이트 학파 안에서 순수하게 의학적인 개념으로 남았다. 프로이트 학파의 견해에 따르면, 문명화된 존재로서 인간은 다수의 본능적인 충동과 소망을 행동으로 옮기지 못한다. 이유는 간단하다. 충동과 소망이 법이나 도덕과 조화를 이루지 못하기 때문이다. 따라서 인간은 사회에 적용하기를 원하는 한 그런 소망을 억눌러야 한다. 인간이 그런 소망을 품고 있다는 가정은 충분히 타당하며, 그 가정이 진리라는 점은 정직한 모든 개인에 의해 언제든 확인될 수 있다. 그러나 이 같은 통찰은 대체로 사회적으로 용인되지 않는 소망이 존재한다는 일반적인 진술에 불과하다. 그러나 경험은 개별적인 예들을 파고들 경우에 사실들이 서로 꽤 다르다는 점을 보여주고 있다. 용인될 수 없는 어떤 소망을 억누른 결과, 소망하는 행위와 소망을 의식하는 것 사이의 얇은 벽이 깨어지고, 따라서 소망이 무의식이 되는 경우가 아주 많은 것으로 드러난다. 그런 소망은 망각되며, 그런 경우에 그 욕구의 기미가 약간이라도 나타나기만 하면, 소망이 있던 자리를 다소 합리적인 정당화가 차지할 것이다.

용인될 수 없는 어떤 소망이 무의식이 되는 이 과정은 억압이라 불린다. 억압은 소망이 의식에 남는 것을 전제로 하는 억제와는 구분된다. 용인될 수 없는 내용물은 소망이든 고통스런 기억이든 불문하고 억압되고 망각되었음에도 불구하고 여전히 존재하며, 그 내용물은 지각되지 않는 상태에서 의식적 과정에 영향을 미친다. 이 영향은 의식의 정상적인 기능이 특이한 장애를 일으키는 것으로 나타난다. 이 장애를 신경성 또는 심인성 장애라고 부른다. 놀라운 것은 이 장애가 순수하게 심리적인 과정에만 한정되지 않고 생리적 과정에까지 확장되고 있다는 점이다. 피에르 자네가 강조하는 바와 같이, 생리적 과정에 장애가 일어나는 경우에 방해를 받는 것은 절대로 그 생리적 기능의 기본적인 구성 요소가 아니다. 다양한 콤플렉스 상황에서 그 기능이 무의식적으로 적용되는 때에 장애가 일어난다. 예를 들어, 영양 섭취 기능의 기본적인 구성 요소 한 가지는 삼키는 행위이다. 만약에 음식이 딱딱한 형태로나 물렁한 형태로 섭취될 때마다 목이 메는 현상이 규칙적으로 나타난다면, 그것은 해부학적 또는 신체 장기의 장애가 될 것이다. 그러나 만약에 목이 메는 현상이 특정한 음식을 먹거나 특정한 식사를 할 때, 혹은 특정한 사람 앞에서 먹거나 특정한 분위기에서 먹을 때에만 나타난다면, 그것은 신경성 또는 심인성 장애일 것이다. 그러므로 심인성 장애는 어떤 육체적 조건이 아니라 어떤 심리적 조건에서 먹는 행위에만 영향을 미친다.

그런 생리적 기능의 장애는 특별히 히스테리에 자주 나타난다. 프랑스 의사들이 정신 쇠약이라고 부르는 또 다른 큰 질병 집단에서 순수하게 심리적인 장애가 더 많이 일어난다. 이런 심리적 장애는 강박 관념, 불안, 우울, 변덕, 공상, 병적 감정과 충동 등 대단히 다양한 형태로 나타난다. 이 모든 장애의 뿌리에서 억압된 정신적 내용물이, 즉 무의식이 된 내용물이 발견된다. 순수하게 경험적인 이런 발견들을 토대로, 무의식이라는 개념은 현실과 조화를 이루지 못하는 억압된 모든 소망들의 총합으로서 점진적으로 형태를 갖춰 간다. 당연히 무의식엔 억압된 고통스런 기억도 포함된다.

현실과 맞지 않는 이런 내용물들의 절대 다수가 성욕과 관계있다는 점을 쉽게 보여줄 수 있다. 성욕이야말로 근본적인 본능이다. 모두가 잘 알고 있듯이, 성욕은 대단히 비밀스럽게 다뤄지고 있으며 미묘한 감정을 수반한다. 사랑의 형태로 나타날 때, 성욕은 가장 격렬한 감정이나 뜨거운 갈망, 깊은 절망, 남모르는 슬픔의 원인이 된다. 한마디로 말해, 성욕은 대단히 고통스런 경험이다.

성욕은 육체적인 기능이면서 정신적인 기능으로서 아주 중요하다. 인류의 전체 미래가 바로 이 기능에 달려 있다고 해도 과언이 아니다. 따라서 성욕은 적어도 영양 섭취 기능만큼은 중요하다. 그러나 우리는 빵 한 조각을 삼키는 것에서부터 길드 조합원의 파티에 이르기까지 영양 섭취 기능을 다양하게 인정하면서 기껏 장염이나 식량 부족을 고려하는 차원에서만 그 기능에 제약을 두는 한편, 성욕은 도덕적 터부가 되고 다수의 법적 규제와 제한의 대상이 된다.

성욕은 영양 섭취처럼 개인이 자유롭게 해소시킬 수 있는 것이 아니다. 따라서 아주 많은 이해관계들과 강력한 감정들이 성욕이라는 문제 주변으로 몰리는 것은 충분히 이해된다. 대체로 보면 적응이 가장 덜되어 있는 곳에서 강한 감정이 발견되기 때문이다. 더욱이, 성욕은 내가 말한 바와 같이 모든 인간 존재들에게 다 있는 근본적인 본능이며, 이것이 모든 것을 성욕으로 환원하는 그 유명한 프로이트 이론이 나온 이유다. 프로이트 이론이 그리는 무의식의 그림을 보면, 성욕이 일종의 고방(庫房)처럼 보인다. 말하자면, 성욕을 용인될 수 없어 억눌린 유아기의 소망과 그 후의 용납될 수 없는 성적 소망을 저장하고 있는 창고처럼 그리고 있다는 뜻이다. 그런 관점이 불쾌하게 여겨질지라도, 프로이트가 성욕이라는 개념에 집어넣은 모든 것을 발견하길 원한다면, 우리는 그의 견해에도 적절한 관심을 줘야 한다. 그러면 프로이트가 성욕이라는 개념의 경계를 일상적으로 허용되는 것보다 훨씬 더 넓게 확장했다는 사실이 확인될 것이다. 그러다 보니, 그가 실제로 의미하는 것을 나타내는 보다 적절한 단어가 "에로스"일 때가 있다. 창조적이고 생산적인 힘으로서 모든 자연에 스며든 판-에로스(Pan-Eros) 같은, 철학적 의미에서 말하는 에로스 말이다. 에로스를 성욕이라는 이름으로 부르는 것은 아주 불행한 일이다. 그러나 성욕이라는 개념이 지금 다듬어지면서 매우 분명한 한계를 지닌 것처럼 보이기 때문에, 사람들은 심지어 "사랑"이란 단어를 하나의 동의어로 쓰는 것조차 망설이고 있다. 그럼에도 프로이트의 글에서 쉽게 확인할 수 있듯이, 그가 단순히 성욕에 대해 말할 때에도 실제로 보면 종종 "사랑"을 의미한다.

프로이트의 정신분석 운동 전체는 확실히 성 이론으로 모아졌다. 분명히 말하지만, 편견을 갖지 않은 사상가나 전문가들 중에서 성적 경험과 성적 갈등의 특별한 중요성을 인정하지 않을 사람은 아무도 없다. 그러나 성욕이 유일하게 근본적인 본능이고 인간 정신을 작동시키는 원리라는 점은 절대로 입증되지 않을 것이다. 편견이 없는 과학자들은 반대로 정신은 극히 복잡한 구조라는 점을 인정할 것이다. 우리가 정신에 생물학적 관점에서 접근하면서 생물학적 요소들을 바탕으로 설명할 수 있지만, 그 같은 노력도 우리에게 엄청나게 많은 수수께끼를 제시한다. 생물학 같은 하나의 별도 분야만으로는 만족스런 대답을 절대로 제시할 수 없는 그런 수수께끼들이다. 생물학자들이 현재나 미래에 어떤 본능이나 욕망, 활력을 제시하든, 성욕처럼 정확하게 정의된 본능을 설명의 근본적인 원리로 제시하는 것은 꽤 불가능할 것이다. 생물학, 더 나아가 과학 전반은 이 단계를 넘어섰다. 초기의 과학자들이 플로지스톤(phlogiston)[2]과 전기를 갖고 그랬던 것과 달리, 우리는 모든 것을 더 이상 단 하나의 명백한 힘으로 환원하지 못한다. 우리는 모든 양적 변화를 설명하는 원리로 아주 소박한 추상 관념인 에너지를 이용하는 방법을 배웠다.

심리학에서 진정으로 과학적인 태도도 마찬가지로 정신의 역동적인 과정을 이런저런 구체적인 본능으로 환원할 수 없다는 식으로 결론을 내려야 한다고 나는 굳게 믿고 있다. 본능들을 정신을 구성하는 부분으로 받아들이고, 그 부분들의 상호 관계로부터 설명 원리를 끌어내야 한다. 그래서 나는 어떤 가설적인 양(量), 즉 "에너지"를 심리학적 설명 원리로 받아들이는 것이 바람직하다는 점을 지적했다. 그 에너지를 나는 에너지의 실제 내용물에 대해서는 어떠한 편견도 품지 않은 상태에서 "리비도"라고 부른다.

이런 양(量)의 도움을 빌리면, 정신 역학적 과정들이 명확하게 설명된다. 그럴 경우에 설명의 구체적인 근거가 필히 낮게 되어 있는 왜곡도 피할 수 있다. 따라서 프로이트 학파가 종교적 감정을 비롯해 정신 영역에 속하는 모든 감정에 대해 용인할 수 없는 성적 소망에 "지나지 않고", 따라서 억압되고 "승화"된다고 설명할 때, 이는 물리학자가 전기는 누군가가 물을 끌어올려 터빈에 부어 일으키는 낙수(落水)에 "불과하다"고 설명하는 것이나 다를 바가 없다. 달리 말하면, 전기는 "문화적으로 형태를 바꿔놓은" 낙수라는 것이다. '야생 보존 협회' 같

..........
2  산소가 발견되기 전까지 가연물의 주성분으로 여겨졌던 가상의 원소.

은 곳에서 제기할 수 있을 법한 주장이지만, 과학적 추론이 되기는 어렵다. 심리학에서 그런 설명이 적절할 수 있는 경우는 우리의 존재의 역동적인 바탕이 성욕에 지나지 않는다는 것이 증명될 수 있을 때뿐이다. 그것은 곧 물리학에서 떨어지는 물 자체가 전기를 생산할 수 있다고 말하는 것이나 다를 바가 없다. 그런 경우라면 전기는 전선을 따라 전달되는 낙수에 불과하다는 주장도 가능해진다.

그래서 만약에 무의식을 전적으로 성욕으로 보는 이론을 부정하고 그 자리에 정신의 에너지라는 관점을 놓기를 원한다면, 우리는 무의식은 의식의 문턱에 이르지 못했거나 의식에 있을 만큼 충분한 에너지를 갖지 못한 정신적인 모든 것을, 또는 미래에만 의식에 닿을 수 있는 것들을 포함하고 있다고 말해야 한다. 그러면 무의식이 어떤 식으로 구성되어야 하는지, 그 그림을 그릴 수 있게 된다.

억압이 무의식의 내용물을 이루고 있다는 것은 이미 알려져 있다. 여기에다가 우리가 망각한 모든 것을 더해야 한다. 어떤 것이 망각되었다는 것은 그것이 완전히 지워졌다는 뜻은 아니다. 단지 그 기억이 잠재의식이 되어 있다는 뜻이다. 그것은 에너지 양이 너무 낮기 때문에 더 이상 의식에 나타나지 못한다. 그러나 그것은 의식에는 잊혔을지라도 무의식에는 잊히지 않았다.

이 대목에서 이것이 틀에 박힌 말에 지나지 않는다는 식의 반대가 제기될 수 있다. 가설적인 예를 하나 제시함으로써 내가 뜻하는 바를 보다 분명하게 전하고 싶다. 여기에 두 사람이 있다. 한 사람은 책을 한 권도 안 읽었고, 다른 사람은 책을 천 권 읽었다. 이 두 사람의 정신에서 지난 10년 동안의 기억을 모조리 다 지워 버린다고 가정하자. 그 기간에 한 사람은 그냥 살기만 했고, 다른 한 사람은 천 권의 책을 읽으면서 살았다. 지금 두 사람은 상대방에 비해 조금도 더 많은 것을 알고 있지 않지만, 그럼에도 불구하고 사람들은 두 사람 중에서 어느 쪽이 책을 읽고 이해했던 사람인지를 쉽게 알 수 있다. 독서 경험은 오래 전에 망각되었음에도 뒤에 흔적을 남기며, 이 흔적을 통해서 예전의 경험들이 인식될 수 있다. 이처럼 오래 지속되는 간접적인 영향은 인상들의 고착성 때문이며, 이 인상들은 더 이상 의식에 닿을 수 없는 때조차도 여전히 간직되고 있다.

망각된 것들 외에, 잠재의식적 지각들도 무의식의 내용물 중 일부를 이룬다. 잠재의식적 지각은 의식적인 청각의 문지방 아래에서, 또는 시각의 주변부에서 일어나고 있는 감각 지각일 수 있다. 아니면 잠재의식적 지각이 통각(統覺)일 수도 있다.

이 모든 자료는 개인 무의식을 이룬다. 그것을 개인 무의식이라고 부르는 이유는 그것이 전적으로 개인의 삶에서 비롯되는 습득으로 이뤄져 있기 때문이다. 따라서 어떤 것이든 무의식으로 떨어질 때엔 이런 무의식적 자료로 구축된 연상(聯想)의 그물에 걸리게 되어 있다. 그러면 고강도의 연상적 연결이 나오고, 이 연결은 영감이나 직관, "행운의 아이디어" 같은 것으로서 의식으로 들어갈 수 있다.

그러나 개인 무의식이라는 개념만으로는 무의식의 본질을 충분히 파악하지 못한다. 만약에 무의식이 개인적이기만 하다면, 광기를 보이는 사람의 모든 공상을 개인적 경험과 인상으로 추적해 들어가는 것이 이론적으로 가능해야만 할 것이다. 분명히, 공상 자료의 많은 부분이 그 사람의 개인적 역사로 거슬러 올라가지만, 개인의 과거 역사를 아무리 뒤져도 뿌리가 발견되지 않는 공상도 있다. 이런 것은 어떤 종류의 공상인가? 그런 공상은 한마디로 신화적 공상이다. 신화적 공상은 개인의 삶의 어떤 사건 또는 경험과도 부합하지 않으며 오직 신화하고만 부합한다.

이런 신화적 공상들이 개인 무의식에서, 따라서 개인적 삶의 경험에서 나오지 않는다면 도대체 어디서 비롯되는 것일까? 틀림없이 그 공상들은 뇌에서 나온다. 정확히 말하면, 개인의 기억의 흔적이 아니라 유산으로 물려받은 뇌 구조 자체에서 나온다. 그런 공상들은 언제나 매우 독창적이고 "창조적인" 성격을 지닌다. 그 공상들은 새로운 창조나 마찬가지이다. 분명히, 그것들은 뇌의 창조적인 활동에서 비롯되며, 단순히 기억 작용에서만 나오는 것이 아니다.

우리 인간은 육체와 함께 고도로 분화된 뇌를 물려받는데, 이 뇌는 인간의 뇌의 전체 역사를 담고 있다. 그래서 창조적인 활동을 하는 뇌는 바로 이 역사를, 말하자면 인류의 역사를 바탕으로 창조 활동을 한다. 흔히 "역사"라고 하면 인간이 만드는 역사를 말하며, 그것을 우리는 "객관적인 역사"라고 부른다. 진정으로 창조적인 뇌의 공상 작용은 이런 종류의 역사와는 아무 관계가 없으며, 오직 오랜 세월을 내려오는 자연의 역사와 관계있을 뿐이다. 자연의 역사는 아득한 옛날부터 살아 있는 형태로 전달되어 왔으며, 그것은 말하자면 뇌 구조의 역사이다. 그리고 이 뇌 구조는 자신의 이야기를 들려주고 있으며, 그 이야기는 곧 인류의 이야기이다. 결코 끝이 없는 죽음과 부활의 신화, 그리고 이 신비 속을 지그재그로 누비고 다니는 무수한 형상들에 관한 이야기인 것이다.

뇌의 구조 안에 파묻힌 가운데 창조적 공상을 통해서만 존재를 드러내는 이 무의식은 초(超)개인적인 무의식이다. 이 무의식은 창조적인 인간 안에 살아 있으며, 예술가의 상상에서, 사상가의 영감에서, 신비주의자의 내적 경험에서 그 모습을 드러낸다. 초개인적인 무의식은 뇌 구조 전반에 분포되어 있기 때문에 어떤 영(靈)과, 말하자면 온 곳에 퍼져 있고 전능하고 전지한 영과 비슷하다. 이 무의식은 인간을 지금 현재의 모습이 아니라 예전부터 지금까지의 모습 전부를 알고 있다. 이 무의식은 인간을 신화로 알고 있다. 이런 이유로 인해, 초개인적인 또는 집단적인 무의식과의 연결은 사람을 그 사람 너머로 확장하는 것을 의미한다. 그것은 개인적인 존재의 죽음과 새로운 차원의 부활을 의미한다. 고대 신비 의식의 일부에서, 그야말로 그런 의미의 행위가 행해졌듯이 말이다. 인간은 현재의 모습을 희생시키지 않고는 옛날의 모습으로 돌아가지도 못하고 미래에 새로운 모습을 얻지도 못한다는 말은 틀림없이 맞는 말이다. 그리고 만약에 우리가 복음서들의 메시지에 만족하지 못한다면, 개인적인 인간의 이런 희생에 대해 많은 이야기를 들려줄 수 있는 사람은 예술가이다.

그렇다고 물려받는 개념 같은 것이 있다는 식으로 상상해서는 안 된다. 그런 것은 절대로 없다. 그러나 선천적인 개념들의 가능성, 말하자면 공상을 낳는 선험적 조건 같은 것은 있다. 이것은 칸트(Immanuel Kant)가 말하는 범주와 다소 비슷하다. 이 타고난 조건들은 스스로는 어떠한 내용물도 낳지 않지만 이미 습득된 내용물에 명확한 형태를 부여한다. 이 조건들은 물려받은 뇌 구조의 일부이기 때문에 이 지구상의 모든 지역에서 상징들과 신화의 모티브들이 동일한 이유를 설명해준다. 집단 무의식은 어둑한 배경을 이루고 있으며, 적응성 있는 의식의 기능은 이 배경과 대단히 두드러진 대조를 보인다. 그런 그림을 보고 있으면, 누구나 정신에서 가치 있는 모든 것은 적응 능력을 가진 기능에 속한다는 식으로, 또 쓸모없는 모든 것은 발달하지 않은 배경에 속한다는 식으로 보고 싶은 유혹을 강하게 느낀다. 이 배경으로부터 위협적인 그림자와 밤의 귀신들이 빠져나와서 원시인들에게 겁을 주면서 제물을 바치고 의식(儀式)을 치르도록 만든다. 그러나 생물학 쪽으로 경도된 현대인들에게는 제물이나 의식 같은 것이 무의미하게 다가오는 것 같다. 현대인은 자신이 우수하다고 생각하면서 원시적인 미신을 비웃는다. 그러나 그런 현대인도 자신이 비웃고 있는 이 배경의 영향을 원시인과 똑같이 받고 있다는 사실을 그냥 망각하고 있을 뿐이다. 원시인은 단지 다른 이론을, 마법과 정령의 이론을 갖고 있을 뿐이다.

나는 원시인의 이런 이론이 매우 재미있고 매우 합리적이라는 사실을 발견한다. 실제로 보면 현대 과학의 학구적인 관점보다 훨씬 더 합리적이다. 교육 수준이 매우 높은 현대인은 자신의 신경성 장염에 가장 적합한 식단이 어떤 것인지를 발견하려고 노력하는 반면에, 원시인은 심리적인 이유들을 찾으면서 정신적으로 치료할 길을 추구한다.

무의식에서 일어나는 과정은 원시인들에게 영향을 미치는 만큼 우리 현대인에게도 영향을 미친다. 현대인도 원시인들만큼 병의 악마들에게 사로잡혀 지내고 있으며, 현대인의 정신도 적대적인 영향에 넘어갈 위험을 안고 있긴 마찬가지다. 현대인도 죽은 사람의 적대적인 귀신에 희생될 수 있고, 이상한 인격체가 내뱉는 마법의 주문에 희생될 수도 있다. 단지 현대인은 이 모든 것을 다른 이름으로 부르고 있으며, 우리 현대인에게 원시인보다 유리한 점이 있다면 바로 그 점뿐이다. 그것은 아주 사소하지만, 그럼에도 바로 그것이 엄청난 차이를 낳는다. 인류에게, 새로운 이름을 발견하는 것은 언제나 어떤 악몽에서 풀려나는 것이나 마찬가지였다.

아득한 옛날부터, 원시림이 밤에 드리우는 그림자들은 원시인들에게 온갖 형상으로 보였다. 이런 형상들로 가득한 이 신비한 배경은 낮의 삶을 밤의 꿈과 공포 속에서 되풀이하면서 그 삶을 일그러진 모습으로 반영하는 것처럼 보인다. 그러나 이 배경을 주의 깊게 들여다보면, 겉보기에 무서워 보이는 이 배경이 원시인들의 행동에 막강한 영향을 미치는 사자(使者)들을 내보낸다는 것이 확인된다. 이 사자들은 가끔은 마법의 형태를 띠고, 가끔은 종교적인 형태를 띠고, 또 가끔은 이 두 가지가 풀 수 없을 만큼 서로 밀접히 연결된 형태를 띠는 것처럼 보인다. 이 두 가지는 원시적인 사고방식에서 생존 투쟁 다음으로 중요하다. 이 두 가지에서 영적인 요소는 원시적인 정신에 저절로 모습을 드러내며, 이때 원시적인 정신이 보이는 반사 작용은 그야말로 동물적이다.

유럽인들은 영(靈)을 경험하는 것 자체가 원시인에게 미치는 엄청난 영향에 간혹 놀라지 않을 수 없다. 원시인에게 있어서, 대상을 즉시적으로 감각하는 일은 영적인 현상에도 마찬가지로 일어난다. 원시인에겐 어떤 생각이 그냥 나타날 뿐이며, 원시인은 그것을 생각하지 않는다. 생각이 투사된 하나의 감각적 지각으로 원시인에게 나타나며, 이때 생각은 환상과 비슷하거나 대단히 생생한 꿈과 비슷하다. 이런 이유 때문에 원시인에게 감각적인 실체 위에 생각이 포개질 수 있다. 이런 현상이 너무나 강하게 일어나기 때문에, 유럽인이 그와 똑같이 행동한다면 틀림없이 미쳤다는 소리를 들을 것이다.

여기서 가볍게 건드리고 있는 원시 심리학의 이런 특성들은 집단 무의식을 이해하는 데 대단히 중요하다. 아주 단순한 생각만으로도 그 점을 확인할 수 있다. 문명화된 인간 존재로서, 서유럽인들은 2,500년 전까지 거슬러 올라가는 역사를 갖고 있다. 그 전에 상당히 긴 기간의 선사 시대가 있다. 그 시대에 인간은 예를 들면 수족(族) 인디언[3]의 문화적 수준에 닿았다. 그 다음에 수십 만 년에 달하는 신석기 문화가 있고, 그 앞에도 상상할 수 없을 만큼 긴 세월이 놓여 있다. 그 기간에 인간은 동물로부터 진화했다. 50 세대 전만 해도, 유럽에 살던 사람들 대부분은 원시인보다 결코 더 낫지 않았다. 그러므로 문화의 층(層)은 원시적인 정신의 두터운 층에 비하면 대단히 얇다. 그러나 시간의 심연 속으로 사라져버린 동물성의 흔적과 함께 집단 무의식을 형성하고 있는 것은 바로 이 원시적인 정신의 층이다.

기독교는 게르만 야만인을 위쪽 반과 아래쪽 반으로 찢어놓았으며, 게르만 야만인으로 하여금 어두운 측면을 억누름으로써 밝은 반쪽을 길들여 문명에 적합하게 가꾸도록 강요했다. 그러나 어둡고 낮은 반쪽은 여전히 구원을 기다리며 두 번째의 길들이기 주문(呪文)을 기다리고 있다. 그때까지 이 반쪽은 선사 시대의 흔적, 말하자면 집단 무의식과 연결된 상태로 남을 것이며, 이 집단 무의식은 점점 강해지는 어떤 특이한 활성화의 대상이 되고 있다. 기독교 세계관이 그 권위를 상

..........

3  아메리카 원주민으로 백인에 대한 저항이 특히 강했다.

실함에 따라, "금발의 야수"가 지하 감옥에서 서성거리는 소리가 더욱 위협적으로 들린다. 이 야수는 언제라도 갑자기 튀어나와 재앙적인 결과를 일으킬 태세다. 이런 일이 개인의 안에서 일어날 때, 그것은 심리적인 혁명을 초래하지만 사회적인 형태로 나타날 수도 있다.

나의 의견엔, 유대인에게는 이 문제가 존재하지 않는다. 유대인은 이미 고대 세계의 문화를 갖고 있으며, 특히 자신이 살고 있는 국가들의 문화를 받아들였다. 역설적으로 들리지만, 유대인은 두 개의 문화를 갖고 있다. 유대인은 유럽의 다양한 민족보다 훨씬 더 많이 길들여져 있지만, 인간이 땅에 뿌리를 내리고 아래로부터 새로운 힘을 끌어내려 드는 특성 앞에서 유대인은 당혹감을 심하게 느낀다. 이런 음침한 특성은 게르만 족의 위험스런 집중에서 발견된다. 당연히, 유럽의 백인 중에서 유대인이 아닌 사람들은 아주 오랫동안 이런 특성을 전혀 눈치 채지 못했지만, 아마 그런 백인은 현재의 전쟁에서 그것을 알아차리기 시작할 것이다. 어쩌면 지금도 그 백인은 그 점을 눈치 채지 못하고 있을지도 모른다. 유대인에겐 이런 특성이 너무 약하다. 유대인이 어디서 자신의 땅을 밟고 설 수 있겠는가? 땅의 신비는 절대로 농담도 아니고 역설도 아니다. 미국에 거주하는 유럽 민족들을 대상으로 두개골과 골반의 형태를 측정한 것을 보면, 이민 2세에서 아메리칸 인디언화가 시작되는 것이 확인된다. 이 같은 사실 앞에서 땅의 신비를 말하지 않을 수 없다. 그것이 바로 미국 땅의 신비이다.

모든 나라의 토양은 그런 신비를 다소 품고 있다. 정신에도 그 신비가 무의식적으로 반영된다. 정신과 육체 사이에 관계가 있는 것처럼, 육체와 땅 사이에도 어떤 관계가 존재한다. 이 대목에서 비유적인 방식으로 말을 해도 독자들이 나를 이해해 줄 것으로 기대한다. 땅의 신비는 너무도 분명하게 존재하는데도, 그것을 묘사하는 것은 결코 쉬운 일이 아니다. 자신의 육체 밖이나 위에서 사는 사람들이 많다. 그런 사람들은 육체 없는 그림자처럼 자신의 땅 위로, 말하자면 자신의 육체인 땅의 요소 위로 떠다닌다. 다른 사람들은 완전히 자신의 육체 안에서 살고 있다. 대체로 보면, 유대인은 땅과 평화적인 관계 속에서 살고 있지만 땅 속의 것들의 힘을 느끼지 않는다. 유대인이 땅 속의 것들을 이해하는 능력은 시간이 흐르면서 약해진 것 같다. 이 같은 사실은 아마 유대인이 모든 것을 물질적 기원으로 환원시키려 드는 욕구를 설명해줄 것이다. 유대인은 두 가지 문화의 위험한 지배력을 상쇄하기 위해 물질적인 기원을 필요로 한다.

약간의 원시성은 유대인에게 해가 되지 않으며, 반대로, 나는 프로이트와 아들러(Alfred Adler)가 정신적인 모든 것을 원시적인 성적 욕구와 권력 욕구로 환원하는 것이 유대인에게 이롭고 만족스런 무엇인가를 갖고 있다는 것을 매우 잘 이해하고 있다. 그 같은 환원이 유대인에게 이로운 이유는 그것이 단순화의 한 형태이기 때문이다. 바로 이런 이유 때문에, 프로이트의 입장에서 보면 나의 반대에 눈을 감는 것이 아마 옳은 일일 것이다.

그러나 특별히 유대적인 이런 원리들은 게르만인의 사고방식에는 대단히 불만스럽다. 게르만인의 내면에는 절대로 소홀히 다뤄서는 안 되는 어떤 야만인이 있다. 이 야만인의 징후는 우리에게 절대로 위안이 될 수 없으며 시간을 보내는 유쾌한 방법은 절대로 아니다. 그 민족이 이 전쟁에서 과연 어떤 교훈을 배울 수 있겠는가! 실은 지나치게 독창적이고 괴상한 해석으로는 우리의 무의식에 닿지 못한다. 유대적인 배경을 가진 심리치료사는 게르만인의 정신에 다윗 시대가 남긴 그런 깊은 흔적을 불러일으키지 않고 어제의 야만인을, 말하자면 물질을 대단히 불쾌한 방식으로 갑자기 진지하게 받아들이는 그런 존재를 일깨운다. 야만인의 이런 거슬리는 특성은 니체(Friedrich Nietzsche)에게도 분명하게 보였다. 니체의 개인적 경험에도 그건 명백했다. 그것이 니체가 유대인의 사고방식을 높이 평가하고 또 사물들을 심각하게 받아들일 게 아니라 춤을 추고 날아다니라고 설교한 이유다. 그러나 니체는 사물들을 진지하게 받아들이는 것이 우리 안의 야만인이 아니라는 사실을 간과했다. 그에게 사물들이 진지해진 것이다. 니체는 악령에 사로잡혀 있다. 그리고 사물을 니체보다 더 진지하게 받아들인 사람이 있었던가?

무의식의 문제를 정말로 진지하게 받아들여야 한다. 선(善)과 거대한 도덕적 힘을 강력히 추구하려 드는 기독교의 충동은 단순히 기독교에 유리하게만 작용하는 근거가 아니었으며, 그 충동은 동시에 억압되어 있던 카운터파트, 즉 적(敵)그리스도적이고 야만적인 요소의 힘 또한 크다는 점을 입증하는 증거이기도 하다. 우리 안에 우리에게 반대할 수 있는, 말하자면 우리에게 심각한 문제가 될 수 있는 무엇인가 존재하는 것을 나는 위험한 특성으로만 여기지 않고 소중한 자산으로도 여긴다. 그것은 아직 건드려지지 않은 재산이고, 부패하지 않은 보물이고, 젊음의 신호이고, 부활의 전조다. 그럼에도 불구하고, 무의식의 긍정적인 특성만을 내세우면서 무의식을 소중히 여기고 계시의 원천으로 보는 것은 근본적으로 잘못이다.

무엇보다 먼저, 무의식은 과거의 세계이며, 이 세계는 의식적인 태도의 일방성에 의해 활성화된다. 삶이 주어진 어느 한 방향으로만 나아갈 때, 유기체의 자동 조절은 그 사람의 의식적 존재에서 너무나 작은 역할을 하는 모든 요소들을 무의식에 축적시킨다. 이런 현상을 근거로, 나는 억압 이론을 보완하는 것으로서 무의식의 보상 이론을 제기했다.

무의식의 역할은 언제나 의식적 내용물을 보상하는 쪽으로 작동하는 것이다. 무의식이 어떤 반대를 제기한다는 뜻은 아니다. 무의식의 경향이 의식의 경향과 일치하는 경우가 있기 때문이다. 말하자면, 의식적인 태도가 최적의 조건에 다가서는 때가 있다는 뜻이다. 의식적 태도가 최적의 조건에 가까이 다가설수록, 무의식의 자율적인 활동도 그만큼 더 줄어들고 무의식의 가치도 그만큼 가라앉는다. 그러다가 의식적인 태도가 최적의 상태에 도달하는 즉시, 무의식의 가치는 제로로 떨어진다. 그렇다면, 모든 것이 순조롭게 돌아가는 한, 다시 말해 어떤 사람이 사회적으로도 최적일 뿐만 아니라 개인적으로도 최적인 그런 길을 여행하고 있는 한, 무의식에 대해 논할 이유가 하나도 없다는 식으로 말할 수 있다. 이 시대를 살고 있는 우리가 어쨌든 무의식에 대해 논하고 있다는 사실 자체가 모든 것이 순조롭게 돌아가고 있지 않다는 것을 뒷받침하는 증거이다.

무의식에 관한 이런 논의의 기원을 전적으로 분석 심리학으로 돌릴 수는 없다. 그 기원은 프랑스 혁명 때까지 거슬러 올라갈 수 있으며, 최초의 신호들은 메스머(Franz Mesmer)에게서 발견된다. 당시에 사람들이 무의식에 대해 이야기하지 않고 "동물 자성"(animal magnetism)에 대해 말한 것은 사실이다. 이것은 영혼의 힘이라는 원시적인 개념을 재발견한 것이나 다름없다. 이 영혼의 힘은 원시적인 형태의 생각을 재활성화하는 방법으로 무의식에서 일깨워졌다. 동물 자성이 테이블 터닝의 형태로 서구 세계에 전염병처럼 퍼지면서 물신에 대한 믿음이 다시 일어나고 있을 때, 로베르트 마이어(Robert Mayer)는 에너지라는 원시적인 역학 개념을 과학적인 개념의 수준으로 끌어올렸다. 당시에 에너지라는 개념은 무의식에서 갑자기 나와서 하나의 영감처럼 그를 사로잡기에 이르렀다.

한편, 테이블 터닝이라는 전염병은 돌연 그 한계를 벗어나면서 심령주의로 퍼져나갔다. 심령주의는 영혼에 대한 현대적 믿음이며, 아득히 먼 조상들이 실천했던 샤머니즘 형태의 종교가 부활한 것이었다. 무의식으로부터 재활성화된 내용물이 이런 식으로 발달해가는 현상은 지금도 계속되고 있으며, 지난 몇 십 년 동안에 신지학(神智學)과 인지학(人智學)이라는 그노시스 체계를 낳았다. 동시에 그 현상은 프랑스 정신 병리학의 토대를, 특히 프랑스 최면 학파의 토대를 닦았다. 이번에는 정신 병리학과 최면 학파가 분석 심리학의 주요 원천이 되었다. 분석 심리학은 지금 무의식의 현상을 과학적으로 조사하려고 노력하고 있다. 여기서 말하는 무의식의 현상은 신지학과 그노시스 종파가 미래를 말해주는 신비 의식의 형태로 단순한 정신의 소유자들에게 제시하는 것과 똑같은 현상이다.

이런 발달의 측면에서 보면, 분석 심리학은 고립되어 있는 것이 아니라 명확한 역사적 상황 속에 서 있는 것이 분명하다. 무의식의 이런 전반적인 장애 또는 재활성화가 1800년경에 일어났다는 사실은 분명히 프랑스 혁명과 연결되어 있다. 프랑스 혁명은 정치적 혁명이라기보다는 정신들의 혁명이었다. 그것은 계몽 시대 이후로 줄곧 축적되어 왔던 온갖 가연성 물질이 한꺼번에 폭발한 것이었다. 프랑스 혁명에 의해서 기독교가 공식적으로 폐위된 것이 우리 안에 있는 무의식적 이교도에게 엄청난 인상을 안겼음에 틀림없다. 그 이후로 우리 안에 있는 무의식적 이교도는 전혀 휴식을 발견하지 못했다. 무의식적 이교도는 그 시대의 가장 위대한 독일인인 괴테(Johann Wofgang von Goethe)의 안에서 진정으로 살고 호흡할 수 있으며, 횔덜린(Friedrich Hölderlin)의 안에서는 적어도 그리스였던 영광을 크게 갈망할 수 있었다. 그 이후로, 세계관의 탈(脫)기독교화가 이따금 반동주의자들의 등장에도 불구하고 급속도로 이뤄졌다. 이와 더불어, 이상한 신들의 수입도 일어났다. 이미 언급한 물신 숭배와 샤머니즘 외에, 가장 중요한 수입품은 쇼펜하우어(Arthur Schopenhauer)가 퍼뜨린 불교였다. 고차원적인 형태의 샤머니즘으로 볼 수 있는 크리스천 사이언스(Christian Science)[4]를 포함한 신비주의 종교들도 영역을 확장했다. 이런 그림은 로마가 옛날의 종교들을 터무니없다고 생각하면서 새로운 신들을 대규모로 수입할 필요성을 느끼던 1세기의 상황을 떠올리게 한다. 오늘날처럼, 그 시대의 사람들은 더없이 한심한 미신에서부터 인간 정신의 가장 숭고한 꽃에 이르기까지, 당시에 존재했던 모든 것을 수입했다. 우리 시대는 불길하게도 그 시대를 생각나게 만든다. 모든 것이 무질서하고, 무의식이 폭발하고, 아득한 옛날에 묻혔던 것들

..........
4  1866년 메리 베커 에디(Mary Baker Eddy)가 미국 보스턴을 중심으로 창시한 기독교 계통의 신흥 종교.

이 다시 튀어나온 시대를 말이다. 오히려 그때의 정신적 혼란이 아마 지금보다 덜 두드러졌을 것이다.

이 대목에서 나는 무의식의 의학적 측면에 대해 말하는 것을 생략했다. 예를 들면, 무의식이 신경증 증후들을 어떻게 낳는가 하는 문제가 있다. 그러나 나는 이 문제에 대해선 다른 곳에서 언급했으며, 그래서 여기서는 건드리지 않고 그냥 넘어갈 것이다. 어쨌든 나는 나의 주제로부터 벗어나지 않고 있다. 왜냐하면 심리 치료가 가족 사이의 분규나 불행한 연애 같은 것도 다룰 뿐만 아니라 심리적 적응이라는 전반적인 문제와 우리가 사람과 사물과 자기 자신을 대하는 태도도 다루기 때문이다.

육체를 치료하는 의사는 육체를 알아야 하고, 정신을 치료하는 의사는 정신을 알아야 한다. 성욕의 측면이나 권력에 대한 개인적 욕구의 측면에서만 정신을 아는 의사는 정신을 부분적으로만 알 수밖에 없다. 물론 그 부분도 알아야 하지만, 다른 부분도 똑같이 중요하며, 내가 의식과 무의식의 관계와 관련해서 건드리고 있는 문제도 아주 중요하다. 이 문제를 이해하는 데는 생물학적 훈련을 받은 눈으로는 충분하지 않다. 왜냐하면 실제로 문제를 다루다 보면 그것이 우생학 문제 그 이상이며, 자기 보존과 증식의 측면에서 인간의 삶을 관찰하는 것은 지나치게 일방적이기 때문이다.

분명히, 무의식은 우리에게 매우 다양한 측면을 제시한다. 그런데도 우리는 지금까지 어떤 외적 특성에, 예를 들면 무의식의 원시적인 언어에 지나치게 많은 관심을 쏟으며 그 언어를 꽤 엄밀한 의미로 받아들였다. 우리의 꿈들이 증명하듯이, 무의식의 언어는 이미지가 특별히 풍부한 것이 특징이다. 그러나 무의식의 언어는 원시적인 언어이며, 늘 변화하는 생생한 세계를 충실하게 반영하고 있다. 무의식의 성격도 비슷하다. 무의식은 세상의 보상적인 이미지이다. 나의 관점에서 보면, 무의식이 성적 본질만 갖고 있다거나, 무의식이 형이상학적인 어떤 현실이라거나, 무의식이 어떤 "보편적 바탕"이 될 수 있다는 식의 주장은 타당하지 않다. 무의식은 의식처럼 하나의 정신적 현상으로 이해되어야 한다. 우리가 정신이 어떤 것인지를 모르는 것은 우리가 생명이 무엇인지를 모르는 것이나 마찬가지이다.

무의식은 온 곳으로 침투하고 있다. 그래서 "내"가 어느 정도 이 세상인지, "세상"이 어느 정도 "나"인지에 대해 확실히 알지 못한다. 어쨌든 무의식은 진짜로 존재한다. 왜냐하면 그것이 작동하고 있기 때문이다. 나는 무의식을 거울에 비친 어떤 세상으로 시각화하길 좋아한다. 우리의 의식은 우리에게 외부 세계의 그림을 제시하지만, 동시에 우리 안에 있는 세계의 그림도 제시한다. 이 우리 안의 세계가 외부 세계를 보상하는 어떤 경상(鏡像)이다. 또 외부 세계는 안쪽 세계를 보상하는 경상이라는 말도 가능하다. 어쨌든 우리는 두 개의 세계에, 또는 서로 완전히 다른 두 개의 심리적 지각 체계, 즉 외적 감각 자극의 지각과 무의식의 지각 사이에 서 있다. 외부 세계의 그림은 우리가 모든 것을 육체적 및 생리적인 힘들의 효과로 이해하도록 하고, 내부 세계의 그림은 모든 것을 정신적인 힘들의 효과로 보여주고 있다. 그러면 별들을 서로 결합시키고 있는 것은 더 이상 중력이 아니고 데미우르고스[5]의 창조의 손이며, 사랑은 더 이상 성적 자극의 결과가 아니라

..........
5 플라톤(Plato) 철학에서 세계의 형성자를, 영지주의에서 창조신을 의미한다.

정신적 예정의 결과이다.

옳은 길은 아마 그 두 개의 세계가 가까이 접근하는 곳에서 발견될 것이다. 실러(Friedrich Schiller)는 예술에서, 그 자신이 예술의 "상징"이라고 부른 것에서 그 길을 발견했다고 생각했다. 따라서 예술가는 중도의 비밀을 알아야 한다. 나의 경험은 이 같은 주장에 대해 의심을 품도록 만든다. 나는 합리적인 진리와 비합리적인 진리의 결합이 예술보다는 상징 그 자체에서 발견된다는 의견을 갖고 있다. 왜냐하면 합리적인 것과 비합리적인 것을 모두 포함하고 있는 것이 상징의 본질이기 때문이다. 상징은 언제나 비합리적인 것을 통해서 합리적인 것을 표현한다. 상징은 둘 중 어느 하나로 이뤄진 것이 아니라 둘 다로 이뤄져 있다.

상징은 어떤 식으로 생겨나는가? 이 질문은 무의식의 가장 중요한 기능으로 우리를 안내한다. 상징을 창조하는 기능 말이다. 이 기능에는 매우 두드러진 무엇인가가 있다. 왜냐하면 이 기능이 오직 상대적으로만 존재하기 때문이다. 한편, 보상적인 기능은 무의식의 자연적이고 자동적인 기능이며, 지속적으로 존재한다. 무의식의 보상적 기능은 그 존재의 근거를 아주 간단한 사실에. 다시 말하면 일상생활의 합리적인 경향에 반하는 모든 충동과 생각, 소망, 경향이 표현을 거부당하면서 배경으로 밀려났다가 최종적으로 무의식으로 떨어진다는 사실에 두고 있다. 거기에 우리가 억압하고 억눌렀던 모든 것들이, 우리가 고의로 무시하고 평가절하했던 모든 것들이 점진적으로 축적된다. 그것들은 시간이 흐르다 보면 힘을 얻게 되고 의식에 영향을 미치기 시작한다.

만약에 무의식이 억압되거나 억눌린 자료만으로 이뤄져 있다면, 이 영향은 우리의 의식적 경향과 정반대일 것이다. 그러나 우리가 본 바와 같이 무의식은 그런 자료만으로 이뤄져 있지 않다. 무의식은 또한 본능과 직관의 어두운 샘들을 포함하고 있으며, 세속적인 존재의 단순한 합리성과 적절성, 그리고 질서정연한 삶의 경로가 절대로 일깨우지 못하는 그런 힘들도 포함하고 있다. 이외에 인간이 새로운 발전과 새로운 형태, 새로운 목표를 향해 나아가도록 만드는 그런 온갖 창조적인 힘들도 무의식에 들어 있다. 따라서 나는 무의식의 영향을 단순히 보완적인 것이 아니라 보상적이기도 하다고 본다. 왜냐하면 무의식이 직관의 샘들의 고갈로 인해, 그리고 한 가지 목표를 추구하는 탓에 배제되었던 모든 것들을 의식에 더하기 때문이다.

보상적인 기능은 자동적으로 작동하지만, 문명화된 인간의 본능이 쇠약해진 탓에 이 기능이 종종 너무 약하며, 따라서 사회의 압력에 맞서면서 의식의 일방적인 방향을 새로운 방향으로 바꿔놓지 못한다. 그래서 무의식이 가진 치료의 힘들이 작동하도록 하기 위해선 언제나 인위적인 도움이 필요했다. 그 동안 이 과제를 수행했던 것은 주로 종교였다. 종교들은 무의식의 표현을 신 또는 악마의 신호나 계시, 경고로 받아들임으로써 무의식에게 호의적으로 작용할 수 있는 사상이나 관점을 제공했다. 이런 식으로, 종교들은 무의식에서 기원한 모든 현상에, 말하자면 꿈이나 환상, 감정, 공상 등에 특별한 관심을 기울였다. 이 같은 관심의 집중이 무의식적인 내용물과 힘들이 의식적인 삶으로 넘쳐흐르도록 하며, 따라서 무의식이 의식에 영향을 미치고 의식을 바꿔놓게 된다. 이런 관점에서 보면, 종교 사상들은 의식에 유익한 어떤 가치를 무의식의 보상적 기능에 부여함으로써 무의식을 돕는 인위적인 지원이 된다. 무의식의 보상적 기능은 무시 당하고 있는 동안에는 전혀 효과를 발휘하지 못할 것이다. 신앙과 미신, 또는 강한 감정이 실린 사상은 무의식적 내용물에 평소에 갖지 않을 어떤 가치를 부여한다. 그러므로 지속적으로 무시당한 탓에 축적되는 무의식적 내용물은 병적인 영향을 행사하게 되어 있다. 원시인들 사이에도 문명화된 유럽인들만큼이나 신경증 환자가 있다. 히스테리 증세를 보이는 사람들이 아프리카에도 결코 드물지 않다. 무의식의 이런 불쾌한 징후는 원시인들이 악마를 두려워하며 속죄 의식(儀式)을 엄숙히 치르는 이유를 설명해 줄 것이다.

무의식의 보상적 기능은 전적으로 의식의 사고방식에 의존하고 있음에도 불구하고 그 자체에 의식적인 가치 평가를 포함하고 있지는 않다. 무의식은 기껏해야 의식적 확신의 씨앗이나 상징 형성의 씨앗을 제공할 수 있을 뿐이다. 그러므로 무의식의 상징 창조 기능은 조건에 따라 존재하거나 존재하지 않는다고 할 수 있다. 무의식의 상징 창조 기능은 일반적으로 상징과 이런 역설적인 특성을 공유하고 있다. 이 대목에서 칸트의 제자였던 젊은 랍비의 이야기가 떠오른다. 어느 날 어느 늙은 랍비가 젊은 랍비를 조상들의 신앙으로 이끌기 위해 왔지만, 아무리 설득해도 소용이 없었다. 그러자 마침내 늙은 랍비는 이단자들을 저주하는 뜻으로 부는 피리 쇼파르(shofar)[6]를 끄집어내서, 젊은 랍비에게 그것이 무엇인지 아는지를 물었다. 젊은이는 쌀쌀한 말투로 "물론 알지요. 양의 뿔이지요."라고 대답했다. 그 말에 늙은 랍비는
..........
6 양의 뿔로 만든 피리.

두려움에 몸을 휘청거리며 뒤로 물러서다가 땅바닥에 쓰러졌다.

쇼파르가 무엇인가? 그것은 양의 뿔일 뿐이기도 하다. 가끔 상징은 그런 것에 지나지 않을 수 있지만, 그것이 죽었을 때에만 그렇다. 우리가 쇼파르를 양의 뿔로 환원하는 데 성공할 때, 그 상징은 죽는다. 그러나 다시 상징화를 통해서 양의 뿔은 쇼파르가 될 수 있다.

무의식의 보상적 기능은 예를 들어 꿈에서, 정신적 자료를 꽤 명확히 배열하는 것으로서 스스로를 표현한다. 이 배열에서 "상징적인" 것이 전혀 발견되지 않는 것은 양의 뿔에서 상징이 발견되지 않는 것이나 마찬가지이다. 거기서 상징적인 특성을 발견하려면, 꽤 분명한 의식적인 태도가 필요하다. 말하자면, 꿈 내용물을 상징적으로 이해하려는 의지가 필요하다는 뜻이다. 꿈 내용을 무엇보다 먼저 하나의 단순한 가설로 이해하고, 이어서 꿈을 그런 식으로 이해하는 것이 필요하거나 바람직한지 여부를 결정하는 문제는 경험에 맡길 필요가 있다. 이 어려운 문제를 조금이라도 더 쉽게 이해할 수 있도록 돕기 위해서 간단한 예를 하나 제시할 것이다. 나이 많은 어느 여자 환자에 관한 이야기이다. 다른 많은 환자들처럼, 이 여자 환자도 전쟁으로 인해 혼란을 심하게 겪고 있었다. 그녀는 나를 찾기 직전에 꾸었던 꿈에 대해 들려주었다.

그녀가 그리스도에 대한 믿음을 특별히 강조하는 내용의 찬송가를 부르고 있었다. 찬송가는 이런 내용이었다.

그리스도의 피와 고결이

나의 축제의 의상과 보석이 될 것이니.

그렇게 나는 주님 앞에 서리라.

하늘이 나에게 보상을 허용할 때

항상 그리스도를 믿는 자들은

심판의 날에 구원을 받을 것이다.


이 찬송가를 부르는 동안에, 그녀는 창문 앞에서 수소 한 마리가 미쳐 날뛰는 것을 보았다. 그러다 갑자가 소가 풀쩍 뛰더니 다리 하나를 부러뜨렸다. 그녀는 소가 고통을 겪으며 신음하는 것을 보고 있다가 시선을 돌리며 누군가가 소를 죽여야겠다고 생각했다. 그러다가 그녀는 잠에서 깨어났다.


수소의 고통은 그녀에게 자신이 어쩌다 목격한, 동물을 학대하는 행위를 떠올리게 했다. 그녀는 동물을 학대하는 행위를 대단히 혐오했으며, 학대당하는 동물과 자신을 무의식적으로 동일시하기 때문에 그런 일 앞에서 특별히 분노했다. 그녀의 내면에 학대당하는 동물의 이미지로 표현될 수 있는 무엇인가가 있었다. 이 이미지는 틀림없이 그녀가 부르고 있는 찬송가가 그리스도에 대한 믿음을 특별히 강조하고 있다는 사실에 의해 불러일으켜졌을 것이다. 왜냐하면 수소가 흥분하면서 다리 하나를 부러뜨리는 것이 바로 그녀가 노래를 부르고 있을 때였기 때문이다.

관념들의 이런 이상한 결합은 즉시 그녀가 전쟁 동안에 느꼈던 종교적 동요와 관련있는 어떤 연상으로 이어졌다. 그녀는 전쟁을 겪으면서 신의 선함에 대한 믿음과 기독교 세계관의 적절성에 대한 믿음이 깨어지는 것을 느낄 수 있었다. 이 충격은 찬송가에 대한 믿음으로도 누그러지지 않았으며, 오히려 무의식에 있는 동물적인 요소를 일깨웠다. 이 동물적인 요소가 수소로 표현되었다. 이 요소는 기독교 상징 체계에서 정복되어 제물로 바쳐지는 것으로 표현되는 바로 그것이다. 기독교 신비 의식에서, 그것은 제물로 바쳐진 양, 더 정확히 말하면 "어린 숫양"이다. 기독교의 자매 종교이면서 기독교 최대의 라이벌이었던 미트라교에서, 숭배의 중심적인 상징은 양이 아닌 수소를 제물로 바치는 것이었다. 제단 뒤쪽의 벽장식은 신성한 구세주인 미트라가 수소를 제압하는 장면을 보여주었다. 따라서 우리는 기독교와 수소 제물 사이에 매우 밀접한 역사적 연결을 보고 있다.

기독교는 이 동물적 요소를 억압했으나, 기독교 신앙의 절대적 유효성이 흔들리는 순간에 이 요소가 다시 전면으로 튀어나왔다. 동물적 본능은 터져 나올 길을 찾고 있지만, 그러다가 다리를 하나 부러뜨린다. 바꿔 말하면 본능이 스스로를 불구로 만든다는 뜻이다. 순수하게 동물적인 본능으로부터, 본능의 영향을 제한하는 온갖 요소들도 함께 나온다. 야생적이고 길들여지지 않고 맹목적인 본능을 낳는 그 뿌리로부터, 자연의 법칙들이 자라고 또 그런 본능의 본래의 힘을 순화시키는 문화적 형태들이 나온다. 그러나 우리 안의 동물이 억압되어 의식으로부터 떨어져나올 때, 그 동물은 온 힘을 폭발시키면서 통제 불가능한 상태로 튀어나올 가능성이 있다. 이런 종류의 폭발은 언제나 재앙을 낳는다. 동물이 스스로를 파괴해 버리는 것이다. 원래 위험했던 것이 지금은 불쌍히 여겨져야 할 무엇인가가, 우리의 동정을 진정으로 필요로 하는 무엇인가가 되었다. 전쟁에 의해 분출되었던 엄청난 힘은 스스로를 파괴하는 결과를 낳았다. 이유는 그 힘들을 지키고 이끌 인간의 손이 전혀 없기 때문이다. 우리의 세계관은 이 힘들을 어떤 문화적인 형태로 바꿔놓기에는 너무 편협한 것으로 드러났다.

내가 만약에 나이 많은 여자 환자에게 수소가 성적 상징이라는 점을 설명하려 들었다면, 그녀는 아마 거기서 아무것도 얻지 못했을 것이다. 정반대로 그녀는 자신의 종교적 관점을 잃었을 것이고 조금도 더 나아지지 못했을 것이다. 그런 경우에 이런 식으로 설명할 것인가 저런 식으로 설명할 것인가 하는 것은 선택의 문제가 아니다. 하나의 가설로라도 혹시 상징적인 관점을 택하기로 마음을 먹는다면, 우리는 이 꿈이 무의식 쪽에서 이해와 공감을 바탕으로 기독교 원리와, 그것과 틀림없이 조화를 이루지 못할 동물적 본능이 서로 조화를 이루게 하려는 시도라는 사실을 확인하게 될 것이다.

공식적인 기독교가 동물과 전혀 아무런 관계를 맺고 있지 않는 것은 절대로 우연이 아니다. 불교와 비교할 때 특별히 두드러지게 드러나는, 기독교의 동물 배제는 예민한 사람에겐 종종 느껴지며, 어느 현대 시인으로 하여금 어리석은 동물들의 고통을 위해서 자신의 생명을 바친 그리스도 같은 존재를 노래하도록 만들었다. 이웃을 향한 기독교의 사랑은 동물에게도, 우리 안의 동물에게도 확장될 수 있으며, 인간 중심적인 세계관이 잔인하게 억누르고 있는 모든 것을 사랑으로 끌어안을 수 있다. 우리 안의 동물은 그것이 기원한 무의식 속으로 억눌림으로써 더욱 야수처럼 변하고, 그것이 기독교만큼 순진무구한 존재들이 피를 많이 흘리게 한 종교가 없는 이유이기도 하고 기독교 국가들 사이의 전쟁만큼 더 치열했던 전쟁도 없었던 이유이기도 하다. 억눌린 동물은 표면으로 나타날 때 대단히 야만적인 형태로 튀어나오며, 그 동물은 스스로를 파괴하는 과정에 세계적 자살을 낳는다. 자기 안의 동물과 보다 원만한 관계를 맺고 있는 개인은 모두 생명에 보다 높은 값을 매길 것이다. 생명이 절대적인 것이 되고, 최고의 도덕적 원칙이 될 것이며, 그 사람은 생명을 대규모로 파괴할 힘을 가진 제도나 조직에 본능적으로 맞설 것이다.

그렇다면 이 꿈은 단순히 그 여자 환자에게 기독교 가치를 보여주면서 그것과 길들여지지 않은 자연의 힘을 대비시키고 있다. 이 자연의 힘은 지금 미쳐 날뛰며 스스로를 해치고 있으며 동정을 요구하고 있다. 이 특별한 예에서, 종교적 감정을 동물적 본능의 억압까지 더듬어 올라가는, 순수하게 분석적인 환원은 쓸모없고 파괴적일 것이다. 한편, 꿈을 상징적으로 이해하면서 꿈을 꾼 환자에게 자신과 화해할 기회를 준다면, 우리는 모순되는 가치들을 조화롭게 다듬고 새로운 내적 발달의 길을 열어줄 그런 해석을 추구하는 첫 걸음을 떼게 될 것이다. 이 가설을 계속 유지한다면, 이 꿈 다음에 이어지는 꿈들은 동물적인 요소와 인간 정신이 이룬 최고의 도덕적 및 지적 성취를 결합시키는 것이 의미하는 바를 이해할 수단을 제시할 것이다. 나의 경험에 따르면, 꿈에서 실제로 일어나고 있는 것이 바로 이것이다. 왜냐하면 무의식이 순간순간의 의식적 상황에 지속적으로 보상적으로 작용하고 있기 때문이다. 따라서 우리의 의식적 태도가 무의식을 어떻게 대하는가 하는 문제는 절대로 무관심하게 보아 넘길 문제가 아니다. 무의식에 부정적이거나 비판적이거나 적대적이거나 얕보는 태도를 보일수록, 무의식의 진정한 가치는 우리로부터 더욱 멀어질 것이다.

　따라서 무의식은 우리가 무의식에서 상징적인 요소를 파악하려 들 때에만 상징을 창조하는 기능을 발휘한다고 할 수 있다. 무의식의 산물은 순수한 자연이다. 고대인들은 "자연을 인간의 안내자로 삼으면 길을 잃을 일이 절대로 없다."고 말했다. 그러나 자연 자체가 안내자는 아니다. 왜냐하면 자연이 인간을 위해서 존재하는 것이 아니기 때문이다. 배들은 자성(磁性) 현상을 길잡이로 삼지 않는다. 길잡이로 나침반을 만들어야 하고, 또 나침반의 바늘이 정확히 북쪽을 가리키지 않기 때문에 특별히 수정을 허용해야 한다. 무의식의 안내 기능도 마찬가지이다. 무의식은 상징의 원천으로 이용될 수 있지만, 반드시 의식적인 수정 작업이 필요하다. 그래야만 모든 자연 현상을 우리의 목적에 이바지하는 방향으로 활용할 수 있게 된다.

　많은 사람들은 아직도 이 같은 견해가 대단히 비과학적이라고 생각한다. 근본적인 원인으로 환원하는 과정이 어디서도 보이지 않기 때문이다. 그런 과정이 있어야만, 그들이 "이러이러한 것은 이것 혹은 저것에 불과해!"라는 식으로 확실하게 선언할 수 있을 테니까 말이다. 사물들을 이런 식으로 설명하기를 원하는 사람들에게, 성욕을 하나의 원인으로 보는 것이 아주 편하게 다가온다. 정말로, 내가 설명한 꿈의 경우에 성적 설명을 제시하는 데 전혀 아무런 어려움이 따르지 않는다. 하지만 환자가 그런 설명에서 무엇을 얻을 수 있을까? 고령의 문턱에 선 여자 환자가 안고 있는 문제에 대해 그런 식으로 설명할 경우에, 그것이 그녀에게 무슨 소용이 있겠는가? 아니면 심리 치료를 마흔 살 아래 환자들로 제한해야 하는 것인가?

당연히 이런 질문도 던질 수 있다. 종교적인 문제를 진지하게 받아들이는 대답에서 환자가 무엇을 얻을 수 있는가? 도대체 종교적인 문제라는 것이 무엇인가? 그리고 과학적인 방법이 종교와 무슨 관계가 있는가?

　내가 볼 때, 환자는 이런 종류의 질문들을 다루기에 아주 적절한 위치에 있다. 환자는 분석을 통해 듣게 되는 대답들에서 무엇을 얻는가? 환자가 과학 문제로 골치 아파해야 하는 이유가 무엇인가? 만약에 환자가 종교적인 사람이라면, 그에겐 그와 신의 관계가 과학적으로 만족스런 어떤 설명보다 훨씬 더 중요할 것이다. 병에 걸린 사람에게 그가 어떤 식으로 회복되는가 하는 문제가 무관심할 수 없는 문제이듯이. 우리의 환자, 아니 모든 환자는 한 사람의 개인으로서 다뤄질 때에만 제대로 치료될 수 있다. 이것은 곧 그 사람의 특별한 문제 속으로 들어가는 것을 의미하지 "과학적" 원리에 근거한 어떤 설명을, 말하자면 생물학적으로 꽤 정확할 수 있어도 환자에게 이해되지 않는 그런 설명을 제시하는 것을 의미하지 않는다.

　나의 의견엔 과학적인 심리학자의 첫 번째 의무는 정신의 살아 있는 사실들을 가까이하고, 그 사실들을 주의 깊게 관찰하고, 그렇게 함으로써 현재 알지 못하고 있는 보다 깊은 경험에 자기 자신을 여는 것이다. 따라서 이 사람의 정신이 성적 갈등을 겪고 있고 다른 사람의 정신이 종교적 문제를 안고 있을 때, 진정한 과학자는 무엇보다 먼저 두 환자 사이의 뚜렷한 차이점을 인정하게 될 것이다. 그러면서 과학자는 자신의 교리가 신을 허용하든 안 하든 불문하고 종교적인 문제에도 성적인 문제 못지않게 자신을 헌신해야 한다. 편견을 갖지 않은 진정한 조사자는 자신의 주관적인 신념이 자신 앞에 놓여 있는 자료에 영향을 미치거나 자료를 왜곡하도록 내버려두지 않을 것이다.

병리학적 자료도 절대로 예외일 수 없다. 오늘날 신경증적 갈등을 전적으로 성적 문제로 보거나 전적으로 권력의 문제로 보는 것은 터무니없을 만큼 순진한 생각이다. 그 같은 관점도 무의식 같은 것이 존재하지 않는다거나 신경증적 갈등 같은 것은 절대로 존재하지 않는다는 단언만큼이나 자의적이다. 주변을 둘러보면서 관념들이 대단히 막강하다는 사실을 확인한다면, 우리는 개인의 정신 안에서도 마찬가지로 관념이 막강하다는 점을 인정해야 한다. 그 사람 본인이 그 관념을 자각하고 있는지 여부는 전혀 중요하지 않다.

어느 누구도 성욕이 심리적으로 중요한 요소라는 점에 의문을 제기하지 못한다. 또 관념들이 심리적으로 효과적인 요소라는 점에 대해서도 의문을 제기하지 못한다. 그러나 관념의 세계와 본능의 세계 사이에 정반대의 차이가 있으며, 그래서 대체로 한쪽 끝은 의식이다. 그러면 다른 쪽 끝은 무의식을 지배한다. 따라서 어떤 사람이 의식의 세계에서 본능의 영향에 휘둘리고 있을 때, 그 사람의 무의식은 관념들의 가치를 일방적으로 강조할 것이다. 그리고 무의식의 영향이 결국엔 간접적으로 의식에 닿으면서 은밀히 의식의 태도를 결정하기 때문에, 그 영향이 어떤 타협을 낳는다. 본능이 비밀리에 하나의 고정 관념이 되고, 따라서 그 본능은 실체를 잃고 무의식에 의해 폭발하면서 일방적인 보편적 원리로 자리 잡는다. 이와 정반대의 일도 종종 일어난다. 의식적으로 관념의 세계를 강조하는 사람이 자신의 본능이 은밀히 자신의 관념을 무의식적 소망을 이루는 도구로 만드는 과정을 경험하는 때가 그런 예이다.

현재의 세계와 신문들이 거대한 정신병 진료소 같은 광경을 제시하고 있기 때문에, 주의력 있는 관찰자라면 누구나 이런 과정들이 자신의 눈앞에서 펼쳐지는 것을 볼 기회를 풍부하게 누리고 있다. 이런 현상을 공부하는 데 가장 중요한 원리는 이미 분석 심리학에 의해 강조되었다. 어떤 사람의 무의식이 다른 사람에게 투사된다는 원리이다. 그래서 첫 번째 사람은 자기 안에서 보지 않고 있는 바로 그것을 두 번째 사람이 갖고 있다는 식으로 비난한다. 이 원리는 사회 전반에 걸쳐 유효하다. 그래서 누구든 다른 사람들을 욕하기 전에 차분히 앉아서 자기 자신에게 돌을 던져야 하는 것이 아닌지 깊이 고려해 봐야 한다.

겉보기에 아무런 상관이 없는 것 같은 이런 투사가 우리를 무의식의 가장 놀라운 특징 중 하나로 안내한다. 말하자면, 무의식은 언제나 우리 눈앞에 온전히 모습을 드러내며 언제든 관찰 가능하다는 점이다.

무의식이 이런 모순적인 특징을 갖게 된 원인은 무의식이 작은 양의 에너지에 의해 어떤 식으로든 활성화되기만 하면 다소 적절한 대상으로 투사된다는 사실에 있다. 이런 식으로 말하면, 독자들은 그 같은 사실을 어떻게 아는가, 하고 궁금해 할 것이다. 다음과 같은 경우에 투사가 존재하는 것으로 점진적으로 확인된다. 심리적인 적응 과정이 장애와 결함을 보이고 있는데, 이 장애와 결함의 원인이 대상에 있는 것처럼 보일 때, 거기에 투사가 이뤄지고 있다고 보면 된다. 더욱 면밀히 조사하면, 그 "원인"이 주체의 무의식적 내용물이며, 이 내용물은 주체에게 인식되지 않은 탓에 스스로를 대상으로 옮기는 것으로 확인된다. 이 내용물은 그 대상의 특성들 중 하나를 특별히 확대시키면서 장애를 일으키고 있는 원인처럼 보이게 된다.

투사가 일어나고 있다는 사실은 먼저 심리적 적응의 장애를 통해 인식되었다. 이어서 투사는 적응을 촉진시킨 것에 의해서, 말하자면 대상의 긍정적인 특징에 의해서 확인되었다. 여기서, 그 대상에게 있는 것으로 보이면서 대상을 특별히 바람직한 것으로 만드는 것은 바로 주체가 자신의 인격 중에서 간과했던 중요한 특징이라는 점이 강조되어야 한다.

그러나 무의식에서 나오는 이 투사의 전체 범위가 어느 정도인지는 어떤 장소나 분위기, 예술 작품, 사상, 사람에게 마법적 자질을 안겨주는, 설명하기 어려운 모호한 감정과 느낌을 철저히 분석한 다음에야 알 수 있다. 이 마법도 마찬가지로 투사에서 오지만, 집단 무의식의 투사에서 온다. 만약에 "마법적" 특성을 지닌 것이 무생물이라면, 그것의 중요성이 집단 무의식에서 나오는 신화적인 내용물의 투사 때문이라는 점을 증명하는 것은 통계적인 숫자로도 충분할 것이다. 이런 내용물은 대부분 신화와 동화를 통해 우리에게 이미 알려진 모티브이다. 한 예로, 마녀나 마법사가 살고 있고, 괴상한 범죄가 저질러지거나 저질러졌고, 귀신이 자주 나타나고, 보물이 숨겨져 있는 신비의 집에 대해 언급할 수 있다. 이 집에 이런 원초적인 이미지가 투사되고 있다는 사실은 이런 경우에 확인된다. 어느 날 어떤 사람이 우연히 이 집에 들러 신비한 느낌을 받을 때, 바꿔 말하면 꽤 평범한 집이 그 사람에게 마법적인 인상을 주는 때 말이다. 이때 일반적으로, 그 장소의 전체 분위기가 상징적인 것처럼 보이고, 따라서 그곳엔 일관성 있는 어떤 무의식적 체계가 투사되고 있다고 볼 수 있다.

이런 현상이 원시인의 내면에서 아름답게 발달하는 것이 확인된다. 원시인이 사는 마을은 동시에 그의 무의식의 지형도이다. 저 위풍당당한 나무 안에 번개 신이 살고 있다. 이 샘에는 '늙은 여인'이 자주 나타난다. 저 숲에는 전설적인 왕이 묻혀 있다. 저 바위 근처에선 누구도 불을 피우면 안 된다. 거기가 악마의 거처이기 때문이다. 저 돌무더기 안에 옛날의 정령들이 살고 있다. 여자들이 그곳을 지나칠 때엔 액막이로 귀신을 쫓는 주문을 외워야 한다. 그렇게 하지 않으면 정령 중 하나가 그녀의 몸 안으로 들어가서 임신시키기 때문이다.

온갖 종류의 대상과 표시들이 이런 장소를 나타내고 있으며, 거기선 경외감이 절로 나온다. 따라서 원시인은 자신의 땅에 살고 있는 동시에 무의식의 땅에서 살고 있다. 어딜 가나 그의 무의식이 그에게 달려들고 있으며, 그 무의식은 아주 생생하고 진정하다. 우리 현대인이 자신이 살고 있는 땅과 맺고 있는 관계와 얼마나 다른가! 원시인의 걸음마다 우리 현대인에겐 완전히 낯선 감정들이 수반되고 있다. 새의 지저귐이 원시인에게 무슨 의미인지, 고목을 보는 것이 원시인에겐 어떤 의미인지, 우리가 어찌 알 수 있으랴! 이런 감정의 세계는 우리 현대인에게 완전히 닫혀 있으며, 그 세계는 창백한 탐미주의로 대체되고 있다. 그럼에도 불구하고, 원시적인 감정의 세계는 완전히 사라진 것이 아니라, 무의식에서 계속 살아가고 있다. 우리가 계몽과 합리적 우월을 통해 그런 감정의 세계로부터 멀어질수록, 그 세계는 더욱 멀리 사라지지만 그 안으로 떨어지는 모든 것에 의해서, 다시 말해 현대인의 일방적인 합리주의 때문에 무의식에 억압된 모든 것에 의해서 더욱더 강해진다. 실종된 이 자연의 조각은 복수를 추구하면서 탱고 열풍, 미래주의, 다다이즘 등을 비롯한 온갖 광풍과 미숙한 형태로 왜곡되어 돌아온다.

이웃 부족에 대한 원시인의 불신까지도 이 전쟁에서 다시, 그것도 극도록 악화된 상태로 돌아왔다. 우리 현대인이 세계적인 조직 덕분에 그런 불신은 오래 전에 극복했다고 생각했는데도 말이다. 더 이상 그것은 이웃한 마을을 불태우는 문제도 아니고 몇 사람의 목을 치는 문제도 아니다. 나라들이 모두 황폐해지고, 수백 만 명이 살육 당했다. 적국의 체면은 완전히 짓밟히고 있으며, 우리 자신의 잘못이 타인들에게서 나타나고 있다. 그것도 잘못이 터무니없을 만큼 확대되어 나타난다. 오늘날 반성할 줄 아는 탁월한 정신들은 어디에 있는가? 설령 그런 정신의 소유자들이 존재한다 하더라도, 아무도 그들에게 귀를 기울이지 않을 것이다. 대신에 살상 욕구를 수반하는 정신 착란이 온 곳에서 활개를 치고 있다. 개인은 이 정신 착란의 치명적인 영향에 맞서 자신을 방어하지 못한다. 그럼에도 이 집단적인 현상은 마찬가지로 개인의 잘못이다. 국가들이 모두 개인으로 구성되어 있기 때문이다. 그러므로 개인은 자신이 어떤 수단으로 악에 맞설 수 있는지를 고려해야 한다. 합리주의적인 태도 때문에 우리는 세계적 조직과 법, 선의의 장치들을 이용하면 경이로운 결과를 끌어낼 수 있다고 믿는다. 그러나 현실적으로 개인의 변화만이 민족정신의 개조를 낳을 수 있다. 모든 것은 개인에게서 시작한다.

타인들의 내면에 있는 권력 원리를 깨뜨리길 원하는 선의의 신학자와 인도주의자들이 있다. 우리는 우리 자신의 내면에 있는 권력 원리부터 깨뜨리는 것으로 시작해야 한다. 그러면 그 일이 신뢰할 수 있는 것이 된다. 우리는 무의식이 들려주는 천성의 목소리에 귀를 기울여야 한다. 그러면 모든 사람이 자기 자신에게 몰두할 것이고, 따라서 그 사람은 엉뚱하게 세상을 바로잡으려는 노력을 포기할 것이다.

내가 이런 일반적인 문제들을 어떤 심리학적 개념을 논하는 데 포함시킨다는 사실이 보통 사람들에게는 다소 놀랍게 느껴질지도 모른다. 이 일반적인 문제들은 겉으로 보이는 것과 달리 나의 주제에서 벗어나는 것이 아니라 그 주제의 근본적인 부분이다. 의식과 무의식의 관계라는 문제는 특별한 문제가 아니라 우리의 역사와 현재, 우리의 세계관과 너무나 밀접하게 연결되어 있는 문제이다. 단지 우리의 세계관이 틈을 전혀 허용하지 않는다는 한 가지 이유만으로, 너무나 많은 것들이 우리에게 무의식적인 것으로 남아 있다. 이유는 우리가 교육과 훈련을 통해서는 그것들을 절대로 이해하지 못하는데, 그것들이 이따금 공상으로 의식에 나타날 때마다, 우리가 즉시 그것들을 억눌러 버리기 때문이다. 의식과 무의식의 경계는 대개 우리의 세계관에 의해 결정된다. 그것이 우리가 무의식이라는 개념을 적절히 다루기를 원하는 경우에 일반적인 문제들을 논해야 하는 이유이다. 그리고 무의식의 본질을 파악하고자 한다면, 우리는 동시대의 문제들뿐만 아니라 인간 정신의 역사에도 관심을 둬야 한다.

이런 식으로 무의식에 몰두하는 것은 이론적인 중요성만 아니라 실용적 중요성을 지닌다. 지금까지 우리의 세계관이 무의식과 그 내용물을 결정하는 중요한 요인이었듯이, 우리의 관점을 무의식의 활동적인 힘들과 조화를 이루도록 다시 다듬는 작업이 하나의 실용적인 필요로 우리에게 강요되고 있기 때문이다. 인간이 인간 공동체 밖에서 고립된 개인으로서만 존재하는 것이 불가능하기 때문에 개인적인 묘책으로 신경증을 영원히 치료하는 것은 불가능한 일이다.  인간이 자신의 삶을 구축하는 바탕으로 삼는 원리는 반드시 일반적으로 용납되는 것이어야 한다. 그렇지 않으면 그 원리는 군집의 한 구성원으로서 인간에게 반드시 필요한 자연스런 도덕성을 결여할 것이다. 그러나 그런 원리는 무의식의 어둠 속에 남겨지지 않는다면 하나의 다듬어진 세계관이 될 것이며, 자신의 생각과 행동을 의식적으로 검사하는 습관을 가진 사람들은 그런 세계관이 필요하다고 느낄 것이다. 이것이 나 자신이 설명에 한 사람의 머리 그 이상을 요구하고 평생보다 더 긴 세월을 필요로 하는 문제들을 건드린 이유를 설명해 줄 것이다.

2장

# 정신과 땅

"정신과 땅"이라는 표현은 약간 시적인 분위기를 풍긴다.[7] 그런데 우리 서양인은 반대로 정신에 대해 하늘의 영향을 받는 것으로 생각한다. 이는 중국인들이 '신'(神)과 '귀'(鬼)를 구분하는 것과 아주 비슷하다. 중국인들이 말하는 '신'은 하늘과 관계있고, '귀'는 땅과 관계있다. 그러나 서양인들은 정신의 본질에 대해 전혀 아무것도 모르고 있으며, 따라서 정신이 하늘 같은 성격의 무엇인가와 땅 같은 성격의 무엇인가를 갖고 있다는 식으로 과감하게 말하지 못한다. 그렇기 때문에 서양인들은 정신이라고 부르는 복잡한 현상을 보는 두 가지 관점과 그 현상의 두 가지 서로 다른 양상에 대해 말하는 것으로 만족하지 않을 수 없다.

..........
7   이 글은 1927년에 헤르만 카이절링(Hermann Keyserling)이 편집한 'Mensch und Erde'에 'Die Erdbedingtheit der Pshche'라는 제목으로 발표된 에세이의 일부이다.

서양인들은 하늘과 관계있는 신(神)에 대해 말하는 대신에 정신을 원인 없는 창조의 원리로 볼 수 있으며, 또 귀(鬼)에 대해 설명하는 대신에 정신을 원인과 결과의 한 산물로 볼 수 있다. 우리의 주제와 관련해서 보면, 후자의 관점이 더 적절하다. 왜냐하면 그런 식으로 접근할 경우에 정신이 땅 위의 환경의 조건에 의해 결정되는 하나의 적응 체계로 이해될 것이기 때문이다. 여기서 이런 인과적 관점은 반드시 일방적이게 되어 있다는 점을 굳이 강조할 필요는 없을 것이다. 인과적 관점이 일방적일 수밖에 없는 이유는 오직 정신의 한 가지 양상만이 그 관점에 의해 적절히 파악되기 때문이다. 그 문제의 다른 측면은 나의 주제에 해당하지 않기 때문에 배제되어야 한다.

　주제에 본격적으로 다가서면서, "정신"에 대한 정의를 정확히 내릴 필요가 있다. 어떤 견해는 "정신적"이라는 표현을 엄격히 의식에만 한정시킬 것이다. 그러나 그런 제한은 오늘날 더 이상 우리를 만족시키지 못한다. 현대의 정신 병리학은 의식의 기능과 아주 비슷하면서도 무의식인 그런 정신 활동에 관한 관찰을 아주 많이 확보해 놓고 있다. 사람은 무의식적으로 지각하고, 생각하고, 느끼고, 기억하고, 결정하고, 행동할 수 있다. 의식에서 일어나는 모든 것은 어떤 조건 하에서 무의식적으로도 일어난다. 정신적 기능과 내용물을 탐조등이 비추고 있는 밤 풍경으로 그린다면, 그런 일이 어떻게 가능한지가 아주 쉽게 이해된다. 지각의 빛 안에 나타나는 것은 모두 의식이다. 그 너머 어둠 속에 자리 잡고 있는 것은 무의식이며, 그럼에도 불구하고 무의식은 진정으로 존재하며 효과를 일으킨다. 만약에 탐조등의 불빛이 이동한다면, 지금까지 의식이었던 내용물은 무의식으로 가라앉고 불빛이 비치는 의식의 영역으로 새로운 내용물이 들어온다. 사라진 내용물은 어둠 속에서 계속 작용하며 스스로를 간접적으로, 대개 증후로 느껴지도록 만든다. 프로이트는 『일상의 정신 병리학』(The Psychopathology of Everyday Life)에서 이런 증후적인 장애들에 대해 설명했다. 무의식적 태도와 억제는 연상 검사라는 실험을 통해서도 보여줄 수 있다.

정신 병리학의 조사들을 고려한다면, 정신은 부분적으로 의식적이고 부분적으로 무의식적인 그런 영역이라는 사실이 확인된다. 정신 중에서 무의식에 해당하는 부분은 직접적으로 접근하는 것이 불가능하며 오직 무의식적 과정이 의식에 미치는 효과를 바탕으로 추론할 수 있을 뿐이다. 이때 우리의 추론은 "듯하다"는 식의 추측을 절대로 넘어서지 못한다.

여기서 땅이 정신에 미치는 영향을 적절히 다루고자 한다면, 나는 무의식의 본질과 구조를 더욱 깊이 파고들어야 한다. 그 문제는 정신의 기원과 바탕에 관한 문제이다. 아득한 옛날부터 어둠 속에 묻혀 있었던 것들에 관한 문제인 것이다. 당연히, 감각 지각의 진부한 사실들뿐만 아니라 의식이 환경에 적응한 과정도 밝혀야 한다. 이런 것들은 의식의 심리학에 속하며, 이미 말한 바와 같이, 나는 의식과 정신을 동일시하지 않는다. 정신은 좁고 밝은 의식의 영역보다 훨씬 더 복잡하고 훨씬 더 어두운 경험의 영역이다. 왜냐하면 정신은 무의식도 포함하기 때문이다.

다른 에세이에서 나는 무의식의 구조를 전반적으로 그리려고 노력했다. 무의식의 내용물, 즉 원형[8]은 의식적인 정신의 숨겨진 토대들이
..........
8  인간들 사이에 보편적으로 이해되는 상징이나 이미지, 행동의 패턴을 일컫는다. 융은 집단 무의식에 이런 상징이나 이미지들이 자리 잡고 있다고 주장한다. 이 무의식은 개인이 죽어도 사라지지 않고 인류 공통의 유산으로 공유된다고 한다.

다. 달리 말하면, 원형들은 정신이 좁은 의미에서 땅 속뿐만 아니라, 일반적인 의미에서 세상 속에 내린 뿌리들이다. 원형들은 언제든 작동할 준비를 갖추고 있는 체계이며, 동시에 이미지이고 감정이다. 원형들은 뇌의 구조와 함께 사람이 태어나면서 물려받는 것이다. 정말로 원형들은 뇌 구조의 정신적 측면이다. 원형들은 한편으로 매우 강력하고 본능적인 보수주의를 나타내고 다른 한편으론 본능적 적응에 가장 효과적인 수단이다. 따라서 원형들은 기본적으로 정신의 땅 속 부분이며, 그 부분을 통해서 정신이 자연과 연결되거나 그 부분 안에서 정신이 땅과 세상과 가장 뚜렷이 연결된다. 땅이 정신에 미치는 영향과 그 법칙은 이런 원초적인 이미지들에서 가장 뚜렷하게 나타난다.

이 문제는 매우 복잡할 뿐만 아니라 매우 미묘하기도 하다. 이 문제를 다루면서 꽤 특별한 어려움들을 예상해야 한다. 첫 번째 어려움은 원형과 그 기능을 합리적으로 인식 가능한 어떤 체계가 아니라, 인간이 선사 시대에 가졌던 비합리적인 심리의 한 부분으로 이해해야 한다는 점이다. 이런 비교도 가능할 것이다. 그 문제는 우리가 대단히 특별한 어떤 건물에 대해 설명해야 하는 상황과 비슷하다. 이 건물의 위층은 19세기에 세워졌고, 1층은 16세기까지 거슬러 올라가고, 석공 기술을 면밀히 조사하면 이 건물은 11세기에 세워진 탑을 바탕으로 다시 지어졌다는 사실이 드러난다. 지하 저장고에서 로마 시대의 토대를 우연히 발견하고, 지하 저장고 밑에는 동굴이 자리 잡고 있다. 이 동굴 안의 위쪽에는 신석기 시대 도구들이 있고, 아래쪽에는 같은 신석기 시대의 동물들의 흔적이 있다. 그런 것이 우리 현대인의 정신적 구조를 그린 그림일 것이다. 우리는 위층에 살고 있으며 아래층에 대해선 약간 구식이라는 것만 알고 있다. 땅의 표면 아래에 무엇이 있는지에 대해 우리는 아무것도 모르고 있다.

이것은 모든 유추와 마찬가지로 서투른 유추다. 왜냐하면 정신에는 죽어 있는 유물 같은 것이 전혀 없기 때문이다. 모든 것이 살아 있으며, 위층, 즉 의식은 살아서 적극적으로 움직이고 있는 토대들의 영향을 지속적으로 받고 있다. 건물처럼, 의식은 토대들에 의해 지탱되고 있다. 그리고 건물이 땅 위로 자유롭게 세워지듯이, 우리의 의식도 땅 위로 높이 우뚝 서서 넓은 광경을 보고 있다. 그러나 집 속으로 내려갈수록, 지평(地平)은 더 좁아지고, 우리는 어둠 속으로 더욱 깊이 빠져든다. 그러다 마지막엔 최하층의 바위에 닿는다. 거기가 선사 시대에 해당한다. 말하자면, 순록 사냥꾼들이 포악한 자연의 기본적인 힘들에 맞서 생존을 위해 투쟁을 벌이던 시대라는 뜻이다. 그 시대의 인간들은 동물적인 본성을 고스란히 갖고 있었다. 이 본성이 없었다면, 삶 자체가 불가능했을 것이다. 본능이 자유롭게 힘을 행사하는 상태는 강하게 발달한 의식과 공존하지 못한다. 원시인의 의식은 아이의 의식처럼 산발적이며, 원시인의 세계는 아이의 세계처럼 매우 제한적이다. 정말로, 우리는 계통 발생의 법칙에 따라서 어린 시절에 종(種)의 선사 시대의 기억을 여전히 반복하고 있다. 개체 발생적으로만 아니라 계통 발생적으로도 우리는 땅의 어두운 한계를 벗어나 위로 크게 자랐다. 따라서 우리에게 영향을 가장 강하게 미치는 요소들이 원형이 되었다. 우리에게 가장 직접적으로 영향을 미침에 따라 가장 막강해 보이는 것이 바로 이런 원초적인 이미지들이다. 이 대목에서 '가장 막강하다'고 하지 않고 '가장 막강해 보인다'는 식으로 표현하는 이유는 우리에게 정신적으로 가장 중요해 보이는 것이 반드시 가장 중요한 것이 아니거나 가장 중요한 것이 되어야 할 필요가 없기 때문이다.

그렇다면 가장 직접적인 원형들은 어떤 것인가? 이 질문은 곧장 원형의 기능이라는 문제를, 따라서 가장 어려운 부분을 보도록 만든다. 이 질문에 우리는 어떤 관점에서 대답해야 하는가? 아이의 관점에서? 아니면 원시인의 관점에서? 아니면 현대의 성인이 갖추고 있는 의식의 관점에서? 우리는 원형이 존재한다는 것을 어떻게 알 수 있는가? 그리고 언제 이 원형 가설에 기대게 되는가? 촉발 요인에 비해 터무니없을 만큼 과도한 정신적 반응이 나올 때마다, 거기에 어떤 원형이 작용하고 있는 것은 아닌지 조사할 필요가 있다.

내가 이런 말을 통해 전하고자 하는 뜻은 예를 제시하는 경우에 가장 쉽게 전달될 수 있다. 어떤 아이가 자기 어머니를 무서워하고 있다고 가정하자. 그런 경우에 먼저 아이의 두려움에 합리적인 이유가 전혀 없다고 가정해야 한다. 예를 들어, 아이의 양심이 불량하다거나 어머니가 폭력적이라거나 아이에게 다른 무슨 일이 일어났다는 식으로 보지 말자는 뜻이다. 아이의 두려움을 설명할 이런 종류의 이유가 전혀 없다면, 그 상황은 원형적인 상황으로 여겨져야 한다는 것이 나의 주장이다. 대체로 그런 두려움은 밤에 일어나고 꿈으로 나타나는 경향이 있다. 지금 아이는 꿈에서 어머니를 아이들을 쫓는 마녀로 여기고 있다. 이런 꿈들 뒤에 작용하고 있는 의식적 자료는 일부 경우에 '헨젤과 그레텔'[9]의 이야기이다. 그렇다면 아이에게 그런 동화를 들려주지 말아야 한다는 말도 가능하다. 그 이야기가 두려움의 원인으로 여겨

..........
9  그림 형제가 수집한 독일 동화로, 영아 살해가 모티브다.

지고 있으니 말이다. 그것은 엉터리 합리화이지만, 그럼에도 불구하고 마녀가 아이들의 두려움을 표현하는 가장 적절한 모티브이고 또 늘 그래 왔기 때문에 그 합리화는 진리의 어떤 핵심을 담고 있다. 바로 그 것이 그런 동화가 존재하는 이유이다. 아이들의 밤의 공포는 지속적으로 되풀이되고 있는 전형적인 사건이며 언제나 전형적인 동화 모티브로 표현되어 왔다.

그러나 동화는 단지 유아적인 형태의 전설이고 신화이며, 원시인들의 "밤의 종교"에서 차용한 미신일 뿐이다. 내가 "밤의 종교"라고 부르는 것은 마법적인 형태의 종교이며, 이런 종교의 의미와 목적은 어두운 권력들, 즉 악마와 마녀, 마법사, 정령들과 소통하는 것이다. 아이의 동화가 고대 밤의 종교를 반복하고 있듯이, 아이의 두려움은 원시적인 심리의 재현이며, 계통 발생적 잔재이다.

이 잔재가 생명력을 보인다는 사실은 절대로 비정상적이지 않다. 왜냐하면 밤의 두려움이 문명화된 조건에서 살고 있는 어른의 내면에서도 반드시 비정상적인 현상은 아니기 때문이다. 오직 과도한 밤의 공포만이 비정상적인 것으로 여겨질 수 있다. 그렇다면 질문은 이것이다. 밤의 공포가 어떤 상황에서 커지는가? 그 증대는 단지 동화에 표현된 마녀의 원형으로만 설명될 수 있는가, 아니면 다른 설명이 제시되어야 하는가?

원형은 단지 명확하고 약하고 정상적인 수준의 두려움만 일으키는 것으로 여겨져야 한다. 비정상적이라고 느껴질 정도로 두드러진 두려움은 특별한 원인을 갖고 있음에 틀림없다. 모두가 잘 알고 있는 바와 같이, 프로이트는 이 두려움을 아이의 근친상간적 경향과 근친상간 금지가 충돌을 일으키기 때문인 것으로 설명한다. 따라서 프로이트는 아이의 두려움을 아이의 관점에서 설명하고 있다.

나는 아이들이 프로이트가 말하는 넓은 의미에서 "근친상간" 경향을 가질 수 있다는 데에 대해선 조금도 의심을 하지 않지만, 이 경향이 전적으로 아이의 심리로 돌릴 수 있는가 하는 문제에 대해서는 크게 회의적이다. 아이의 정신은 여전히 부모, 특히 어머니의 정신의 주문(呪文)에 걸려 있다고 봐야 할 이유가 많다. 그 정도가 아주 심하기 때문에, 아이의 정신은 부모의 정신의 기능적 부속물로 여겨져야 한다. 아이의 정신적 개성은 훗날, 그러니까 의식의 지속성이 신뢰할 수 있을 만큼 확립된 다음에야 발달한다. 나의 의견엔, 아이가 자기 자신에 대해 제삼자의 입장에서 말하기 시작한다는 사실이 아이의 심리의 객관성을 보여주는 가장 확실한 증거이다.

따라서 나는 아이에게 있을 수도 있는 근친상간의 경향을 부모의 심리라는 관점에서 설명한다. 아이의 모든 신경증을 무엇보다 먼저 부모의 심리라는 측면에서 봐야 하는 것과 똑같다. 한 예로, 아이가 공포를 겪는 사례가 증가하고 있는 주된 원인의 하나로 부모의 "콤플렉스 성향", 말하자면 부모들이 중대한 문제를 억압하고 무시하려 드는 경향이 꼽히고 있다. 무의식으로 떨어지는 것은 모두 다소 원시적인 형태를 취한다. 예를 들어, 만약에 어머니가 고통스럽고 무서운 어떤 콤플렉스를 억압하고 있다면, 그녀는 그것을 자신을 뒤쫓고 있는 어떤 악령으로 느낄 것이다. 영어식 표현을 빌리면 "찬장 속의 해골"(skeleton in the cupboard)[10] 같은 것으로 여겨진다. 이런 식의 설명은 콤플렉스

..........
10  과거에 일어난 어떤 일을 둘러싼 불쾌한 비밀을 뜻한다.

가 이미 원형의 힘을 획득했다는 점을 보여준다. 콤플렉스가 그녀 위에 악마처럼 앉아 있고, 그녀는 악몽으로 고통을 겪고 있다. 아이에게 "악몽 같은 이야기"를 들려주는지 여부와 상관없이, 어머니는 자신의 심리로 아이를 전염시키면서 아이의 정신에 원형적인 공포의 이미지를 불러일으키고 있다. 아마 그녀는 자기 남편이 아닌 어떤 남자에게 성적 공상을 품고 있을 것이다. 아이는 부모의 결혼생활의 끈을 겉으로 드러내 보여주는 신호이며, 그녀가 그 끈에 저항하는 것이 무의식적으로 아이에게 불리하게 작용하게 되어 있다. 그녀가 아이를 부정해야 할 상황이니 말이다. 원시적인 수준에서, 이것은 영아 살해에 해당한다. 이런 식으로 어머니는 아이들을 삼키는 사악한 마녀가 되었다.

어머니의 내면에서처럼, 아이의 내면에도 원시적인 것들을 나타낼 가능성이 잠재하고 있으며, 인류 역사가 흐르는 동안에 원형을 처음 낳고 굳혔던 똑같은 원인이 오늘날에도 그 원형을 거듭 활성화시키고 있다.

아이의 내면에 원형이 나타나는 것을 보여주는 이 예는 무작위로 선택한 것이 아니다. 이 에세이를 시작할 때 어떤 원형이 가장 직접적인가 하는 질문을 던졌다. 가장 직접적인 것은 어머니의 원초적 이미지이다. 어머니는 모든 면에서 가장 가깝고 가장 강력한 경험이며, 인간의 삶에서 감수성이 가장 예민한 시기에 일어나는 경험이다.

어린이들의 경우에 의식이 아직 제대로 발달하지 않은 상태이다. 그렇기 때문에 아이들을 놓고 "개인적" 경험에 대해 말하지 못한다. 반대로, 어머니는 원형적 경험이다. 어머니는 다소 무의식적인 아이에게도 개인적이고 여성적인 인격이 아니라 온갖 의미가 내포된 어머니로 경험된다. 삶이 앞으로 나아감에 따라, 원초적인 이미지는 점점 사라지면서 의식적이고 비교적 개인적인 이미지로, 말하자면 우리가 가진 유일한 어머니의 이미지로 대체된다.

그러나 무의식에서 어머니는 언제나 막강한 원초적인 이미지로 남게 된다. 그런 상태에서 이 어머니 이미지는 평생 우리를 따라다니면서 우리가 여자와 사회, 그리고 감정과 사실들의 세계와 맺는 관계에 영향을 미친다. 그럼에도 어머니 원형이 영향을 미치는 방식이 너무나 미묘하기 때문에, 대체로 그 과정에 대한 의식적 지각은 전혀 이뤄지지 않는다. 우리는 이 모든 것이 하나의 비유에 지나지 않는다고 생각한다. 그러나 남자가 어떤 여자가 어떤 식으로든 자기 어머니를 닮았다는 한 가지 이유만으로, 아니면 자기 어머니를 닮지 않았다는 한 가지 이유만으로 그 여자와 결혼할 때, 그 원형의 영향은 매우 구체적인 사실이 된다. 프랑스인에게 '정겨운 프랑스'가 있듯이, 독일인들에게 '마더 게르마니아'가 있다. 정치적 현상의 뒤에는 그런 대단히 중요한 형상이 있으며, 이를 보지 않을 수 있는 사람은 편협한 지식인들뿐이다. 모든 것을 두루 포용하는 어머니 교회의 자궁은 절대로 비유가 아니며, 어머니 대지, 어머니 자연, "matter"(질료(質料))[11]도 마찬가지다.

아이에겐 어머니 원형이 가장 직접적인 원형이다. 그러나 의식의 발달과 더불어, 아버지도 아이의 시야로 들어오면서 어떤 원형을 활성화시킨다. 이 원형의 본질은 많은 점에서 어머니의 원형과 정반대다. 어

..........
11  아리스토텔레스 철학의 중심 개념으로, 뭔가로 만들어질 수 있는 가능태(可能態)를 의미한다.

머니 원형이 중국의 음(陰) 원리에 해당하듯이, 아버지의 원형은 양(陽) 원리에 해당한다. 아버지의 원형은 우리가 인간과 법, 국가, 이성, 자연의 정신과 활력 등과 맺는 관계를 결정한다. "고국"(fatherland)은 경계를 암시하고 공간 속에서 명확한 지역을 암시하는 반면에, 땅(land) 자체는 어머니 대지이며, 차분하고, 결실을 맺는다. 나일 강이 바람이고 폭풍이고 번개이고 천둥이듯이, 라인 강도 마찬가지로 아버지이다. 아버지는 "창시자"이고 권위를 대표하며, 따라서 법과 국가를 나타낸다. 아버지는 세상 속에서 바람처럼 움직이는 존재이며, 눈에 보이지 않는 생각과 활기찬 이미지들의 창조자이며 안내자이다. 아버지는 창조적인 바람의 숨결, 즉 정신이고 영혼이며 아트만(생명의 근원)이다.

따라서 아버지도 아이의 정신 안에 거주하고 있는 강력한 원형이다. 처음에 아버지는 최고의 아버지이고, 모든 것을 포용하는 신의 이미지이고, 하나의 역동적인 원리이다. 삶의 과정에, 이 권위적인 이마고(심상)는 배경으로 물러난다. 이제 아버지가 제한을 받고 종종 너무나 인간적인 인격으로 변하는 것이다. 한편, 아버지 이마고는 그 잠재적 중요성을 최대한 발달시킨다. 인간은 자연을 발견하는 데 늦었듯이, 법과 의무, 책임, 국가, 정신도 오직 점진적으로만 발견했다. 삶의 초기의 의식이 이해력을 더욱 높임에 따라, 부모의 인격의 중요성은 점점 줄어든다. 아버지의 자리를 남자들의 집단이 차지하고, 어머니의 자리는 가족이 차지하게 된다.

나의 의견엔, 부모의 자리를 차지하는 이 모든 것들은 원초적인 부모 이마고의 불가피한 상실을 대체하는 것에 지나지 않는다고 말하는 것은 잘못이다. 부모를 대신하고 있는 것들은 단순히 대체물에서 그치는 것이 아니라 부모가 얽혀 있는 하나의 현실이며, 이 현실은 부모의 이마고를 통해서 아이의 정신에 강한 인상을 남긴다. 따스한 온기와 보호, 영양을 공급하는 어머니는 또 벽난로이고, 피난 동굴이나 오두막이며, 울타리를 이루고 있는 나무이다. 어머니는 미래를 대비하는 들판이고, 그녀의 아들은 거룩한 낟알이고 인간의 형제이며 친구이다. 그녀는 젖을 생산하는 암소이다.

아버지는 마을을 돌아다니고, 다른 남자들과 대화하고, 사냥하고, 여행하고, 전쟁을 벌이고, 나쁜 기분을 폭풍우처럼 발산하고, 눈에 보이지 않는 사상의 명령에 따라 돌연 대소동을 일으키며 전체 상황을 바꿔 버린다. 아버지는 전쟁이고 무기이며, 모든 변화의 원인이다. 그는 폭력을 휘두르도록 자극 받거나 빈둥거리는 수소이다. 그는 이롭거나 해로운 기본적인 힘들의 이미지이다.

이 모든 것들은 아이의 삶에 일찍부터 직접적으로 중요한 요소이며, 부모를 통해서 아이에게 직접적으로나 간접적으로 영향을 미친다. 그리고 부모의 이마고가 축소되고 인간화됨에 따라, 처음에 배경이나 마법적 효과처럼 보였던 이 모든 것들이 보다 분명하게 두드러지기 시작한다. 아이가 갖고 노는 흙, 아이가 몸을 따뜻하게 덥히는 불, 아이를 떨게 만드는 비바람 등은 언제나 현실이었지만, 아이의 흐릿한 의식 때문에 그것들은 언제나 부모의 특성처럼 보였고 또 그런 식으로 이해되었다. 그러다가 안개 같은 것으로부터, 땅의 물질적이고 역동적인 측면들이 모습을 드러낸다. 이제 이 측면들은 그 자체로 힘이라는 점을 보여주고, 더 이상 부모의 가면을 쓰지 않게 된다. 따라서 그것들은 하나의 대체가 아니라 보다 높은 수준의 의식과 부합하는 하나의 현실이다.

그럼에도 불구하고 이 발달의 과정에 무엇인가가 실종된다. 그것은 부모와 하나라는, 대체 불가능한 감정이다. 이 감정은 단순히 하나의 감정이 아니고 아주 중요한 심리적 사실이다. 그것을 레비 브륄(Lévy-Bruhl)은 완전히 다른 맥락에서 '신비적 참여'(participation mystique)라고 불렀다. 쉽게 이해되지 않는 이 표현이 나타내고 있는 사실은 분석 심리학뿐만 아니라 원시인들의 심리에도 엄청난 역할을 하고 있다. 간단히 요약하면, '신비적 참여'는 여러 사람들의 무의식이 동일한 상태에 놓이는 것을 의미한다. 나는 이 문제에 대해 더 깊이 설명해야 한다. 만약에 똑같은 무의식적 콤플렉스가 두 사람의 내면에서 동시에 작동한다면, 그 상태는 놀라운 감정적 효과, 즉 투사를 낳고, 이 투사는 상호 끌림 또는 상호 퇴짜를 야기한다. 나와 어떤 사람이 똑같은 중요한 사실과 무의식적으로 관계를 맺고 있을 때, 나는 부분적으로 그 사람과 동일해질 것이며, 그 같은 사실 때문에 나 자신을 그에게 맞추려 들 것이다.

이 신비적 참여의 상태는 부모와 자식들 사이에도 일어난다. 잘 알려진 예는 딸과 자신을 동일시하면서 딸을 통해 사위와 결혼하는 계모이다. 혹은 자기 아들이 결혼이나 직업 선택에 있어서 아버지의 소망을 성취시키도록 강요하면서도 순진하게 자기 아들의 행복을 고려하고 있다고 생각하는 아버지도 그런 예이다. 자신과 아버지를 동일시하는 아들도 똑같이 잘 알려진 예이다.

그러나 어머니와 딸 사이에 특별히 밀접한 끈이 있다. 이 끈이 아주 끈끈하다는 사실은 연상 방법을 통해 증명된다. 신비적 참여가 거기에 관련된 사람에게 하나의 무의식적 사실일지라도, 정작 본인은 신비적 참여가 더 이상 존재하지 않게 된 후에야 그 변화를 느낀다. 아버지가 아직 살아 있는 남자의 심리와 아버지가 이미 죽은 남자의 심리 사이에 언제나 어떤 차이가 있다.

부모들과의 신비적 참여가 지속되는 한, 비교적 유치한 삶의 방식이 유지될 수 있다. 신비적 참여를 통해서 생명이 무의식적 자극이라는 형태로 밖에서부터 우리의 안으로 채워지고, 이 자극이 무의식적으로 이뤄지기 때문에 우리는 거기에 대해 아무런 책임을 느끼지 않는다. 이런 유치한 무의식 때문에, 삶의 무게는 가벼워지거나 적어도 가벼워지는 것처럼 보인다. 우리는 혼자가 아니며, 무의식적으로 둘 또는 셋으로 존재한다. 상상 속에서 아들은 자기 어머니의 무릎에 앉아 있으며, 아버지의 보호를 받고 있다. 아버지는 아들을 통해서 적어도 영원한 생명의 순환을 이루는 하나의 고리로 다시 태어난다. 어머니는 젊은 남편을 통해서 자신의 아버지를 젊어지게 만들고, 그렇게 함으로써 자신의 젊음을 잃지 않는다. 원시 심리학에서 굳이 그 예들을 찾아낼 필요도 없이, 이런 사실에 대해 언급하는 것만으로도 충분할 것이다.

의식이 확장되고 강화됨에 따라, 이 모든 것도 차츰 약해진다. 따라서 부모의 이마고가 세상 전체로 확장되거나 아니면 세상이 어린 시절의 안개를 뚫고 나오면서 부모와의 무의식적 연결을 끊어 놓는다.

이 과정은 원시인들의 성년식에서 의식적(意識的)으로 수행된다. 그러고 나면 부모의 원형은 뒤쪽으로 멀찍이 밀려난다. 말하자면, 청년은 이제 더 이상 부모의 이미지와 "연결되지" 않는다. 그 대신에 부족이나 사회, 교회 또는 국가와의 새로운 종류의 신비적 참여가 시작된다. 이 참여는 일반적이고 객관적이며, 무엇보다도 무의식에 극히 작은 역할밖에 주지 않는다. 만약에 누군가가 지나치게 무의식적이거나 지나치게 쉽게 신뢰하고 나선다면, 법과 사회가 재빨리 나서서 그 사람을 흔들어 깨워 의식을 차리게 할 것이다.

그러나 성적 성숙이 개인적인 신비적 참여의 가능성을 다시 불러낸다. 따라서 이 신비적 참여가 부모와의 동일시에서 잃었던, 인격의 그 부분을 대체할 가능성이 있다. 여기서 새로운 어떤 원형이 연결되고 있다. 그것은 남자의 내면에 있는 여자의 원형이고, 여자의 내면에 있는 남자의 원형이다. 이 두 형상도 마찬가지로 부모의 이마고라는 마스크 뒤에 숨어 있었으나 지금은 위장을 하지 않은 상태에서 전면으로 나서고 있다. 그럼에도 이 형상들은 부모의 이마고의 영향을 강하게 받으며, 과도하게 받을 때도 종종 있다. 나는 남자의 내면에 있는 여자의 원형에 "아니마"라는 이름을 붙였고, 여자의 내면에 있는 남자의 원형에 "아니무스"라는 이름을 붙였다.

남자나 여자가 무의식적으로 부모의 이마고의 영향을 받을수록, 그 사람이 선택하는 연인이 부모를 긍정적이거나 부정적인 방향으로 대체할 가능성이 크다. 부모의 이마고가 광범위하게 영향을 미치는 것을 비정상적인 것으로 여겨선 곤란하다. 반대로, 그것은 매우 정상적이며, 따라서 매우 흔한 현상이다. 정말이지, 부모의 이마고의 영향이 광범위한 것이 매우 중요하다. 그렇지 않으면, 부모가 아이들을 통해서 다시 탄생하는 기회를 누리지 못하게 되기 때문이다. 또 부모의 이마고가 완전히 실종될 것이기 때문에, 그 개인의 삶에서 모든 지속성이 중단된다. 그 개인은 자신의 어린 시절과 성인의 삶을 연결시키지 못하며, 따라서 무의식적으로 아이로 남는다. 이런 상태야말로 신경증이 일어날 수 있는 최적의 상황이다. 그러면 그 사람은 내력 없는 벼락출세자들을 괴롭히는 온갖 질병으로 고통을 겪을 것이다. 개인만 그런 것이 아니라, 사회적 집단도 마찬가지이다.

아이들이 어떤 의미에서 보면 자기 부모와 결혼하는 것은 정상이다. 이것은 심리학적으로 매우 중요하다. 조상의 나무가 좋은 품종을 낳으려면 생물학적으로 새로운 피를 주입해야 하는 것만큼이나 중요하다. 그것은 지속성을, 말하자면 과거를 현재 속으로 합리적으로 연장하는 것을 보장한다. 단지 이 방향으로 지나치게 많거나 지나치게 적은 것만은 해롭다.

부모를 긍정적으로나 부정적으로 닮는 것이 사랑의 선택에서 결정적인 요소가 되는 한, 부모의 이미고로부터, 따라서 어린 시절로부터 놓여나는 것은 절대로 완전할 수 없다. 역사적 지속성을 위해서 어린 시절이 육성되어야 함에도 불구하고, 이 육성이 추가적인 발달을 희생시키는 방향으로 이뤄져서는 안 된다. 중년에 이르러 어린 시절의 망상의 마지막 빛이 꺼질 때, 부모의 이마고로부터 성숙한 남자 또는 여자의 원형이 나온다.

남자들 중에서 자신의 마음에 담고 있는 여자의 이미지를 정확하게, 아주 세밀한 디테일까지 묘사하는 사람들이 많다. (남자의 원형에 대해 그런 식으로 정확하게 묘사하는 여자들은 별로 만나지 못했다.) 어머니의 원초적인 이미지가 그 전에 있었던 모든 어머니들의 합성 이미지이듯이, 아니마의 이미지도 초(超)개인적인 이미지이다. 따라서 아니마 이미지는 개인적으로 서로 매우 다른 남자의 내면에서 매우 비슷한 특징들을 드러내며, 그 특징들을 바탕으로 아주 명확한 여자의 유형을 그리는 것도 가능하다.

이 아니마 유형과 관련해서 가장 놀라운 특징은 어머니의 요소를 완전히 결여하고 있다는 점이다. 아니마는 호의적인 측면을 보면 동반자이고 친구이며, 호의적이지 않은 측면을 보면 정부(情婦)다. 이 유형은 라이더 해거드(Rider Haggard)의 『쉬』(She)와 『지혜의 딸』(Wisdom's Daughter), 피에르 브누아(Pierre Benoît)의 『라틀랑티드』(L'Atlantide), 부분적으로 『파우스트』(Faust)의 2부, 그리고 헬레네라 불리는 형상에서 인간적인 특성과 악마적인 특성을 두루 갖춘 모습으로 매우 정확하게 묘사되고 있다. 그러나 아니마 유형은 시몬 마구스(Simon Magus)의 영지주의 전설에서 가장 간략하고 의미심장한 형태로 제시되고 있다. 마구스는 '사도행전'(Acts of the Apostles)에 나오는 인물인데, 그는 여행할 때마다 언제나 헬레네라는 이름의 소녀를 데리고 다녔다. 그는 티루스[12]의 매춘굴에서 그녀를 발견했으며, 그녀는 트로이의 헬레네[13]가 환생한 것으로 여겨졌다. 나는 괴테의 『파우스트』에 나오는 헬레네 모티브가 의식적으로 마구스의 전설에서 끌어낸 것인지에 대해 아는 바가 없다. 이와 비슷한 관계는 라이더 해거드의 『지혜의 딸』에도 나타나지만, 이 책을 통해서 우리는 의식적 연결 같은 것은 전혀 없다는 것을 확신할 수 있다.

..........
12  고대 페니키아의 항구 도시.

13  그리스 신화에서 제우스와 레다의 딸로 나온다. 스파르타의 메넬라오스 왕의 아내였으나 트로이의 왕자 파리스를 따라 트로이로 도망갔다. 이것이 트로이 전쟁의 불씨가 된다.

아니마 형상에 어머니의 요소가 없다는 것은 한편으로 그 형상이 어머니 이마고로부터 완전히 풀려났다는 것을 보여주고, 또 다른 한편으로는 생식이라는 자연스런 본능이 결여된, 순수하게 인간적인 관계라는 점을 보여준다. 현재의 문화 수준에서 남자들의 절대 다수는 여자의 모성적 의미 그 너머까지 절대로 나아가지 않는다. 이것이 아니마가 유치하고 원시적인 수준의 매춘부 그 이상으로 좀처럼 발달하지 않는 이유이다. 결과적으로 매춘은 문명화된 결혼의 중요한 부산물 중하나이다. 그러나 마구스의 전설과 『파우스트』의 2부에서, 완전한 성숙을 이룬 아니마 상징들이 발견된다. 성인(成人)의 이런 성장은 본성을 멀리하는 성장과 동일하다. 기독교와 불교의 수도원의 이상들은 그와 똑같은 문제를 해결하려고 노력했지만, 언제나 육체가 희생되었다. 여신들과 반(半)여신들이 아니마의 투사를 받아야 하는, 개인적이고 인간적인 여자의 자리를 대신 차지했다.

여기서 우리는 매우 논쟁적인 영역을 건드리고 있다. 이 영역 속으로 지금은 더 깊이 들어가고 싶지 않다. 그보다 간단한 문제로, 말하자면 우리가 그런 여성적인 원형의 존재를 어떻게 파악할 수 있는가 하는 문제로 돌아가는 것이 나을 것 같다.

하나의 원형이 투사되지 않아서 어떤 대상 안에서 사랑을 받거나 미움을 사고 있지 않다면, 그 원형은 여전히 그 개인과 완전히 동일할 것이며, 따라서 그 사람은 원형을 직접 행동으로 옮기지 않을 수 없을 것이다. 그러면 어떤 남자는 자신의 아니마를 행동으로 옮길 것이다. 이같은 태도를 특징적으로 아주 적절히 표현하고 있는 단어가 있다. "적의"(敵意: animosity)이다. 이 표현은 "아니마에게 지배당한 상태"로 해석되며, 통제되지 않은 감정 상태를 암시한다. "적의"라는 단어는 불쾌한 감정에만 쓰이지만, 사실 아니마는 유쾌한 감정도 유발한다.

자제력은 전형적으로 남성적인 이상이고, 감정의 억압에 의해 성취된다. 감정은 특별히 여성적인 미덕이며, 남자는 남성다움의 이상에 이르려고 노력하면서 여성적인 모든 특징을 억누르기 때문에 일부 감정들을 여성적인 약함으로 여겨 억압한다. 그런데 여성적인 특징도 정말로 남자의 일부이다. 남성적인 특징들이 여자의 심리 일부를 이루듯이 말이다. 남자는 그렇게 하면서 무의식에 나약함이나 감상성을 축적시키고, 이것이 터져 나올 때 그 남자의 안에도 여성적인 존재가 있다는 사실이 드러난다.

모두가 잘 알고 있듯이, 남자들 중에서 자신의 여성적인 감정에 가장 심하게 휘둘리는 사람들이 바로 "남성다움을 과시하는 사람들"이다. 이것이 남자들 사이에 자살이 그렇게 많은 이유를, 또 거꾸로 매우 여성스런 여자들이 특별한 힘과 거친 측면을 종종 발달시키는 이유를 설명준다. 만약 어느 남자의 통제되지 않은 감정들을 주의 깊게 조사하면서 그 감정들의 밑바탕을 이루고 있는 인격을 다시 구축하려고 노력한다면, 곧 아니마라고 부를 수 있는 여자의 형상이 그려질 것이다. 고대인들은 이와 똑같은 바탕에서 여자의 영혼이나 "정신" 또는 "아니마"를 이해했으며, 중세의 성직자들이 '여자는 영혼을 갖고 있는가?'라는 질문을 던진 것도 심리학적으로 전혀 근거가 없는 것은 아니었다.

여자들로 오면 상황은 거꾸로 된다. 여자의 내면에서 아니무스가 터져나올 때, 그것은 남자의 내면에 나타나는 것과 같은 감정이 아니다.

여자는 논쟁과 합리화를 시작한다. 남자의 아니마 감정이 자의적이고 변덕스러운 것처럼, 여자의 이런 주장도 비논리적이고 비합리적이다. 언제나 옳아야 하고, 언제나 최종적 결정이 되어야 하고, 언제나 "바로 그게 이유야!"라는 말로 끝나는 아니무스 사고가 꼭 그렇다. 아니마가 비합리적인 감정이라면, 아니무스는 비합리적인 사고이다.

나의 경험에 비춰보면, 남자가 언제나 아니마의 의미를 더 쉽게 이해한다. 정말로, 남자는 아니마의 그림을 꽤 명확하게 그린다. 그렇기 때문에 모든 시대의 다양한 여자들 중에서 아니마 유형에 가장 가까운 여자를 찾아낼 수 있다.

그러나 여자가 아니무스라는 존재를 이해하도록 하기까지 대체로 많은 어려움이 따른다. 아니무스의 인격에 대해서 나에게 명확하게 설명할 수 있었던 여자를 나는 지금까지 만나지 못했다. 이를 근거로 나는 아니무스는 명확한 인격을 갖고 있지 않다고 결론을 내린다. 달리 말하면, 아니무스는 하나가 아니라 복수이다. 이 같은 사실은 어쨌든 남자들과 여자들의 구체적인 심리와 관계있을 것이다. 생물학적 차원에서 보면, 여자의 주된 관심사는 한 남자를 붙잡는 것이고, 남자의 주된 관심사는 여자를 정복하는 것이며, 남자는 본성 때문에 한 번의 정복에서 좀처럼 그만두지 않는다. 따라서 한 남자의 인격은 한 여자에게 결정적인 역할을 하지만, 한 남자와 한 여자의 관계는 이보다 훨씬 덜 명확하다. 왜냐하면 남자가 자기 아내를 많은 여자들 중 하나로 보기 때문이다. 이것이 남자로 하여금 결혼의 법적 및 사회적 성격을 강조하도록 만드는 한편, 여자는 결혼을 전적으로 개인적인 관계로 본다. 따라서 여자의 의식은 대체로 한 남자에게로 제한되는 반면에, 남자의 의식은 개인적인 관계 그 너머까지 나아가는 경향을, 간혹 개인적 한계와 정반대의 경향을 보인다. 따라서 무의식에서 그와 반대되는 것들에 의한 보상을 예상할 수 있다. 명확하게 정의된 남자의 아니마 형상은 이 같은 예상을 완벽하게 만족시킨다. 여자의 아니무스가 갖는 불명확한 다형성(多形性)도 마찬가지이다.

여기서 제시하는 아니마와 아니무스에 대한 설명은 당연히 간략하다. 그러나 아니마를 단순히 비이성적인 감정으로 이뤄진 원초적인 여자의 이미지라고, 아니무스를 비이성적인 의견들로 이뤄진 원초적인 남자의 이미지라고 설명했다면, 아마 지나치게 단순화한다는 비난을 들었을 것이다. 두 형상은 아주 중요한 문제들을 제시한다. 왜냐하면 그것들이 원시 시대부터 "영혼"이라 불려온 그 정신 현상의 근본적인 형태들이기 때문이다. 이 형상들은 또한 인간이 영혼이나 악령에 대해 이야기하게 하는 원인이다.

정신에서 자율적인 것은 절대로 객관적이거나 중립적이지 않다. 객관성은 의식에 속하는 범주이다. 광인들이 듣는 "목소리"에서부터 영매들의 '조종 영(靈)'(control-spirit)과 신비주의자들의 환상에 이르기까지, 자율적인 정신적 요소들은 모두 인격의 성격을 갖고 있다. 아니마와 아니무스도 마찬가지로 인격의 성격을 갖고 있으며, 이 성격은 "영혼"이라는 단어로 가장 잘 표현된다.

여기서 오해를 피하고 싶다. 내가 지금 사용하고 있는 "영혼"의 개념은 형이상학적인 어떤 개인적 내용물로부터 철학적 개념을 끌어내려는 시도인 기독교의 영혼 개념보다는 원시인의 영혼 개념과 비슷하

다. 후자의 예를 들면, 이집트인들의 '바(ba)-영혼'과 '카(ka)-영혼'[14]
이 있다. 여기서 내가 쓰는 영혼의 개념은 기독교의 개념과 전혀 아무 관련이 없다. 나의 영혼 개념은 순전히 현상과 관련 있다. 나는 심리학적 신비주의에는 전혀 관심이 없으며, 단지 영혼에 대한 믿음의 밑바닥에 깔려 있는 기본적인 정신적 현상을 과학적으로 파악하려고 노력하고 있을 뿐이다.

아니마와 아니무스에 의해 표현되는 사실들의 복합체가 시대를 불문하고 모든 사람이 영혼으로 묘사했던 것과 가장 근접하기 때문에, 아니마와 아니무스의 내용물을 보다 면밀히 조사하려 드는 순간에 그것들이 신비한 분위기를 드러내는 것은 그리 놀라운 일이 아니다. 아니마는 투사될 때마다 그 즉시 스스로를 특별히 역사와 관계있는 감정으로 둘러싼다. 괴테는 그런 특이한 감정을 이렇게 표현했다. "그 옛날에 그대는 나의 아내였거나 동생이었을 것이네." 라이더 해거드와 브누아도 이와 똑같은 역사적 감정을 표현하기 위해서 그리스와 이집트까지 거슬러 올라갔다.

정말 신기하게도, 아니무스는 이런 신비한 역사의 의미를 결여하고 있는 것 같다. 아니무스는 과거보다 현재와 미래에 관심을 더 많이 쏟는다고 말하는 것이 타당하다. 아니무스는 보편적인 법칙을 선호하는 경향을 보인다. 구체적으로, 아니무스는 사물들에 대해 원래 어떻게 되어야 한다는 식으로 거창하게 말하고, 대단히 모호하고 논쟁적인 문제에 대해 최종적 판단을 내리는 쪽을 선호한다. 아니무스의 태도가

..........
14  고대 이집트인들은 영혼이 세 부분으로 구성되어 있다고 믿었다. 그것을 각각 카, 바,
아크(akh)라고 불렀다. 카와 바는 누구나 갖는 것이고 아크는 선택된 소수만 갖는다.

이처럼 단호하기 때문에, 여자는 더 깊이 생각해야 하는 고민으로부터 벗어날 수 있다.

여기서 다시 나는 이 차이를 상반된 것에 의한 보상으로 설명하는 수밖에 없다. 남자는 의식적으로 활동할 때 미리 계획을 세우고 미래를 창조하길 원한다. 반면에 누가 누구의 종조모인가 하는 문제로 뇌를 고문하는 것은 특별히 여자의 특성이다. 그러나 앵글로 색슨 족의 감정을 갖춘 라이더 해거드의 글에서, 그리고 이런 감정에다가 스캔들까지 양념으로 가미한 브누아의 글에서 두드러지게 드러나는 것은 혈통에 대한 이런 여성적인 관심이다. 남자의 아니마 주변에는 화신(化身)을 암시하는 것들이 비합리적인 감정 형태로 매우 강하게 내걸려 있는 반면에, 여자는 그 남자의 합리주의의 지배를 아주 강하게 받고 있지 않은 경우에만 가끔 그런 감정을 의식적으로 인정할 것이다.

역사와 관련있는 이 감정은 언제나 대단히 중요하고 운명적이라는 특성을 지니고 있으며, 따라서 직접적으로 불멸성과 신성의 문제로 이어진다. 합리적이고 회의적인 브누아까지도 사랑 때문에 죽은 사람들을, 미라화(化)라는 특별히 효과적인 방법에 의해 영원히 보존되고 있는 것으로 묘사하고 있다. 그러니 라이더 해거드의 『아이샤: 쉬의 귀환』(Ayesha: The Return of She)에 담긴 신비주의에 대해서는 말할 필요조차 없다. 이 작품은 아주 탁월한 심리학 문서이다.

아니무스는 이런 감정적 특성을 갖고 있지 않기 때문에 지금 내가 묘사하고 있는 측면을 완전히 결여하고 있는 것처럼 보이지만, 깊은 핵심을 들여다보면 아니무스도 아니마와 마찬가지로 역사적 배경을 갖고 있다. 여자 작가들은 순수한 내성(內省)의 능력이 부족하든가 아니면 내성의 결과를 정신 속의 다른 구획에 보관하기를 좋아하는 것 같다. 후자의 경우라면 아마 내성이 어떠한 감정과도 연결되지 않기 때문일 것이다. 내가 아는 여성 작가들의 글 중에서 편향되지 않은 유일한 것은 마리 헤이(Marie Hay)의 소설 『불길한 포도원』(The Evil Vineyard)이다. 아주 수수한 이 스토리에서, 아니무스의 역사적인 요소가 아주 교묘하게 위장된 상태로 나온다. 이 위장은 아마 작가가 의도한 것은 아닐 것이다.

아니무스는 깊이 생각하지 않은 판단들을 바탕으로 하는 선험적인 가정들로 이뤄져 있다. 그런 판단들이 존재한다는 것은 어떤 일들을 대하는 여자의 의식적 태도로부터 추론할 수 있다. 이 대목에서 예를 하나 제시해야 한다. 내가 아는 한 여자는 자기 아들을 지나치게 진지하게 보호하고 터무니없을 만큼 중요한 존재로 여겼다. 그 결과, 아들이 사춘기를 넘기자마자 신경증 환자가 되어 버렸다. 그녀가 그렇게 무분별한 태도를 보인 원인은 처음에 드러나지 않았다. 그러나 면밀히 조사했더니, 그녀의 내면에 '나의 아들이 곧 올 구세주'라는 무의식적 신조가 자리 잡고 있는 것이 확인되었다. 이것은 여자들 사이에 널리 퍼져 있는 영웅 원형의 예를 잘 보여준다. 이 원형이 무의식적으로 그 여자의 행동을 규제하는 하나의 의견으로 아버지나 남편, 아들에게로 투사되고 있는 것이다. 잘 알려진 예가 구세주 같은 존재를 발견한 애니 베전트(Anni Besant)[15]이다.

마리 헤이의 소설에서, 여주인공은 남편이 자신을 포로로 잡고 있는 끔찍한 독재자라는 무의식적 가정에 근거한 태도로 남편을 미치게 만

..........

15  영국의 사회주의자이며 신지주의자, 사회운동가(1847-1933).

든다. 그녀는 남편을 엉터리로 해석했으며, 그녀의 남편은 최종적으로 그 해석에 부합하는 형상을 칭퀘첸토(cinquecento)[16]의 독재자에게서 발견했다. 그는 이 독재자와 자신을 동일시하고, 따라서 이성을 상실해 버렸다. 그러므로 아니무스에도 역사적인 요소가 결여되어 있는 것은 절대로 아니다. 그러나 아니무스의 역사적인 요소는 아니마의 역사적인 요소와 근본적으로 다른 방식으로 표현된다. 이와 비슷하게, 아니무스와 연결되는 종교 문제에서도 판단 기능이 지배한다. 남자의 경우에 감정 기능이 지배하는 것과 똑같다.

마지막으로, 나는 아니마와 아니무스가 무의식 안에서 유일한 자율적 형상이나 "영혼"이 아니라는 점에 대해 언급하고 싶다. 실질적인 의미에서 보면 아니마와 아니무스가 가장 직접적이고 가장 중요하지만, 그런 형상이 그것들만은 아니라는 뜻이다. 그러나 정신과 땅 문제의 또 다른 측면을 건드려야 하기 때문에, 나는 극도로 섬세한 내면 경험이라는 어려운 영역에서 빠져나와서 이 측면으로 눈길을 돌리고 싶다. 거기서는 더 이상 정신의 어두운 배경 속에서 어렵게 더듬거려야 할 필요가 전혀 없으며, 일상적인 일들이 벌어지는 넓은 세상 속으로 들어가게 된다.

진화의 과정에 정신이 땅의 조건에 의해서 형성된 것과 똑같이, 오늘 우리 눈앞에서도 그와 똑같은 과정이 반복되고 있다. 어느 유럽 민족 중 일부를 낯선 토양과 기후로 옮겨놓는다고 상상해 보자. 그러면 이 인간 집단은 몇 세대 동안에 정신적 변화를 겪고 아마 육체적 변화

..........
16  1500년부터 1599년까지 이탈리아에서 일어난 문화적 사건들을 일컫는다. 이탈리아어로 1500년을 의미하는 'millecinquecento' 에서 유래.

도 겪을 것이다. 그곳 외국의 피가 섞이지 않더라도 육체적 변화가 일어난다. 유럽의 다양한 국가들에 흩어져 사는 유대인들 사이에서, 그들이 섞여 살고 있는 민족의 특성에 의해서만 설명될 수 있는 그런 차이가 관찰된다. 스페인의 유대인과 북아프리카의 유대인을 구별하는 것은 어렵지 않다. 또 독일의 유대인과 러시아의 유대인을 구별하는 것도 어렵지 않다. 폴란드의 유대인과 러시아 북부의 유대인을 구별하는 것도 어렵지 않다. 민족의 유사성에도 불구하고 사는 지역에 따라 뚜렷한 차이가 나는데, 그 원인은 명확하지 않다. 인간 본성을 공부하는 학생은 차이를 당장 느낌에도 불구하고, 그 차이를 정확히 정의하는 것은 대단히 어려운 일이다.

현대에 일어난 민족의 이주 중에서 가장 중대한 실험은 게르만 족이 지배적인 인구에 의한 북미 대륙의 식민지화였다. 기후 조건이 아주 다르기 때문에, 원래의 민족 유형에 온갖 변형이 다 일어날 것이라고 예상할 수 있다. 인디언과의 혼혈은 갈수록 적어졌고, 따라서 전혀 아무런 역할을 하지 못했다. 보아스(Franz Boas)[17]는 이미 이민 2세에 두개골의 크기에서 해부학적 변화가 일어난다는 점을 보여주었다. 어쨌든 "양키" 유형이 형성되며, 인디언 유형과 아주 비슷했다. 미국 뉴욕 주 버펄로를 처음 방문했을 때, 나는 그곳 공장에서 쏟아져 나오던 근로자들의 물결을 보면서 옆에 있던 동료에게 인디언의 피가 이렇게 많이 섞였을 것이라고는 전혀 생각하지 못했다고 말했다. 그러자 그 동료는 웃음을 지으면서 수백 명에 이르는 사람들 중에서 인디언의 피는 한 방울도 없을 것이라고 대답했다. 이 일은 여러 해 전의 일로,
..........
17  미국의 문화 인류학자로 현대 인류학의 선구자(1858-1942).

내가 미국인들의 신비한 인디언화라는 개념 따위에는 전혀 생각하지 않고 있던 때였다. 나는 여러 미국인 환자들을 분석적으로 치료한 뒤에야 이 신비에 대해 알 수 있었다. 미국인 환자들과 유럽인 환자들 사이엔 뚜렷한 차이가 있었다.

나를 놀라게 만든 또 다른 사실은 흑인이 큰 영향력을 행사하고 있다는 점이었다. 피의 혼합에 따른 영향이 아니라 심리적 영향을 말한다. 미국인이 자신을 감정적으로 표현하는 방식, 특히 미국인의 웃는 방식은 미국 신문들의 화보 부록을 바탕으로 가장 잘 연구될 수 있다. 흉내 내기 힘든 시어도어 루즈벨트(Theodore Roosevelt) 대통령의 웃음은 미국 흑인의 원초적인 형태의 웃음에서 발견된다. 미국인들의 걸음걸이에서 자주 목격되는, 엉덩이를 흔드는 자세는 흑인들에게서 온 것이다.

미국 음악은 흑인으로부터 중요한 영감을 얻는다. 댄스도 마찬가지다. 종교적 감정의 표현, 부흥회, 흥분해 날뛰면서 하는 기도 등을 비롯한 파격적인 것은 흑인의 영향을 강하게 받았다. 그 유명한 미국인의 천진난만은 매력적인 형태든 불쾌한 형태든 흑인의 유치함과 비교된다. 평균적인 미국인의 활발함은 야구 경기에서뿐만 아니라 대화를 유난히 사랑하는 태도에서도 나타나고 있으며, 미국 신문들의 끝없는 말의 성찬도 이를 잘 보여주는 예이다.

미국인의 이 같은 특성은 게르만 족 선조들로부터 나왔을 가능성은 거의 없으며 흑인 마을에서 벌어지는 잡담과 훨씬 더 가깝다. 프라이버시의 결여와 잡식성의 집단 사교성은 활짝 열린 오두막에서 사는 원시적 삶을 떠올리게 한다. 원시인들의 오두막에서는 부족의 모든 구성원과의 동일시가 완벽하게 이뤄진다. 미국 주택들은 항상 문을 열어 놓는 것 같다. 미국 도시와 마을의 정원에 울타리가 없는 것과 비슷하다. 모든 것이 거리처럼 보인다.

이 모든 것들 중에서 어느 정도가 흑인들과의 공동생활 때문이고 어느 정도가 미국이 여전히 처녀지를 개척하고 있는 나라라는 사실 때문인지를 결정하는 것은 당연히 매우 어렵다. 그러나 모든 것을 고려할 경우에 흑인이 미국인의 전반적인 성격에 폭넓게 영향을 미치고 있는 것은 분명한 사실이다.

원시인에 의한 이런 전염은 그 정도가 다르고 형태가 다를 뿐 당연히 다른 나라에서도 관찰된다. 예를 들어, 아프리카에서 백인은 점점 줄어들고 있는 소수이며, 따라서 사회적 형식을 대단히 엄격하게 준수함으로써 흑인들로부터 자신들을 보호해야 한다. 그렇게 하지 않을 경우에, 백인은 "흑인화" 위험을 안게 된다. 아프리카의 백인이 원시적인 영향에 굴복하면, 그 사람은 지고 만다. 그러나 미국에서 흑인은 소수이기 때문에 퇴행시키는 영향이 아니며 오히려 재즈를 증오하는 사람이 아니라면 불리하다고 말할 수 없는 영향을 끼치고 있다.

두드러진 것은 인디언의 영향력은 거의 보이지 않거나 전혀 보이지 않는다는 점이다. 앞에서 언급한 인상학적 유사성은 아프리카와 관련 있는 것이 아니며 특별히 미국적이다. 그렇다면 육체는 아메리카에 반응하고 정신은 아프리카에 반응하는 것일까? 나는 이 문제에 오직 외적 행동만 흑인의 영향을 받는다고 대답해야 하지만, 정신 속에서 벌어지고 있는 것은 추가적인 연구의 대상이 되어야 한다.

미국 환자들의 꿈에서 흑인이 그들의 인격의 열등한 측면을 표현하는 데 큰 역할을 하는 것은 자연스럽다. 유럽인도 떠돌이나 하층 계급의 사람에 대해 그와 비슷하게 꿈 꿀 수 있다. 그러나 꿈의 절대 다수, 특히 분석 초기에 꾸는 꿈들이 피상적이기 때문에, 내가 인디언과 관련 있는 상징들을 만난 것은 오직 매우 철저하고 깊은 분석을 거치는 과정에서였다. 예를 들어, 영웅 모티브에서 표현되고 있듯이 무의식의 점진적인 경향이 인디언을 영웅의 상징으로 선택한다. 미합중국의 일부 주화가 어느 인디언의 두상을 새기고 있는 것과 똑같다. 이것은 한때 증오의 대상이었던 인디언에 대한 감사의 표시이지만, 그것은 또한 미국인의 영웅 모티브가 인디언을 하나의 이상적인 형상으로 선택하고 있다는 사실을 증명한다. 어떤 미국 행정부도 케츠와요(Cetewayo)[18]의 두상이나 다른 흑인 영웅을 주화에 새기려는 생각은 절대로 떠올리지 않았을 것이다. 군주 정체들은 군주의 두상을 더 선호하고, 민주주의 국가들은 자신들의 이상을 상징하는 것들을 더 명예롭게 여긴다. 나는 『변형의 상징들』(Symbols of Transformation)이라는 책에서 미국의 영웅 공상과 비슷한 예들을 제시했으며, 나는 십여 개의 다른 예를 더 보탤 수 있었다.

영웅은 언제나 인간의 가장 높고 가장 강력한 영감을 구현하는 존재이다. 또 영웅은 이 영감이 이상적으로 구현되는 길을 구체적으로 보여준다. 그러므로 어떤 종류의 공상이 영웅 모티브를 이루고 있는가 하는 문제가 아주 중요하다. 미국 영웅 공상에서, 인디언의 기질이 주도적인 역할을 맡는다. 스포츠를 보는 미국인의 인식은 스포츠를 편하게 대하는 유럽인의 인식을 훨씬 넘어선다. 엄격한 미국식 훈련의 무

..........
18 아프리카 줄루족의 마지막 왕(1826?~1884).

모험과 야만성과 비교할 만한 것은 인디언의 성인식뿐이다. 따라서 미국 운동선수의 경기력은 가히 존경할 만하다. 미국인이 진정으로 애정을 느끼는 모든 것에서, 우리는 얼핏 인디언을 본다. 미국인이 구체적인 어떤 목표에 집중하고, 목적 달성에 집착하고, 고난을 인내하는 능력 등에서, 인디언의 전설 같은 미덕이 두루 표현되고 있다.

영웅 모티브는 삶을 대하는 일반적인 태도뿐만 아니라 종교 문제에도 영향을 미친다. 절대론자의 태도는 어떤 것이든 언제나 종교적인 태도이다. 인간은 어떤 면에서나 절대적인 것을 추구하는 존재가 될 수 있는데, 거기서 사람들은 그 사람의 종교를 본다. 나는 미국인 환자들에게서 그들의 영웅 형상이 인디언의 종교에서 나온 특징들을 갖고 있다는 사실을 발견했다. 인디언의 종교에서 가장 중요한 형상은 샤면, 즉 주술사이다. 이 분야에서 미국인이 가장 먼저 한 발견이 심령술이며, 두 번째가 크리스천 사이언스를 비롯한 정신적 힐링의 형태이다. 크리스천 사이언스는 일종의 퇴마(退魔) 의식이다. 병을 옮기는 악령들을 몰아내고, 잘 낫지 않는 육체 위로 적절한 주문을 외고, 높은 수준의 문화의 산물인 기독교가 치료의 마법으로 이용된다. 영적 내용이 놀랄 정도로 빈약함에도 불구하고, 크리스천 사이언스는 살아 있는 힘이고, 토양에서 나온 힘을 갖고 있으며, 따라서 공식적인 교회에서 헛되이 추구했던 그런 기적을 일으킬 수 있다.

마법의 공식이나 구호 또는 선전이 미국에서보다 더 효과적으로 먹히는 나라는 이 지구상에 없다. 유럽인들은 이 같은 사실을 비웃지만, 그런 유럽인들은 말의 마법적 힘에 대한 신앙은 산보다 더한 것도 움직일 수 있다는 사실을 망각하고 있다. 그리스도 자체가 말이고 말씀이다. 유럽인들은 이 심리에서 이탈해 나왔지만, 미국인들의 내면에서 이 심리는 여전히 생생하게 살아 있다. 미국이 그것을 갖고 무엇을 할 것인지는 아직 두고 볼 일이다.

따라서 미국인은 이상한 그림을 제시하고 있다. 흑인의 행동과 인디언의 영혼을 가진 유럽인이 그것이다. 미국인은 외국 땅을 강탈한 자들의 운명을 공유하고 있다. 호주 중부의 원주민들은 사람은 외국 땅을 정복하지 못한다고 단언한다. 그 외국 땅에 새로운 출생을 통해 환생할 낯선 조상들의 영혼들이 살고 있기 때문이라고 한다. 이 말에 위대한 심리학적 진리가 담겨 있다. 외국 땅은 정복자들을 동화시킨다. 그러나 중앙아메리카와 남아메리카의 라틴계 정복자들과 달리, 북미의 사람들은 인디언 적들의 영혼이 자신들의 영혼이 되는 것을 막지 못했음에도 대단히 엄격한 청교도 정신으로 유럽의 기준을 간직했다. 어디든 처녀지는 적어도 정복자의 무의식이 그곳의 토착 거주자들의 수준으로 가라앉도록 만든다. 따라서 미국인의 내면에 의식과 무의식 사이에 유럽인에게서는 발견되지 않는 괴리가 있으며, 극도로 높은 의식적인 문화 수준과 무의식적인 원시성 사이에 어떤 긴장이 있다. 이 긴장이 정신적 잠재력을 형성하며, 이것이 미국인에게 식지 않는 모험심과 뜨거운 열정을 부여한다. 이런 모험심과 열정은 유럽인들이 모르는 것이다. 유럽인들이 여전히 조상들의 정신을 갖고 있다는 사실과 유럽인에게 모든 것이 역사에 깊이 젖어 있다는 사실은 유럽인으로 하여금 무의식과 접촉하도록 만들지만, 유럽인이 이 접촉에 너무 깊이 갇혀 있고 역사적인 악에 아주 신속하게 사로 잡히기 때문에 그들이 500년 전의 상태나 다름없는 정치 행태를 변화시키려면 대재앙이 요구된다.

유럽인이 무의식과 접촉하고 있다는 사실은 유럽인이 땅에 얽매이게 하고 앞으로 나아가는 것을 어렵게 만든다. 진보성을 포함한 정신의 모든 바람직한 움직임을 먼저 고려한다면, 이것은 틀림없이 이점이 아니다. 그럼에도 불구하고 나는 유럽인들이 선한 어머니 대지와 맺고 있는 관계에 대해 나쁘게 말하지 않을 것이다. '많은 사람들이 이리저리 떠돌아다녀도', 땅에 뿌리를 내리고 있는 자는 견딜 것이다. 무의식으로부터, 그리고 무의식의 역사적 조건으로부터 소외되는 것은 뿌리없음을 의미한다. 그것이 외국 땅을 정복한 자들을 기다리고 있는 위험이다. 그것은 또 어떤 종류의 것이든 어느 한 '이즘'(-ism)에 집착하다가 자신의 존재의 바탕인, 어둡고 물질적인 땅과의 접촉을 잃고 있는 모든 개인들을 기다리고 있는 위험이다.

# 3장

# 심리학이 현대인에게
# 지니는 의미

심리학의 의미를 대중에게 이해시키는 일은 언제나 대단히 어렵다.[19] 그 어려움을 처음 확인한 것은 내가 어느 정신 병원에서 의사로 일하던 때였다. 모든 정신과 의사와 마찬가지로, 나도 정신 건강이나 병에 대해 적절한 의견을 가진 사람은 의사가 아니라, 그런 문제에 대해 항상 의사보다 더 많이 알고 있는 대중이라는 놀라운 사실을 발견했다. 그들은 의사들에게 이런 이야기를 들려준다. 환자가 정말로 미치지 않았다거나, 환자가 자신이 서 있는 곳을 잘 알고 있다거나, 환자가 친척들을 알아본다거나, 환자가 자기 이름을 망각하지 않았기 때문에 미친 것이 아니라 약간 우울증에 빠졌거나 흥분했을 뿐이라거나, 환자가 이런저런 병으로 고통을 겪고 있다고 생각하는 정신과 의사의

..........
19  이 글은 1933년에 'Neue Schweizer Rundschau'에 'Uber Psychologie'라는 제목으로 발표되었다.

판단은 완전히 틀렸다는 식이다.

　너무나 흔하게 접하는 이런 경험이 우리를 진짜 심리학 분야로 이끈다. 여기선 사태가 훨씬 더 심각하다. 모두가 심리학은 자신이 가장 잘 아는 것이라고 생각하고 있다. 그래서 심리학은 언제나 '그 사람'의 심리학이며, 이 심리학에 대해선 그 사람만 알고 있으며, 동시에 그의 심리학은 다른 모든 사람들의 심리학이다.

　본능적으로 사람은 자신의 정신적 구조가 일반적인 구조라고, 모든 사람은 기본적으로 다른 모든 사람들과, 말하자면 자기 자신과 비슷하다고 생각해 버린다. 남편은 자기 아내에 대해 그렇게 생각하고, 아내는 자기 남편에 대해 그렇게 생각하고, 부모는 자식들에 대해 그렇게 생각하고, 자식들은 부모에 대해 그렇게 생각한다. 이것은 모든 사람이 자신의 내면에서 벌어지고 있는 일에 가장 직접적으로 접근할 수 있다고, 또 그 일을 가장 잘 알고 있어서 거기에 대해 의견을 개진할 능력을 갖추고 있다고 말하는 것이나 마찬가지다. 마치 자신의 정신이 모든 정신에 맞는 그런 '마스터' 정신인 것처럼, 그리고 자신의 상황이 일반적인 원리라고 주장할 자격을 갖추고 있는 것처럼 말이다.

　이 같은 생각이 현실과 맞아떨어지지 않는다는 것이 확인될 때, 다시 말해 다른 사람은 자기와 정말로 다르다는 사실이 드러날 때, 사람들은 깜짝 놀라며 심지어 공포까지 느낀다. 대체로 말하면, 그런 사람들은 이 정신적 차이를 매력적인 것으로 받아들이기는커녕 신기한 것으로 느끼지도 않는다. 오히려 참기 어려운 실패로, 혹은 저주받아 마땅한 결함으로 받아들인다. 고통스러울 만큼 두드러진 차이는 자연의 질서를 위반한 것처럼, 최대한 빨리 치료해야 하는 충격적인 실수처럼, 적절한 처벌이 요구되는 비행(非行)처럼 보인다.

잘 아시다시피, 널리 받아들여지고 있는 심리학 이론들은 사실 인간의 정신은 어딜 가나 똑같으며, 따라서 상황을 불문하고 똑같이 설명될 수 있다는 가정에서 출발하고 있다. 그러나 이런 이론들이 전제하고 있는 그 배타성은 개인에 따라 정신이 다르며 그 변화도 거의 무한하다는 사실과는 완전히 모순된다. 이 외에, 그 이론들 중 하나는 정신적 현상의 세계를 주로 성적 본능을 바탕으로 설명하고 있고 다른 한 이론은 권력 욕구를 바탕으로 설명하고 있다. 이 같은 불일치의 결과, 두 이론은 각자의 원칙에 더 집요하게 매달리고 있으며, 동시에 구원의 유일한 원천이라고 자처하려는 경향을 더 강하게 보이고 있다. 두 이론은 서로를 부정하고 있으며, 어느 쪽이 옳은가 하는 질문을 황당하게도 자신에게 묻고 있다. 그러나 두 가지 견해의 추종자들이 서로의 존재를 무시하려고 최대한 노력하고 있음에도 불구하고, 이 같은 전략은 그 모순을 해결하는 데 전혀 아무런 도움이 되지 않는다. 그 수수께끼에 대한 해답은 터무니없을 만큼 간단하다. 그 해답은 이렇다. 두 이론은 똑같이 맞다. 각 이론이 추종자들의 심리를 묘사하고 있기 때문이다. 괴테의 표현을 빌리면, 심리학 이론은 "그것이 이해하고 있는 정신과 어울린다".

우리의 주제로 돌아가서, 순진한 정신의 소유자들이 갖고 있는, 모든 사람이 자신과 똑같다고 생각하는 편견을 고려해 보자. 정신적 차이가 하나의 이론적 가능성으로 인정되고 있는 것은 대체로 사실이지만, 실제로 보면 사람은 다른 사람이 자신과 다르다는 점, 다른 사람은 다르게 생각하고 다르게 느끼고 다르게 보고 꽤 다른 것을 원한다는 점을 언제나 망각하고 있다. 우리가 본 바와 같이, 과학적인 이론조차도 실은 정신은 똑같다는 가정에서 시작한다. 심리학자들 사이에 벌어지고 있는 이런 재미있는 싸움 외에, 사회적 및 정치적 본성을 똑같은 것으로 보는 가정도 있다. 이것이 훨씬 더 심각한 문제다. 왜냐하면 이런 가정은 개인의 정신이라는 존재 자체를 깡그리 망각하고 있기 때문이다.

이런 편협한 관점과 단견을 놓고 뚜렷한 목적도 없이 나 자신을 괴롭히는 일을 그만두고, 나는 그런 가정들이 존재하는 이유들을 찾는 작업을 시작했다. 이 탐구가 나로 하여금 원시적인 사람들의 심리를 연구하도록 만들었다.

정신적 획일성을 좋아하는 편견을 강하게 보이는 사람들 사이에 순진무구하고 유치한 구석이 있다는 사실에 나는 오래 전에 강한 인상을 받았다. 원시인의 사회에서 이 가정은 인간 존재들뿐만 아니라 자연의 모든 대상들에게, 그러니까 동물과 식물, 강, 산 등에도 적용된다. 자연의 대상들은 모두 인간 심리의 무엇인가를 갖고 있다. 심지어 나무와 돌까지도 말을 한다. 그리고 일반적인 법칙과 부합하지 않으면서 마법사와 마녀, 추장, 주술사 등으로 존경을 받는 인간 존재들이 있는 것처럼, 동물들 사이에도 의사 코요테와 의사 새, 인간 늑대 등이 있다. 어떤 동물이 일상적인 방식을 벗어나는 행동을 보이면서 획일성이라는 암묵적 가정을 뒤엎어놓을 때, 그 동물에게 그런 명예로운 타이틀이 주어진다. 분명히 이 편견은 기본적으로 충분히 분화되지 않은 의식에 바탕을 둔 원시적인 정신의 틀이 남긴 흔적이지만, 매우 강력한 흔적이다.

개인 의식 혹은 자아의식은 인간의 발달에서 나중에 나온 산물이다. 원시적인 형태의 개인 의식은 단순히 하나의 집단적인 의식에 불과하며, 오늘날에도 존재하는 원시 사회를 보면, 의식의 발달이 거의 이뤄지지 않은 탓에 많은 부족들은 다른 부족과 자기 부족을 구분할 이름조차 짓지 않고 있다. 예를 들어, 아프리카 동부에서 나는 자신들을 단순히 "거기에 사는 사람들"이라고 부르는 부족을 만났다. 이런 원시적인 집단 의식은 우리 자신의 가족 의식 안에 계속 살고 있다. 우리는 어느 가족의 구성원이 자신이 이런저런 이름으로 불린다고 말하는 외에 달리 자기 자신을 설명할 길을 전혀 알지 못하고 있다는 사실을 종종 발견한다. 그런데 이 이름은 관련 있는 사람들에겐 대단히 만족스러워 보인다.

　그러나 개인들이 대체 가능해지는 그런 집단 의식은 의식 중에서 수준이 가장 낮은 것이 아니다. 그것이 이미 분화의 흔적을 보이고 있기 때문이다. 가장 저급하고 가장 원시적인 수준에서, 우리는 일종의 일반적인 의식 또는 우주적인 의식을 발견한다. 이 의식의 특징은 주체에 대한 자각이 전혀 없다는 점이다. 이 수준에서는 오직 사건들만 있을 뿐이고, 행위를 하는 사람은 전혀 없다.

　따라서 나를 즐겁게 해주는 것은 당연히 다른 사람도 즐겁게 할 수 있어야 한다는 우리의 가정은 의식의 원시적인 밤이 남긴 유물이다. 의식이 밤인 상태에서 나와 당신 사이에 지각 가능한 차이는 하나도 없으며, 모두가 똑같이 생각하고 느끼고 행동한다. 그러나 어느 누군가는 같은 정신을 갖고 있지 않다는 사실을 보여주는 사건이 일어났을 때, 그 즉시 일대 혼란이 벌어졌다. 원시인들 사이에서는 일상적인 것을 벗어나는 일이 일어날 때만큼 무서운 공포를 불러일으키는 것은 없다. 그 일은 위험할 뿐만 아니라 적대적이라는 의심까지 받는다. 이런 원시적인 반응도 지금 우리 안에 남아 있다. 누군가가 우리의 확신을 공유하지 않을 때 우리가 얼마나 빨리 방어적인 태도를 취하는지 보라! 누군가가 우리의 미(美) 개념에 대해 혐오스럽다는 반응을 보일 때, 우리는 거기에 대해 모욕감을 느낀다. 우리는 자신과 다르게 생각하는 사람들을 여전히 박해하고 있으며, 우리의 의견을 다른 사람들에게 강요하려고 노력하고 있고, 가엾은 이교도들을 지옥으로부터 구원하기 위해 개종시키려 들고 있다. 그렇듯, 우리 인간은 자신의 믿음만 가진 채 외로이 서 있는 것을 끔찍이도 무서워한다.

모든 인간이 정신적으로 동일하다는 것은 개인이 원래부터 자기 자신에 대해 모르는 무지에서 비롯된 가정이다. 아득히 먼 옛날엔 개인 의식은 절대로 없었으며, 집단적인 정신만 있었을 뿐이며, 보다 높은 발달 단계에서 집단적 의식에서 개인적 의식이 점진적으로 나왔다. 개인적 의식의 존재에 반드시 필요한 조건은 그 의식이 다른 의식과 달라야 한다는 점이다. 의식의 발달 과정은 어둠에서 솟아올라 형형색색의 별들을 뿌리며 흩어지는 로켓에 비유될 수 있다.

하나의 경험 과학으로서 심리학은 아주 최근에 시작되었다. 심리학은 아직 쉰 살도 채 되지 않았으며, 따라서 여전히 배내옷을 입고 있다. 동등이라는 전제가 심리학이 일찍 탄생하는 것을 막았다. 이를 근거로, 우리는 분화된 의식이 태어난 역사가 아주 짧다는 것을 알 수 있다. 그런 의식은 이제 막 오랜 잠에서 깨어나 자신의 존재를 서서히 깨닫고 있다. 우리 현대인이 높은 수준의 의식을 획득했다고 상상하는 것은 망상이다. 현재의 의식 수준은 이제 막 "나"라는 표현을 쓰기 시작한 어린애에 불과하다.

사람들의 정신이 상상을 초월할 만큼 다르다는 점을 발견한 것은 내 인생에서 가장 위대한 경험 중 하나였다. 만약에 정신의 집단적 동일성이 원초적인 사실이 아니라면, 모든 개별 정신들의 기원과 모체(母體)는 굉장한 착각일 것이다. 그러나 우리의 개인적 의식에도 불구하고, 정신의 모체는 의심의 여지없이 집단 무의식으로서 계속 존재하고 있으며, 자아는 집단 무의식이라는 이 바다 위를 한 척의 배처럼 돌아다니고 있다. 이런 이유로, 정신의 원초적 세계에 있었던 것들 중에서 사라진 것은 하나도 없다. 바다가 그 넓은 혀를 대륙들 사이로 펴서 그것들을 마치 섬처럼 둘러싸듯이, 우리의 본래의 무의식도 우리의 개인적인 의식 주위를 감싸며 압박을 가하고 있다.

정신적 질병이라는 재난이 닥칠 때, 해수면이 폭풍우 때문에 섬보다 더 높아지면서 섬을 다시 바다 깊은 곳으로 삼킨다. 신경증 장애가 일어나면, 제방이 터지고 비옥한 저지가 홍수에 씻겨나간다. 신경증 환자들은 모두 해안 거주자이다. 그들은 바다의 위험에 가장 많이 노출되어 있는 사람들이다. 소위 정상적인 사람들은 내륙에서, 높고 마른 땅에, 평온한 호수와 강 가까운 곳에서 살고 있다. 아무리 심한 홍수가 나도 거기까지는 닿지 못하며, 둘러싸고 있는 바다는 너무나 멀리 떨어져 있어서 사람들은 바다의 존재를 부정하기까지 한다.

정말로, 사람은 인류 공통의 끈을 잃고 자신을 다른 사람들로부터 완전히 떼어놓을 수 있을 만큼 자신의 자아와 동일해질 수 있다. 어느 누구도 다른 사람과 완전히 똑같이 되기를 원하지 않기 때문에, 이런 일이 꽤 흔하게 일어난다. 그러나 원시적인 이기주의의 입장에서 중요한 원칙은 변해야 하는 것은 절대로 "내"가 아니고 언제나 다른 동료라는 것이다.

개인의 의식은 무의식이라는 불안정한 바다에 둘러싸여 있다. 우리의 의식은 겉보기에 안정적이고 신뢰할 만한 것처럼 보이지만, 실제로보면 허약하기 짝이 없고 매우 불안정한 토대 위에 서 있다. 의식의 섬세한 균형을 깨뜨리는 데는 강한 감정만으로 충분한 때가 종종 있다. 우리가 흔히 쓰는 말투도 그 점을 암시하고 있다. 어떤 사람이 분노로 제정신이 아니라거나, 자기 자신을 완전히 망각했다거나, 악마가 그사람의 안으로 들어갔다는 식의 표현에 그런 암시가 담겨 있다. 무엇인가가 당신이 당신의 살갗 밖으로 뛰어나가도록 한다거나, 당신을 미치게 만들어 당신 자신이 하고 있는 일이 무엇인지를 더 이상 모르게만든다는 말도 마찬가지다.

이런 익숙한 표현들은 우리의 자아의식이 감정에 얼마나 쉽게 방해를 받는지를 잘 보여준다. 이 장애들은 어느 한 순간에만 날카로운 모습으로 나타나는 것이 아니다. 의식에 만성적이고 지속적인 변화를 초래하는 경우도 종종 있다. 일부 정신적 격변의 결과, 우리라는 존재 자체가 무의식 속으로 던져져 몇 년 동안, 아니면 몇 십 년 동안 표면에서 사라질 수도 있다. 성격이 영원히 바뀌는 현상도 드물지 않다. 따라서 그런 경험을 겪은 사람을 놓고 "변화한 사람"이라고 부를 수 있다. 꽤 맞는 말이다.

이런 일은 나쁜 유전 형질을 가진 사람이나 신경증 환자들에게만 일어나는 것이 아니고 정상적인 사람에게도 마찬가지로 일어날 수 있다.

감정에 의해 야기된 장애는 전문적인 용어로 '분열 현상'으로 알려져 있으며, 정신적 분리를 암시한다. 모든 정신적 갈등에서 우리는 이런 종류의 분리를 확인할 수 있으며, 이 분리는 의식의 구조를 깨뜨려 버릴 만큼 악화될 수 있다.

그러나 내륙의 거주자들, 그러니까 바다를 잊은 상태에서 안전한 세계에 살고 있는 거주자들도 단단한 토대 위에서 살고 있지 않다. 그 토양은 너무나 무르다. 그렇기 때문에 언제라도 바다가 대륙의 균열을 통해 들이닥치며 그들을 고립시킬 수 있다. 원시인은 자신의 부족의 삶만 아니라 자신의 심리를 통해서도 이 위험을 잘 알고 있다. 이런 "영혼의 위험들" 중에서 가장 중요한 것은 영혼의 상실과 영혼의 사로잡힘이다. 이 두 가지는 분열 현상이다. 영혼의 상실을 겪고 있는 사람은 영혼이 자신으로부터 빠져나갔다고 말할 것이고, 영혼이 무엇인가에 사로잡혀 있는 사람은 이상한 영혼이 대체로 불쾌한 형태로 자신의 안에 거처를 잡고 있다고 말할 것이다. 그 현상을 그런 식으로 말하는 것이 이상하게 들릴지 모르지만, 그것은 오늘날 우리가 분열 현상 또는 정신 분열 상태라고 부르는 증후를 정확히 묘사하고 있다.

그것들은 결코 전적으로 병적인 증후는 아니다. 왜냐하면 그것들이 정상적인 사람의 내면에서도 마찬가지로 발견되기 때문이다. 그것들은 전반적인 행복감의 흔들림이나 변덕스런 기분 변화, 예측 불가능한 감정, 모든 것에 대한 갑작스런 혐오, 정신적 무력증 등으로 나타날 수 있다. 원시인의 사로잡힘에 해당하는 정신 분열적인 현상도 정상적인 사람에게서 관찰된다. 정상적인 사람은 열정의 악마에도 넘어갈 수 있다. 정상적인 사람은 또 심취나 악덕, 일방적인 확신에도 사로잡힐 수 있으며, 이런 것들이야말로 그들과 그들이 가장 사랑하는 사람들 사이에 깊은 무덤을 파고 그들 자신의 정신에 분열을 일으키는 것들이다.

원시인은 정신의 분리를 부적당하고 병적인 것으로 느낀다. 그 점에선 원시인도 우리와 마찬가지이다. 우리는 그것을 갈등이나 신경질, 또는 정신 쇠약이라고 부른다. '성경'이 낙원으로 상징되는, 식물과 동물, 인간, 신의 온전한 조화를 모든 정신적 발달이 시작하는 바로 그 대목에 놓으면서 의식의 첫 여명을 원죄라고 부르는 것도 괜히 그러는 것이 아니다. "너희가 하느님과 같이 되어, 선악을 알리라."[20] 순진 무구한 정신에겐 근원의 밤을 지배했던 의식의 신성한 통합을 깨뜨리는 것이 하나의 죄처럼 보임에 틀림없다. 그것은 개인이 절대자에 맞서 일으킨 교만한 반란이었다. 그것은 조화에 반대하는 적대적인 행위였으며 모든 것들과의 융합으로부터 떨어져나온 하나의 분리였다. 그래서 신은 뱀을 저주하며 이렇게 말했다. "내가 너로 하여금 여자와 원수가 되게 하고 너의 후손도 여자의 후손과 원수가 되게 할 것이니, 여자의 후손은 네 머리를 상하게 할 것이고 너는 그의 발꿈치를 상하게 할 것이니."[21]

그럼에도 의식에 이른 것은 지식의 나무가 거둔 최고의 결실이며, 인간에게 의식은 이 땅을 지배하는 마법의 무기이다. 우리는 또 이 의식이 인간에게 자기 자신을 상대로 보다 큰 승리를 거둘 무기가 될 것이라고 희망하고 있다.

개인의 의식이 분리와 반대를 의미한다는 사실은 인간이 긴 역사에

..........
20 '창세기' 3장 5절.
21 '창세기' 3장 15절

서 무수히 경험해 오고 있는 것이다. 그리고 개인에게 분열의 시기는 곧 병의 시기이다. 이는 민족들의 삶에도 그대로 적용된다. 우리 시대가 분열과 병의 시대라는 점을 우리는 좀처럼 부정하지 못한다. 정치적 및 사회적 조건, 종교와 철학의 파편화, 현대 예술과 현대 심리학의 경쟁하는 학파들 등은 이 점에서 동일한 의미를 갖는다. 그리고 약간의 책임감이라도 느끼는 사람이라면 사태가 이런 식으로 변하고 있는데 대해 만족을 느낄 수 있을까? 정직한 사람이라면, 누구도 오늘날의 세계에 편한 마음을 가질 수 없다는 점을 인정할 것이다. 정말이지, 세상은 갈수록 점점 더 불편해지고 있다. 너무나 자주 들리는 "위기"라는 단어는 언제나 병이 위험한 최고조에 달했다는 것을 나타내는 의학적인 표현이다.

인간이 의식적인 존재가 되었을 때, 분열이라는 병의 씨앗이 인간의 영혼에 심어졌다. 왜냐하면 의식이 최고의 선(善)임과 동시에 최악의 악이기 때문이다. 지금 우리가 살고 있는 이 시대가 앓고 있는 병을 평가하는 것은 어려운 일이다. 그러나 인간의 임상 치료의 역사를 되돌아본다면, 보다 쉽게 조사할 수 있는 병의 발발이 발견된다. 최악의 공격 중 하나는 그리스도 후 첫 몇 세기 동안에 로마 세계에 퍼진 불안이었다. 그런 분열 현상은 정치적, 사회적 조건이 전례 없는 쇠약을 보이는 때에, 종교적, 철학적 충돌이 일어나는 때에, 그리고 예술과 과학이 비참할 정도로 쇠퇴하는 때에 나타났다.

만약에 인류를 단 한 사람의 개인으로 압축한다면, 우리 앞에 대단히 분화된 인격이 나타날 것이다. 아마 이 인격은 확고한 자신감으로 환경을 정복한 다음에 개별 직업들과 관심사를 추구하느라 스스로를 분열시킬 것이다. 그러면서 자신의 기원과 전통을 망각하고, 심지어 예전에 자신이 가졌던 기억마저 모두 망각할 것이다. 따라서 그는 지금은 이런 존재처럼 보이다가 조금 있다가는 다른 존재처럼 보일 것이며, 결과적으로 자기 자신과 절망적인 갈등을 빚게 될 것이다. 최종적으로, 그 갈등은 대단히 쇠약한 상태를 낳을 것이고, 따라서 그가 정복한 세상은 무시무시한 홍수에 휩쓸리듯 깨어지며 파괴의 과정에 마침표를 찍을 것이다.

오랜 세월 동안 정신을 탐구한 결과, 다른 연구원들도 똑같은 경험을 했겠지만, 정신적 현상은 한쪽 면에서만 봐서는 안 되고 다른 면에서도 봐야 한다는 근본적인 원칙이 나의 내면에 확고히 세워지게 되었다. 경험에 따르면, 모든 것은 적어도 두 가지 측면을 갖고 있으며, 여러 측면을 갖고 있는 것도 더러 있다. 디즈라엘리(Benjamin Disraeli)[22]의 가르침이 기억난다. 중요한 것에 중요성을 지나치게 부여하지 말고, 중요하지 않은 것은 겉으로 보이는 것 만큼 중요하지 않은 것이 아니라는 가르침 말이다. 이 가르침도 앞에서 말한 근본적인 진리를 달리 표현한 것에 지나지 않는다. 이 진리의 세 번째 버전은 모든 정신적 현상은 반대되는 것의 의해 보상된다는 가설일 것이다. 이것은 "극단적인 것은 서로 통한다."거나 "유익한 것이 전혀 없을 만큼 심각한 불운은 절대로 없다."는 격언과 일치한다.

따라서 우리의 세계에서 분열의 병은 동시에 회복의 과정이며, 어쩌면 탄생의 격통을 예고하는 임신기의 절정일 수도 있다. 로마 제국 시대에 지배했던 것과 같은 분열의 시대는 동시에 부활의 시대이다. 우
..........
22  영국의 정치가이자 작가(1804-1881).

리가 우리의 시대를 아우구스투스(Augustus)[23]의 시대부터 계산하는 것은 그만한 이유가 있다. 그 시대가 그리스도라는 상징적인 인물의 탄생을 목격했기 때문이다. 그리스도는 초기 기독교인들에게 물고기로, 그러니까 그때 막 시작한 물고기자리 시대의 지배자로 불렸다. 그리스도는 그 후 2,000년 동안 지배적인 정신이 되었다. 바빌로니아의 지혜의 스승인 오아네스(Oannes)처럼, 그리스도는 바다에서, 원초적인 어둠에서 일어나서 한 시대에 종지부를 찍었다. 그가 "나는 평화를 갖고 온 것이 아니라 칼을 갖고 왔노라."라고 말한 것은 사실이다. 그러나 분열을 야기한 것이 최종적으로 통합을 창조한다. 그래서 그리스도의 가르침은 모든 것을 융합시키는 사랑의 가르침이었다.

그때와 오늘 사이에 시간적 거리가 아주 멀다. 따라서 우리는 이런 역사적인 사건들을 꽤 분명하게 볼 수 있는 위치에 서 있다. 그 시대에 살았더라면, 우리도 어쩌면 당시의 많은 사람들처럼 그런 사건들을 간과했을지 모른다. 희소식, 즉 복음은 극소수의 사람에게만 알려져 있었고, 겉보기엔 모든 것이 정치이거나 경제 문제, 오락이었다. 종교와 철학은 새로 정복한 동양으로부터 로마 세계로 쏟아져 들어온 정신적 부(富)를 동화시키려고 노력했다. 당시에 거대한 나무로 성장할 운명을 지닌 겨자씨를 알아본 사람은 거의 아무도 없었다.

고대의 중국 철학에는 두 가지 모순되는 원리가 있다. 밝은 양과 어두운 음이 그 원리이다. 이 중에서 어느 한 원리가 권력의 정점에 이르면 언제나 그 안에서 하나의 근원처럼 반대되는 원리가 일어난다. 이것은 내면의 어떤 반대에 의해서 보상이 이뤄지는 심리 법칙을 특별

──────────
23  로마 제국 초대 황제(B.C.63-A.D.14).

히 생생하게 보여주고 있다. 어느 문명이 정점에 이를 때마다, 조만간 쇠퇴의 시기가 시작된다. 그러나 무의미하고 희망 없는 것들은 목적 없이 무질서 상태로 붕괴하면서 그것을 지켜보는 사람들에게 혐오감과 절망을 안기지만, 그럼에도 불구하고 가장 어두운 것 안에 새로운 빛의 근원이 들어 있다.

그러나 여기서 잠시 전형적인 쇠퇴의 시기를 바탕으로 한 사람의 개인을 구성하려던 앞부분의 시도로 돌아가 보자. 거기서 나는 그 개인이 심리적으로 어떤 식으로 해체되는지, 그가 허약한 상황에서 어떻게 자신의 환경에 대한 지배력을 잃다가 마침내 파괴의 힘들에 굴복하게 되는지를 보여주려고 노력했다. 이 사람이 상담을 받으러 나를 찾는다고 가정해 보자. 그러면 나는 이런 진단을 내릴 것이다. "당신은 수많은 활동과 끝없는 외향의 결과로 생긴 과도한 긴장으로 고통을 겪고 있어요. 개인적인 활동과 인간적인 의무들을 두루 수행하려고 노력하다가 그만 정신을 잃고 만 것이지요. 당신은 현대 유럽의 정신을 대표하는 이바르 크뤼게르(Ivar Kreuger)[24]와 비슷합니다. 당신은 자신이 급속도로 파멸하고 있다는 사실을 깨달아야 합니다."

급속도로 파멸하고 있다는 것을 깨닫는 것이 그에게 특별히 중요하다. 왜냐하면 환자들은 거의 예외 없이 옛날과 똑같은 방식으로 일을 처리하려는 경향을 강하게 보이기 때문이다. 오래 전에 유효하지 않다는 사실이 드러났는데도 환자들은 그 방식을 포기하지 못하며 그로 인해 상황을 더욱 악화시키기만 한다. 기다리는 것은 소용없는 짓이

..........

24  '성냥왕'으로 알려진 스웨덴 사업가. 문어발식 확장으로 인해 최종적으로 실패했으며 자살로 생을 마감했다.

다. 따라서 금방 질문이 제기된다. "어떤 조치를 취해야 하는가?"

우리의 환자는 지적인 사람이다. 그는 좋고 나쁜 모든 특허 의약품과 온갖 종류의 식단, 영리한 사람들이 제시하는 모든 조언을 따르려고 노력했다. 그러므로 우리는 그를 틸 오일렌슈피겔(Till Eulenspiegel)[25]을 다룰 때와 같은 마음으로 다뤄야 한다. 오일렌슈피겔은 오르막길을 걸을 때면 언제나 웃었고 내리막길을 걸을 때면 언제나 울면서 건전한 상식을 거부하는 모습을 보였다. 그러나 그의 어릿광대의 옷 아래에 어떤 현자가 숨어 있었다. 이 현자가 언덕길을 올라갈 때 곧 있을 내리막길을 생각하면서 웃을 수 있었던 것이다.

우리 환자의 관심이 그의 안에서 통합의 씨앗이 자라고 있는 곳으로, 창조적인 탄생이 일어나고 있는 곳으로 향하도록 만들어야 한다. 이 창조적 탄생이 표면에 온갖 갈등과 균열이 나타나도록 하고 있는 깊은 원인이다. 하나의 문명은 쇠퇴하지 않으며, 쇄신할 뿐이다. 기독교 시대의 첫 몇 세기 동안에, 카이사르를 숭배하며 서커스에 정신을 팔고 있던 고대 로마 세계에서 정치적 음모와 엉뚱한 억측이 난무하는 가운데 통찰력 있는 사람은 불굴의 확신으로 이렇게 외칠 수 있었을 것이다. "다가오는 시대는 어둠 속에서, 목적 없는 이런 온갖 혼란의 뒤에서 이미 싹을 틔웠다. 저 멀리 서쪽 끝에서부터 폴란드까지, 북쪽 산악 지대에서 시칠리아까지, 그곳에 위치한 국가들 위로 그림자를 드리울, 말하자면 그 국가들을 하나의 신앙과 문화와 언어로 묶을 나무의 씨앗이 싹을 틔웠다는 뜻이다."

그것이 심리 법칙이다. 나의 환자는 그 법칙을 절대로 믿으려 들지

..........
25 중세 독일의 민화를 통해 내려오는 전설적 인물.

않을 것이다. 그럴진대 그가 이런 것들을 직접 경험하길 원할 가능성은 거의 없다. 바로 여기서 우리의 어려움이 시작된다. 왜냐하면 보상이 언제나 전혀 예상하지 않은 때에 모습을 드러내기 때문이다. 객관적으로 고려할 때, 전혀 그럴듯하지 않은 순간에 보상이 나타나는 것이다.

우리 환자가 오랫동안 죽어 있는 문명이라는 창백한 추상 관념이 아니고 우리의 시대를 살고 있는 진짜 인간이라고 가정해 보자. 현대 유럽 문화의 전형적인 대표가 될 슬픈 운명을 타고난 그런 인간 말이다. 그러면 우리는 우리의 보상 이론이 그에게 아무런 의미를 지니지 않는다는 것을 발견할 것이다. 그는 무엇보다도 '모든 것을 더 잘 아는' 병이라는 것으로 고통을 겪고 있다. 그가 분류해서 정신의 칸막이에 정확히 집어넣지 못할 것은 하나도 없다. 그가 생각하고 있는 그의 정신에 대해 말한다면, 그 정신은 기본적으로 그 사람 자신의 발명이고, 그 사람 자신의 의지이다. 그리고 그의 정신은 그의 이성만을 배타적으로 따르고 있다. 만약에 그의 정신이 그의 이성을 따르지 않는 일이 일어난다면, 만약에 그럼에도 불구하고 그가 불안 상태나 강박 관념 같은 정신적 징후들을 계속 보인다면, 그에게 그것은 과학적인 이름을 가지고 있고 임상적으로 확인 가능한 병이다. 다른 것으로 환원될 수 없는 하나의 독창적인 경험으로서의 정신에 대해서, 그는 아는 것이 전혀 없으며 내가 정신에 대해 하는 말도 알아듣지 못한다. 그러면서도 그는 자신이 정신을 완전히 이해하고 있다고 생각하며, 심지어 논문이나 책을 쓰면서 "심리주의"(psychologism)[26]의 병폐를 한탄한다.

..........
26  철학의 문제를 심리학적 관점에서 해결하려는 경향을 말한다.

책과 신문, 여론, 사회 제도, 직업적 편견 등으로 두꺼운 장벽을 치고 있는 이런 부류의 사람들과는 논쟁 자체가 불가능하다. 그 방어를 뚫을 수 있는 것은 아무것도 없다. 그 사람이 세상이나 자기 자신과 조화를 이루도록 해 줄 새로운 것의 그 작은 씨앗은 더더욱 파고들지 못한다. 그 씨앗은 너무나 작고 터무니없어 보이는 탓에 스스로 겸손한 마음에서 그 귀신 같은 인간을 당장 포기해 버릴 것이다. 그런 경우에 우리 환자에게 다른 무엇인가를, 그러니까 그 사람만이 아주 잘 알고 있는 일상의 세계를 상쇄시킬 무엇인가를 어렴풋이 보도록 하기 위해서 그를 어디로 이끌어야 하는가? 우리는 환자를 처음에 정도를 벗어난 길로, 어떤 어둠으로, 말하자면 그의 정신 중에서 터무니없을 만큼 무의미하고 중요하지 않은 모퉁이로 안내해야 한다. 그가 오랫동안 이용하지 않은 길을 따라 걸으면서 오래 전부터 알려져 있는 헛된 망상에 이르도록 해야 한다는 뜻이다. 정신의 그 모퉁이가 바로 꿈이며, 꿈은 밤의 기이한 유령에 불과하다. 오랫동안 이용하지 않았던 경로는 바로 꿈들을 이해하는 길을 말한다.

　　나의 환자는 만족을 모르는 파우스트 같은 분노를 나타내며 이렇게 외칠 것이다.


이 마녀의 돌팔이 치료가 내 영혼까지 뒤집어 놓고 있어!

그렇다면 이것이 당신의 약속인가?

미쳐 있는 이 구멍 안에서 비뚤어진 상담에 의해서

내가 치료될 수 있다는 것이 당신의 약속이란 말인가?

솔직히, 어떤 노쇠한 부인에 의해 계시된단 말인가?

…… ……

당신은 당신 자신의 고름을 만들지 못하는가?

이 질문에 대해 나는 이렇게 대답할 것이다. "당신은 치료 방법을 하나씩 시도해 보지 않았는가요? 당신의 온갖 노력이 오히려 당신의 현재 삶을 혼란스럽게 만들 뿐이라는 것을 당신의 눈으로 직접 보지 않았는가요? 다른 관점을 당신의 세상 안 어딘가에서 발견하지 않는다면, 그것을 어디서 발견할 수 있단 말인가요?"

여기서 메피스토펠레스[27]가 만족스러운 듯 중얼거린다. "그곳이 마녀가 끼어드는 곳이지." 그러면서 메피스토펠레스는 자연의 비밀을 악의적으로 왜곡시키고, 꿈은 "낮의 환한 빛 속에서 여전히 신비한" 내면의 어떤 환상이라는 진리를 가로막고 나선다. 꿈은 영혼의 가장 깊고 가장 은밀한 곳으로 들어가는 숨겨진 작은 문이다. 이 작은 문은 자아의식이란 것이 존재하기 오래 전의 정신이었던 우주의 밤으로 열려 있으며, 이 우주의 밤은 우리의 자아의식이 아무리 넓게 펼쳐진다 해도 여전히 정신일 것이다. 어떤 일이 있어도, 자아의식은 고립되어 있다. 왜냐하면 자아의식이 분리시키고 식별하고, 오직 특별한 것들만을 알고 있고, 자아와 연결되는 것들만을 보기 때문이다.

자아의식의 핵심은 제한에 있다. 자아의식이 별들 사이에 있는 아득한 성운까지 닿을지라도, 자아의식의 본질은 원래 그렇다. 모든 의식은 분리시키지만, 꿈에서 우리는 원시적인 밤의 어둠 속에서 사는, 더욱 보편적이고 더욱 진실하고 더욱 영원한 인간의 모습을 닮는다. 꿈

----

27 '파우스트'에 등장하는 악마.

에서 인간은 여전히 전체이며, 전체는 그의 내면에 있다. 이 인간은 자연과 구분되지 않으며 자아가 거의 없다.

꿈이 일어나는 곳은 이처럼 모든 것을 통합시키는 깊은 곳들이다. 그래서 꿈은 절대로 유치하거나 기이하거나 비도덕적이지 않다. 꿈이 정직성과 정확성에서 꽃을 너무나 닮았기 때문에, 우리는 우리 삶의 기만성 때문에 꿈 앞에서 부끄러움을 느낀다. 고대 문명에서 인상적인 어떤 꿈이 신들로부터의 메시지로 이해되는 것은 전혀 놀라운 일이 아니다. 우리 시대의 합리주의는 꿈을 낮 시간에서 넘어온 잔재들로, 말하자면 풍성하게 차린 의식의 테이블에서 흐릿한 박명(薄明)의 세계로 떨어진 부스러기로 설명하려 든다. 그렇다면 이 어두운 깊은 곳은 위에서 떨어지는 것만을 담고 있는 빈 자루에 불과하게 된다.

인간 문화의 넓은 영역 안에서 장엄하거나 아름다운 것들 중에서 원래 우연한 생각에서 비롯되지 않은 것은 하나도 없다는 것을 우리는 왜 언제나 잊고 있는가? 만약에 아무도 더 이상 운 좋은 생각을 떠올리지 않게 된다면 인류는 어떻게 될 것 같은가? 우연히 그 안으로 떨어지는 것 외에는 아무것도 갖고 있지 않은 자루가 우리의 의식이라고 말하는 것이 진리에 더 가깝다. 인간이 운 좋게 떠올리는 생각에 얼마나 많이 의지하고 있는지를, 우리 인간은 그런 생각이 더 이상 떠오르지 않게 될 때까지는 절대로 깨닫지 못할 것이다. 하나의 꿈은 정신 중에서 모든 것을 통합하고 있는 어두운 세계에서 나오는 운 좋은 생각에 불과하다. 우리 인간이 세상의 표면에 나타나는 수많은 특별한 것들과 별도의 세부 사항들 속에서 길을 잃고 헤맬 때, 꿈들의 문을 두드리면서 꿈에게 인간 존재의 근본적인 사실에 더 가까워지려면 어떻게 행동해야 하는지를 묻는 것보다 더 자연스러운 것이 있을까?

여기서 우리는 꿈은 너무나 허황되고, 진정하지 않고, 거짓말을 하고, 소원 성취에 불과하다고 생각하고 있는 끈질긴 편견을 만난다. 이 모든 것들은 꽤 불편할 수 있는 꿈을 진지하게 받아들이지 않으려는 구실에 지나지 않는다. 우리 의식의 지적 오만은 고립이 아주 불편한 데도 고립을 사랑하고 있으며, 이런 이유 때문에 사람들은 꿈이 진정하고 진리를 말한다는 점을 인정하지 않는 쪽을 택한다.

매우 상스러운 꿈을 꾸는 성인(聖人)이 더러 있다. 만약에 어떤 꿈의 음탕한 내용이 진짜 진실이라면, 그런 성인들의 성인다움은, 말하자면 그들을 보통 사람들보다 더 두드러지게 만드는 그 특성은 어디에 있단 말인가? 그러나 우리가 인류의 나머지와 피로 맺어진 사이라는 점을 강조하고 본능의 쇠퇴로 인해 생겨난 오만을 누그러뜨리는 것은 바로 그런 지저분한 꿈들이다. 세상 전체가 산산조각으로 부서진다 해도, 정신의 통일성은 절대로 깨어지지 않을 것이다. 그리고 표면에 나타나는 균열의 수와 폭이 많고 넓을수록, 그 통일성의 깊이는 더욱더 깊을 것이다.

물론, 이 정신의 통일성을 직접 경험해 보지 않은 사람은 의식 밖에 독립적인 정신 활동이 있을 수 있다는 것을 절대로 확신하지 못할 것이다. 그리고 그런 사람은 나의 안에서만 아니라 모든 인간들의 안에서 동시에 일어나는 어떤 정신 활동이 있다는 것을 절대로 확신하지 못할 것이다. 그러나 현대 예술의 심리학과 심리학적 연구에서 나온 발견들을 비교하고 이것을 다시 신화학과 철학의 산물들과 비교할 때, 우리는 이런 집단적이고 무의식적인 요소의 존재를 뒷받침하는 확실한 증거들을 발견할 것이다.

그러나 우리의 환자는 정신을 자신이 통제할 수 있는 무엇인가로 다루는 데 너무나 익숙하며, 그래서 그는 자신의 정신 과정에 대해 객관적인 것을 관찰한 적이 한 번도 없었다고 반박할 것이다. 정신 과정은 반대로 대단히 주관적이다. 그러면 나는 이렇게 대답한다. "그렇다면 당신은 불안 상태와 강박 관념을 당장 사라지게 할 수 있겠군요. 당신을 지배하고 있는 나쁜 기분도 더 이상 없을 것이고요. 마법의 주문만 외우기만 하면 될 테니까요."

당연히, 환자는 현대인의 순진무구함 때문에 자신이 암울하기 짝이 없던 중세의 마녀나 마녀 사냥꾼 못지않게 병적인 상태에 사로잡혀 있다는 것을 전혀 알지 못한다. 그것은 단지 이름의 차이일 뿐이다. 그 시대의 사람들은 악마에 대해 말했고, 오늘날 우리는 그것을 신경증이라고 부른다. 그러나 그것은 똑같은 것을, 역사 깊은 똑같은 어떤 경험을 일컫고 있다. 객관적으로 정신적이고 우리에게 낯설면서 우리의 통제를 받지 않는 무엇인가가 우리의 의지가 주권을 행사하는 데 대해 단호하게 반대하고 있는 것이 바로 그 경험이다. 우리는 프록토판타스미스트(Proktophantasmist)[28]가 '파우스트'에서 이렇게 외치는 상황보다 결코 더 낫지 않은 상황에 처해 있다.

어리석긴! 아직도 넌 여기 머물 생각이란 말이지?

넌 해명되었으니, 당장 꺼져!

..........
28  괴테가 자신에게 반감을 품고 있던 계몽주의자 프리드리히 니콜라이(Friedrich Nicolai:1773-1811)를 풍자하며 만든 표현으로, '엉덩이를 보고 망상에 빠진 사람'이라는 뜻으로 쓰였다.

규칙에 따라, 이 악마의 패거리는 절대로 기가 죽지 않아.

우리의 온갖 지혜에도 불구하고, 테겔이라는 곳은 여전히 유령이 출몰하고 있어.

만약에 우리 환자가 이 같은 주장의 논리를 따를 수 있다면, 많은 것을 얻을 것이다. 정신을 경험할 길이 활짝 열린다. 그러나 곧 사람은 추가적인 진전을 막는 다른 편견을 만난다. 그가 이렇게 말할 것이다. "내가 나의 의지를 막고 있는 어떤 정신적 힘을, 굳이 바꿔 부른다면 객관적인 정신적 요소를 경험하고 있다는 점을 인정은 하지만, 그래도 그것은 순수하게 심리적이고, 모호하고, 믿을 수 없으며, 삶의 실용적인 문제에서 전혀 중요하지 않아."

사람들이 말에 갇히는 것을 보면 참으로 놀랍다. 사람들은 언제나 이름이 그 사물을 말해준다고 상상한다. 악마를 신경증이라고 부르면, 우리가 악마에게 심각한 해를 입힐 수 있다는 듯이. 이런 유치한 특성은 인간이 여전히 마법의 단어들을 갖고 힘을 발휘하던 초창기 시대의 또 다른 흔적이다. 그러나 악마나 신경증의 뒤에 도사리고 있는 것은 인간이 붙여 주는 이름에 전혀 신경을 쓰지 않는다. 당연히 우리는 정신이 어떤 것인지 모른다. 우리가 "무의식"에 대해 말하는 것은 단지 우리가 그것이 무엇인지 모르기 때문이다. 우리는 정신에 대해 잘 모른다. 물리학자가 물질에 대해 잘 모르는 것과 다르지 않다. 물리학자는 단순히 물질에 대해 어떤 이론을, 말하자면 어떤 관점을 갖고 있으며, 물질을 이때는 이런 방식으로 묘사하고 다른 때는 다른 방식으로 묘사하려고 노력한다. 그 그림은 한동안 맞지만, 이어 새로운 발견이 다른 관점을 낳는다. 그러나 그런 관점의 변화는 물질에 전혀 아무런 영향을 미치지 않는다. 혹시 물질의 실체가 어떻게든 작아지고 있는 것인가?

우리가 무의식 또는 객관적인 정신이라고 부르는, 불쾌하고 이상한 요소를 만날 때, 우리는 단순히 우리가 무엇을 다루고 있는지를 모른다. 무의식은 설명하려는 노력의 방향에 따라서 성적 본능이나 권력 욕구로 정의되어 왔다. 그러나 이런 접근은 무의식의 진정한 의미를 전혀 정당하게 다루고 있지 않다. 이 본능들의 뒤에 무엇이 있는가? 이 본능들은 존재의 제일의 요소가 아닌 것이 너무나 확실하며, 그것들은 단순히 우리 인간의 이해력의 한계를 보여줄 뿐이다. 이 분야에서 온갖 해석이 난무하고 있다. 무의식을 생명 본능의 표현으로 볼 수 있고, 또 생명을 창조하고 지탱하는 그 힘을 베르그송(Henri Bergson)의 '생명의 약동' 또는 '창조적 지속'과 동일시할 수도 있다. 또 다른 유사한 것은 쇼펜하우어의 '의지'일 것이다. 나는 자신의 정신 안에 있는 이상한 힘을, 종교적 경험을 이해하도록 했다는 한 가지 이유만으로 신성한 것으로 느끼는 사람들을 알고 있다.

나 자신이 현대 세계의 정신적 혼동 속에서 정보를 제공할 수 있는 하나의 원천으로 꿈을 제시할 때 나의 환자와 대중이 느낄 실망을 충분히 이해하고 있다. 그런 모순적인 제스처를 터무니없는 것으로 여기는 것보다 더 자연스런 것도 없다. 압도적인 실체들이 넘쳐나는 세상에서 너무나 주관적이고 하찮은 꿈이 뭘 할 수 있겠는가? 실체에는 똑같이 손에 만져지는 다른 실체로 맞서야지, 단순히 우리의 수면을 어지럽히거나 다음날 우리의 기분을 잡쳐놓는 꿈으로 맞설 수는 없다.

누구도 꿈으로 집을 짓지 못한다. 아니면 꿈으로 세금도 내지 못하고, 전쟁에서 승리를 거두지도 못하고, 세계의 위기를 극복하지도 못한다. 따라서 나의 환자는 다른 영리한 사람들과 마찬가지로 내가 고통이 따르지 않는 상황에서 할 수 있는 것에 대한 이야기를 들려주고 적절하고 상식적인 방법을 알려주길 바란다.

유일한 장애는 적절해 보이는 모든 방법들이 이미 시도되었는데도 전혀 성공을 거두지 못했으며, 그 방법들이 현실적으로 실행이 불가능한 공상으로 이뤄져 있다는 점이다. 이 방법들은 모두 기존의 상황을 만족시키려는 목적으로 선택되었다. 예를 들면, 사업을 망친 사람은 자연히 사업을 다시 일으킬 수 있는 길을 고려하면서 시들어가는 사업이 건강을 되찾게 할 방법을 채택할 것이다. 그러나 이 모든 치료를 다 시도했을 때, 그리고 합리적인 기대와는 반대로 상황이 더 나빠질 때, 거기서 무슨 일이 일어나고 있는가? 그런 경우에, 사람은 소위 합리적인 방법들을 최대한 빨리 포기하지 않을 수 없을 것이다.

나의 환자, 그리고 우리 시대는 바로 이런 상황에 있다. 그가 불안한 목소리로 나에게 "내가 할 수 있는 것은 뭐죠?"라고 묻는다. 그러면 나는 "나도 방법을 몰라요."라고 대답해야 한다. 그러면 환자는 다시 "그렇다면 취할 수 있는 조치가 전혀 없다는 말입니까?"라고 묻는다. 그러면 나는 이렇게 대답한다. "인류가 진화 과정에 이런 맹목적인 골목길로 수없이 많이 들어갔어요. 그러나 모두가 그 상황에 대처할 영리한 계획을 짜느라 바빴던 탓에 문제를 근본적으로 해결할 수 있는 방법에 대해서는 신경을 쓰지 않았지요." 어느 누구도 인류가 방향을 잘못 잡았다는 점을 인정할 용기를 갖고 있지 않았다. 그러다가 갑자기 사물들이 다소 다시 작동하기 시작했다. 그래서 옛날과 똑같은 인간이 아직도 존재하고 있다. 예전의 인간과 다소 다를지라도 말이다.

인류 역사를 볼 때, 우리 인간은 단지 표면적으로 일어나는 것만을 보며, 그것마저도 전통이라는 색 바랜 거울에 의해 왜곡된다. 그러나 진정으로 일어나고 있는 일들은 사실을 탐구하는 역사학자의 눈을 피한다. 왜냐하면 진정한 역사적 사건은 깊은 곳에 묻혀 있어서 모든 사람에게 경험되긴 하지만 누구에게도 관찰되지 않기 때문이다. 진정한 역사적 사건은 대단히 사적이고 대단히 주관적인 정신적 경험이다. 전쟁, 왕조, 사회적 격변, 정복, 종교는 개인에게도 알려지지 않고 역사학자에 의해서도 전달되지 않는 어떤 은밀한 정신적 태도의 피상적인 징후들에 지나지 않는다. 종교의 창설자들이 아마 이 측면에서 가장 훌륭한 정보를 제공할 것이다. 세계 역사 속의 위대한 사건들은 실은 그다지 중요하지 않다. 최종적인 분석에서, 근본적인 것은 개인의 삶이다. 개인의 삶만이 역사를 만들고, 개인의 삶에서 위대한 변형이 가장 먼저 일어나고, 전체 세계의 미래, 전체 세계의 역사는 최종적으로 개인의 안에 숨어 있는 이런 원천들의 거대한 총합으로 나타난다. 더없이 개인적이고 주관적인 우리의 삶에서, 우리는 우리 시대의 수동적인 목격자이고 시대의 피해자일 뿐만 아니라 시대를 만들어 나가는 존재이기도 하다. 우리가 우리의 시대를 엮어내고 있는 것이다.

그래서 내가 환자에게 꿈에 관심을 기울이라고 조언할 때, 그 말은 곧 이런 뜻이다. "당신 자신 중에서 가장 주관적인 부분으로, 당신이라는 존재의 깊은 원천으로, 당신이 자각하지 못하는 가운데 세계 역사를 쓰고 있는 그 지점으로 돌아가라. 겉으로 보기에 해결 불가능할 것

같은 당신의 어려움들은 해결 불가능한 것으로 남아야 한다. 왜냐하면 그렇지 않을 경우에 당신이 처음부터 부적절하다고 확신하고 있는 치료 방법들을 찾느라 지쳐 버릴 것이기 때문이다. 당신의 꿈은 당신의 내적 삶의 한 표현이다. 꿈은 당신이 어떤 엉터리 태도를 취하다가 이런 막다른 골목에 도달하게 되었는지에 대한 이야기를 당신에게 들려주고 있다."

꿈들은 무의식적인 정신의 객관적이고 자율적인 산물이며, 의지의 통제 밖에 있다. 꿈들은 순수한 자연이다. 꿈들은 소박하고 자연스런 진리를 보여주며, 따라서 꿈은 다른 것들과 달리 우리의 기본적인 인간적 본성과 조화를 이루는 태도를 우리에게 되돌려주기에 적절하다. 우리의 의식이 인간적인 본성의 바탕에서 너무 멀리 벗어나 난국에 빠지고 있으니, 꿈의 가치는 그만큼 더 높아지고 있다.

꿈에 관심을 두는 것은 우리 자신에 대해 깊이 생각하는 한 방법이고, 자기 반성의 한 방법이다. 이 자기 반성은 우리의 자아의식이 스스로에 대해 깊이 생각하는 것이 아니다. 그것은 무의식적이고 통합적인 인간의 영혼에서 나오는 메시지인 꿈이라는 객관적인 현상으로 관심을 돌린다. 그것은 자아가 아니라 자기에 대해 깊이 생각하는 것이다. 그것은 자아에게 낯선 그 이상한 자기에 대해 다시 생각해낸다. 이 자기는 처음부터 우리의 것이었으며, 자기라는 줄기에서 자아가 자란다. 자기는 우리에게 낯설다. 왜냐하면 의식의 일탈로 인해 우리가 자기로부터 우리 자신을 소외시켰기 때문이다.

그러나 꿈들이 자의적인 창작이 아니고 무의식적인 정신 작용의 자연스런 산물이라는 점을 받아들인다 하더라도, 진짜 꿈을 마주할 때 우리는 그것을 중요한 메시지로 보려는 용기를 좀처럼 발휘하지 못한다. 꿈 해석은 마법의 성취에 속했으며, 따라서 교회로부터 박해를 당했다. 20세기를 사는 우리가 이 측면에서 보다 넓은 마음을 갖고 있다 하더라도, 꿈 해석이라는 전체 개념에는 아직 역사적 편견이 수반되고 있다. 그 편견을 우리는 받아들이지 않는다.

이런 질문을 던질 수 있다. 신뢰할 만한 꿈 해석 방법이란 것이 도대체 있기는 하는 것인가? 우리가 다양한 추측을 믿어도 과연 괜찮은가? 나는 이런 걱정에 충분히 공감한다. 나는 절대적으로 신뢰할 만한 해석 방법은 사실 존재하지 않는다고 확신하고 있다. 자연스런 사건들을 해석하는 일에 있어서는 절대적인 신뢰성을 확보하기가 극히 어렵다. 자연을 설명하려는 모든 시도는 일종의 모험이다. 선구적인 업적이 성취되고 나서 한참 시간이 지날 때까지, 신뢰할 만한 방법은 존재하지 않는다.

우리는 프로이트가 꿈 해석에 관한 책을 썼다는 것을 알고 있지만, 그의 해석도 신뢰성을 확보하지 못하긴 마찬가지이다. 프로이트의 꿈 해석에서는 그의 이론이 꿈에 집어넣는 그 이상의 것이 절대로 나오지 않는다. 당연히 이 같은 관점은 꿈 생활의 무한한 자유를 제대로 다루지 못한다. 그 결과, 꿈의 의미가 드러나지 않고 숨겨진다.

또한 꿈들의 무한한 다양성을 고려할 때, 무오류의 결과를 끌어낼 수 있는 방법이나 기술적 과정이 있을 것이라고 생각하는 자체가 무리다. 정말이지, 유효한 방법이 전혀 존재하지 않는 것은 다행한 일이다. 그렇지 않다면 꿈의 의미가 미리 제한되어 있을 것이고, 꿈이 치료 목적에 대단히 소중한 미덕을 잃게 될 것이기 때문이다. 이 미덕은 꿈이 새로운 관점을 제시하는 능력을 말한다.

그러므로 모든 꿈을 전혀 알려지지 않은 하나의 대상으로 다루는 것이 최선의 방법이다. 그러니 꿈을 모든 측면에서 보고, 꿈을 당신의 손으로 만지고, 꿈을 늘 지니고 다니고, 당신의 상상이 꿈을 중심으로 전개되도록 하고, 다른 사람들과 꿈에 대해 이야기하도록 하라. 원시인들은 가능하다면 공적인 토론 시간을 통해서 인상적인 꿈을 서로에게 들려준다. 이 관습은 또한 고대 세계에서도 확인되고 있다. 고대의 사람들이 모두 꿈에 큰 의미를 부여했기 때문이다.

이런 식으로 다룰 경우에, 꿈은 온갖 종류의 생각과 연상을 암시하며, 이 연상을 이용하면 꿈의 의미에 보다 가까이 다가서는 것이 가능해진다. 의미를 찾아내는 것은 완전히 자의적인 일이며, 이것이 위험이 시작되는 곳이라는 점에 대해서는 내가 굳이 지적하지 않아도 될 것이다.

꿈을 해석하는 사람의 경험과 기질과 취향에 따라서, 꿈의 의미에 좁거나 넓은 한계가 적용될 수 있다. 일부 해석자는 작은 것으로도 만족할 것이지만, 어떤 사람들은 많은 것에도 만족하지 못할 수 있다. 또 꿈의 의미 또는 꿈의 해석은 대부분 꿈을 해석하는 사람의 의도에 좌우된다. 말하자면 꿈을 해석하는 사람이 기대하거나 필요로 하는 의미에 따라 해석이 달라진다는 뜻이다. 꿈 해석자는 의미를 끌어내면서 본의 아니게 어떤 전제의 영향을 받게 될 것이고, 꿈 해석자가 해석을 통해서 무엇인가를 얻을 것인지 아니면 자신의 실수에 더 깊이 말려들 것인지는 조사자의 꼼꼼함과 정직에 크게 좌우된다.

전제에 대해 말하자면, 꿈은 의식적인 정신이 게으르게 창작해내는 것이 아니라 무의식적이고 자연스런 현상이라는 것을 우리는 그냥 받아들여야 한다. 그래도 꿈은 의식적인 것이 되는 과정에 어떻게든 왜곡된다. 어쨌든 이 왜곡은 순식간에 자동적으로 일어나기 때문에 거의 지각되지 않는다. 따라서 그런 왜곡을 꿈 기능의 한 부분으로 단정해도 무방하다. 또 꿈들이 우리의 존재의 무의식적인 부분에서 생겨나고, 따라서 우리의 존재 상태를 말해주는 징후들이라고 단정해도 무방하다. 말하자면, 꿈들을 바탕으로 그 사람의 존재의 본질을 추론하는 것이 가능하다는 뜻이다. 우리가 우리 자신의 본질을 조사하길 원한다면, 꿈들이야말로 그 목적에 가장 적합한 매개체이다.

꿈을 해석하는 동안에, 꿈속의 등장인물은 현실 속의 사람들에 지나지 않는다는 인식과 같은, 미신의 냄새를 강하게 풍기는 온갖 전제를 멀리하도록 노력해야 한다. 사람은 거의 틀림없이 자기 자신에 대해 꿈을 꾼다는 점을 잊지 않도록 하라. (예외도 꽤 명확한 원칙의 지배를 받지만, 여기서 이 문제를 깊이 파고들 수 없다.) 이 진리를 인정한다면, 우리는 가끔 자신이 매우 흥미로운 문제들에 직면하고 있다는 사실을 발견할 것이다.

나는 두 가지 교훈적인 예를 기억하고 있다. 나의 환자 한 사람은 어떤 떠돌이가 술에 취해 도랑에 뻗어 있는 꿈을 꿨고, 다른 한 환자는 술에 취한 매춘부가 도로의 턱에 걸려 뒹구는 꿈을 꾸었다. 전자는 신학자였고, 후자는 높은 사회 계층에 속하는 부인이었다. 두 사람은 똑같이 무서움과 분노를 느꼈지만 자기 자신에 관한 꿈을 꾸었다는 점을 완강하게 부정했다. 그래서 나는 두 사람에게 자신이 술에 취해서 도랑에 뻗어 있는 형제와 도로 턱에 굴러 떨어진 자매에 비해 어떤 점에서 별로 더 훌륭하지 않은지를 놓고 정직하게 반성하는 시간을 갖는 것이 좋겠다고 조언했다. 자기 인식의 섬세한 과정은 종종 이런 돌발적인 사건으로 시작한다.

우리의 꿈에 등장하는 "타자"는 우리의 친구나 이웃이 아니고 우리 안에 있는 타자이다. 이 타자에 대해 우리는 이런 식으로 말하길 좋아한다. "내가 이 세리나 죄인이 아니라는 사실에 대해 하느님께 감사드린다." 분명히, 꿈은 자연의 자식이기 때문에 도덕을 높이려는 의도를 전혀 품고 있지 않다. 꿈은 단지 어떤 나무도 하늘에 닿지 못한다는 잘 알려진 법칙의 예를 쉽게 보여준다.

이 외에 무의식은 의식이 결여하고 있는 모든 것을 포함하고 있기 때문에 어떤 보상적인 경향을 갖고 있다는 점을 명심한다면, 우리는 결론을 끌어내기 시작할 수 있다. 물론, 지나치게 깊은 정신의 차원에서 비롯된 꿈이 아닌 경우에만 이쯤에서 결론을 내리는 것이 가능해진다. 만약에 깊은 차원에서 비롯된 그런 종류의 꿈이라면, 그 꿈은 대체로 신화적 모티브를 포함하고 있을 것이다. 말하자면, 꿈을 꾼 사람이 속한 민족의 신화나 다른 민족들의 신화에서 발견되는 사상이나 이미지들이 결합되어 있다는 뜻이다. 그러면 그 꿈은 집단적인 의미를, 인류의 공통적인 재산이 될 어떤 의미를 지닌다.

이것은 앞에서 사람은 언제나 자기 자신에 대해 꿈을 꾼다고 한 나의 진술과 모순되지 않는다. 개인으로서 우리는 완전히 독특하지 않고 다른 사람들과 많이 비슷하다. 따라서 집단적인 의미를 지니는 꿈도 먼저 꿈을 꾼 사람에게 유효하지만, 그 꿈은 동시에 그 사람의 문제가 그 시대 다른 사람들의 문제이기도 하다는 사실을 표현하고 있다.

이 점은 종종 실용적으로 아주 중요하다. 왜냐하면 내적으로 인간들과 완전히 차단된 가운데 다른 사람들은 어떠한 문제도 갖고 있지 않다는 생각에 짓눌려 지내는 사람들이 아주 많기 때문이다. 그렇지 않은 경우에 그런 사람들은 자기 자신을 보잘것없는 존재로 여기면서 사회적 인정에 대한 기대를 아주 낮게 잡고 있는 사람들이다. 게다가, 모든 개별적인 문제는 다소 그 시대의 문제와 연결되어 있다. 그래서 사실상 모든 주관적인 어려움은 대체로 인간이 처한 상황의 관점에서 봐야 한다. 그러나 이런 식의 접근은 꿈이 정말로 신화적인 꿈이라서 집단적인 상징을 이용하고 있을 때에만 허용된다.

그런 꿈들을 원시인들은 "큰" 꿈이라고 부른다. 내가 아프리카 동부에서 관찰한 원시인들은 "큰 꿈"은 오직 "큰" 사람들, 즉 주술사와 마법사, 추장 등에 의해서만 꾸어지는 것을 당연하게 여기고 있었다. 이것은 원시적인 수준에서 진리일 수 있다. 그러나 우리 현대인의 경우에는 순박한 사람들도 그런 꿈을 꾼다. 특히 사람들이 정신적으로나 영적으로 곤경에 처해 있을 때 그런 꿈을 잘 꾼다.

"큰" 꿈을 다룰 때, 직관적인 짐작은 어디로도 이끌지 못하는 것이 분명하다. 폭넓은 지식이 필요하다. 전문가가 알아야 하는 지식도 필요하다. 그러나 어떤 꿈도 지식만으로는 해석되지 않는다. 게다가, 이 지식이 기억되어 있는 죽은 자료여서는 안 된다. 지식은 살아 있는 특성을 갖고 있어야 하고, 그것을 이용하는 사람의 경험과 융합되어야 한다. 만약에 어떤 사람이 가슴으로 철학자가 아니라면, 머리에 든 철학적 지식이 무슨 소용이 있겠는가? 꿈을 해석하려는 사람은 자신이 꿈과 거의 같은 수준에 있어야 한다. 꿈과 같은 수준이 아닌 다른 수준에서는 그 사람이 자기 자신 그 이상의 것을 볼 수 없기 때문이다.

꿈을 해석하는 기술은 책을 통해 배우지 못한다. 방법과 규칙이 유익한 것은 우리가 그것들을 갖고 잘 다룰 수 있을 때뿐이다. 어쨌든 꿈을 다룰 수 있는 사람만이 진정한 기술자이며, 오직 이해할 줄 아는 사람만이 이해하게 되어 있다. 자기 자신을 모르는 사람은 당연히 타인을 알지 못한다. 그리고 우리 각자의 안에는 우리가 알지 못하는 타인이 있다. 우리 안의 타인은 꿈에서 우리에게 말을 걸며, 이 타인은 자신이 우리를 보는 방식과 우리가 우리 자신을 보는 방식이 어떻게 다른지에 대한 이야기를 들려준다. 그러므로 우리가 해결책이 전혀 없는 것 같은 어려운 상황에 처한 것을 발견할 때, 우리 안의 타자는 가끔 우리의 태도를, 그러니까 우리를 어려운 상황으로 몰아붙인 태도를 근본적으로 바꿔놓을 불을 밝힌다.

내가 오랜 세월 동안 이런 문제들에 더욱 깊이 몰두할수록, 우리의 현대적 교육은 병적일 만큼 일방적이라는 인상이 점점 더 강해졌다. 두말할 필요도 없이, 우리의 젊은이들의 눈과 귀를 보다 넓은 세상 쪽으로 열어주는 것은 옳지만, 그것이 그들에게 삶의 과제를 해결할 능력을 진정으로 갖춰준다고 생각하는 것은 착각 중의 착각이다. 그것은 어느 젊은이가 세상과 현실 쪽으로, 그러니까 외적으로 적응하도록 하는 훈련이지만, 오늘날 자기에게, 정신의 파워에 적응할 필요성에 대해 생각하는 사람은 아무도 없다. 이 정신의 파워야말로 지구 위의 모든 강대국들보다 훨씬 더 강한데도 말이다.

교육 제도가 존재하지만 그 기원은 부분적으로 고대에, 또 부분적으로 중세 초기에 있다. 교육 제도는 기독교 교회의 체계를 닮았다. 그러나 지난 2세기 동안에, 기독교는 중국의 유교나 인도의 불교와 마찬가지로 교육적 기능을 대부분 상실했다. 이런 일이 일어난 것은 인간의 사악함 때문이 아니라, 점진적으로 넓은 지역에 걸쳐 일어나고 있는 정신적 변화 때문이다. 그 변화의 첫 번째 징후가 종교 개혁이었다. 종교 개혁은 스승으로서의 교회의 권위를 산산조각 냈으며, 이어서 권위주의 원리 자체가 무너지기 시작했다. 불가피한 결과는 개인의 중요성의 증대였으며, 이 증대는 인간의 현대적인 이상들, 즉 사회 복지와 민주적인 평등 등으로 나타났다. 이런 최근의 발달에 나타난 결정적인 개인적 경향은 보상적으로 집단적인 인간으로 돌아가려는 경향에 의해 상쇄되고 있으며, 이 집단적인 인간의 권력은 현재 집단들의 엄청난 무게이다.

오늘날 공기 속에 재앙의 느낌이 팽배한 것은 전혀 이상한 일이 아니다. 어느 누구도 멈춰 세우지 못하는 눈사태 같은 것이 시작된 것 같다. 집단적인 인간이 개인적 인간을 질식시킬 태세다. 인류의 소중한 모든 것이 이 개인적 인간의 책임감에 달려 있는데도 말이다. 집단은 그 자체로 언제나 익명이고 언제나 무책임하다. 소위 지도자들은 집단 운동의 불가피한 징후이다. 인류의 진정한 지도자들은 언제나 자기 반성을 할 줄 아는 사람이며, 운동 중인 집단의 맹목적인 추진력으로부터 의식적으로 거리를 두면서 집단의 그 엄청난 무게에서 적어도 자신의 무게만은 뺄 줄 아는 사람이다.

하지만 사람이 모두 옆 사람에게 매달리고, 각자가 타자를 끌고다니는 때에, 모든 것을 집어 삼키는 이 힘에 누가 감히 저항할 수 있겠는가? 오직 바깥 세상에도 확고히 뿌리를 내리고 있을 뿐만 아니라 내면의 세계에도 깊이 뿌리를 내리고 있는 사람만이 그런 힘에 저항할 수 있을 뿐이다.

안으로 향하는 문은 작고 숨겨져 있으며, 입구는 무수히 많은 편견과 그릇된 가정, 두려움에 의해 막혀 있다. 언제나 사람은 장엄한 정치적, 경제적 계획에 대해 듣기를 원한다. 모든 국가를 난국에 빠뜨린 것에 대해서 말이다. 그래서 누군가가 숨겨진 문이나 꿈, 내면의 세계에 대해 말할 때, 그 말이 기이하게 들린다. 이 활기 없는 이상주의가 거대한 경제적 프로그램과, 소위 현실의 문제들과 무슨 관계가 있어?

그러나 나는 국가들에게 말하는 것이 아니라 소수의 개인들에게 말하고 있다. 이 개인들에게 문화적 가치는 만나(manna)[29]처럼 하늘에서 떨어지는 것이 아니고 개인의 손에 의해 창조된다는 점에 대해선 말할 필요도 없다. 만약에 세상의 일들이 잘못된다면, 그것은 개인에게 잘못된 무엇인가가, 나에게 잘못된 무엇인가가 있기 때문이다. 그러므로 분별 있는 존재라면 나는 나부터 먼저 올바르게 바로잡을 것이다. 이를 위해, 나라는 존재의 깊은 토대에 대한 지식이 필요하다. 나자신을 인간 정신의 영원한 사실들에 바탕을 두기 위해서이다. 바깥의 권위는 더 이상 나에게 아무런 의미를 지니지 않는다.

내가 지금까지 주로 꿈에 대해 이야기했다면, 그 목적은 사람들이 내면적 경험의 세계에 가장 직접적으로 접근할 수 있는 방법에 관심을 기울이도록 하기 위해서였다. 그러나 꿈 외에도 많은 것이 있다. 그럼에도 그런 것들에 대해 여기서 논하지는 못한다. 보다 깊은 차원의 정신을 조사하면, 우리가 기껏 표면적으로 꿈으로만 만나는 것들이 많

..........
29 옛날 이스라엘 민족이 신에게서 받았다는 음식.

이 드러난다. 그렇다면 인간의 정신 작용 중에서 가장 강력하고 독창적인 종교적 작용이 우리의 꿈을 통해 발견되는 것은 놀라운 일이 절대로 아니다. 종교적 작용은 현대인의 내면에서 성욕이나 사회적 적응 그 이상으로 방해를 받고 있는 작용이다. 자신의 내면에 있는 이상한 힘이 너무나 압도적인 경험이라서 그것을 "신"이라고 부르는 사람들도 있다. "신"도 그런 식으로 경험될 수 있기 때문에, 신은 글자 그대로의 엄밀한 의미에서 말하는 하나의 "이론"이고, 세상을 보는 한 방법이며, 제한적인 인간의 정신이 깊이를 헤아릴 수 없는 어떤 경험을 표현하기 위해 창조해 낸 이미지이다. 그 경험만은 진정하고 논란의 여지가 없지만, 그 이미지는 더럽혀지거나 깨어질 수 있다.

이름과 말은 빈약한 껍데기이다. 그럼에도 그것들은 우리가 경험한 것의 특징을 암시한다. 악마를 하나의 신경증이라고 부를 때, 그것은 우리가 이 악마 같은 경험을 우리 시대의 특징인 어떤 병으로 느끼고 있다는 뜻이다. 우리가 그것을 억눌린 성욕이나 권력 의지라고 부를 때, 이는 그것이 이런 근본적인 본능들을 심각하게 방해한다는 뜻이다. 우리가 그것을 신이라고 부를 때, 우리는 그 경험의 심오하고 보편적인 의미를 묘사하려고 노력하고 있다. 이유는 그것이 우리가 그 경험에서 언뜻 본 것이기 때문이다. 그것을 냉정하게 바라보면서, 또 헤아릴 길 없는 거대한 배경을 명심하면서, 우리는 그것을 신이라는 이름으로 부르는 것이 가장 조심스럽고 가장 겸손한 자세라는 점을 인정해야 한다. 왜냐하면 그런 태도야말로 그 경험에 어떤 제한도 두지 않고 그 경험을 어떤 개념적인 도식 안에 집어넣으려 들지 않을 것이기 때문이다. 물론, 누군가가 신이 어떤 존재인지를 정확히 안다는 생각을 떠올리는 일은 절대로 없어야 한다.

그 정신적 배경에 어떤 이름을 붙이든, 우리의 의식이 그 배경의 영향을 가장 많이 받는다는 사실은 그대로 유효하다. 또 그 영향을 강하게 받을수록, 우리는 그것을 그만큼 덜 의식하게 된다. 보통 사람은 자신의 성향이나 기분, 결정이 자신의 정신의 어두운 힘들의 영향을 어느 정도 받고 있는지, 그리고 그 힘들이 자신의 운명에 어떤 식으로 도움을 주거나 해를 끼치는지에 대해 거의 알지 못한다. 우리의 뇌의 의식은 자신이 어떤 역할을 맡아 연기를 하고 있다는 사실을 망각해 버린 배우와 비슷하다. 그러나 연극이 막을 내릴 때, 배우는 자신의 주관적인 현실을 기억할 수 있어야 한다. 왜냐하면 그가 더 이상 율리우스 카이사르나 오셀로로 살아갈 수 없으며 오직 자기 자신으로만, 그러니까 의식의 교묘한 재주에 의해 잠시 잊고 있었던 자기 자신으로만 살아갈 수 있기 때문이다. 그는 자신이 무대 위에서 셰익스피어의 작품에 등장하는 어느 인물을 연기하던 연극배우였을 뿐이라는 점을, 그리고 배경에는 그의 연기에 대해 매우 중요한 이야기를 들려줄 수 있는 감독뿐만 아니라 프로듀서도 있다는 것을 알아야 한다.

# 4장

# 대재앙 이후

독일의 운명이 나로 하여금 다시 펜을 들게 만든 것은 1936년 이후 처음이다.[30] 내가 당시에 "미미르(Mimir)[31]의 머리로 중얼거리고 있는" 보탄(Wotan)[32]에 대해 쓴 논문을 마무리하면서 '무녀의 예언' (Voluspo)[33]에서 인용한 글은 다가올 대참사의 본질을 예언적으로 제시했다. 사태는 그 신화대로 진행되었으며, 유럽의 아주 많은 지역이 폐허 상태다.

재건 작업이 시작될 수 있기 전에, 깨끗이 정리해야 할 일들이 많다. 이 작업은 무엇보다 먼저 반성을 요구하고 있다. 그 무서운 비극

..........

30   이 글은 1945년에 'Neue Schweizer Rundschau'에 'Nach der Katastrophe'라는 제목으로 발표되었다.

31   북유럽 신화에 오딘의 숙부로 나오며, 지혜의 샘에 사는 현자(賢者)이다.

32   북유럽 신화의 주요한 신인 오딘(Odin)의 또 다른 이름으로, 바람, 전쟁 등을 관장한다.

33   북유럽 신화를 이루는 시와 노래 등을 엮은 '에다' 중에서 가장 중요한 부분이다. 이 자료는 북구 신화 연구에 아주 중요하다.

의 의미에 대한 질문이 사방에서 제기되고 있다. 사람들은 심지어 나에게까지 설명을 부탁하고 있으며, 그래서 나는 그때마다 능력이 닿는 범위 안에서 최대한 대답을 해야 했다. 그러나 말로 한 대답은 아주 빨리 전설을 낳는다. 그래서 나는 망설임과 불안한 마음이 전혀 없는 것은 아니지만 그래도 나의 견해를 논문 형식으로 쓰기로 마음을 먹었다. 나는 "독일"이 정말 엄청난 문제를 제기하고 있다는 사실을, 그리고 한 의료 심리학자의 주관적인 관점은 이 거대한 문제들 중 아주 작은 부분만을 건드릴 수밖에 없다는 사실을 잘 알고 있다. 나는 재건 같은, 멀리 놓여 있는 것을 바라볼 시도도 하지 않고 재건을 위해 명료하게 정리하는 작업에 약간 기여하는 것으로 만족한다.

이 논문을 쓰는 동안에, 나는 여전히 사람들의 정신이 많이 혼란스런 상태라는 것을, 그리고 그런 감정 상태에서 비교적 차분한 관점을 갖기가 꽤 어렵다는 사실을 알 수 있었다. 두말할 필요도 없이, 우리는 냉철해야 하고 탁월하게 행동해야 한다. 그러나 우리 모두는 대체로 독일에서 최근에 일어난 사건들에 각자가 인정하는 것보다 훨씬 더 깊이 개입되어 있다. 우리는 연민을 느끼지 못한다. 이유는 가슴에 매우 다른 성격의 감정들을 품고 있기 때문이다. 이 감정들이 저마다 서로 먼저 나서고 싶어 한다. 의사도, 심리학자도 냉철할 수만은 없다.

의사와 심리학자는 세상과 연결되지 않을 수 없다. 그렇기 때문에 그들과 그들의 감정은 세상의 사건들과 무관할 수 없다. 세상사에 무관한 의사나 심리학자라면 그들과 세상의 관계는 절대로 완전하지 못할 것이다. 따라서 심리학자인 나는 나 자신이 스킬라(Scylla)와 카리

브디스(Charybdis)[34] 사이로 배를 어렵게 몰아야 하는 과제에 직면하고 있다는 사실을 깨달았다. 또 그런 항해에 나설 때 늘 그러해야 하듯이, 나는 나의 귀를 나의 존재의 한쪽 면에 고정시키고 다른 쪽 면은 돛대에 단단히 묶어야 했다. 여기서 나는 어떤 논문도 이 논문만큼 큰 어려움을 안겨준 적이 없었다는 점을 고백해야 한다. 인간적인 관점에서만 아니라 도덕적인 관점에서도 그랬다.

나는 나 자신이 얼마나 깊이 영향을 받았는지 깨닫지 못하고 있었다. 다른 사람도 나의 이런 감정에 공감할 것이라고 나는 확신한다. 독일에서 일어난 사건들과의 내면적 동일시 또는 신비적 참여는 나로 하여금 '집단 죄책감'(collective guilt)이라는 심리적 개념의 범위가 얼마나 넓은지를 새삼 경험하도록 만들었다. 그래서 이 문제에 접근하면서 나는 냉정한 우월의 감정을 품지 못하고 오히려 열등감을 품을 수밖에 없었다.

심리적인 측면에서 쓰는 "죄책감"이라는 단어를 법적 또는 도덕적 의미에서 말하는 죄책감과 혼동하지 말아야 한다. 심리학적으로 말하면, 죄책감은 어떤 주관적인 죄의 감정(또는 확신)이 불합리하게 존재한다는 것을 암시하거나 죄의 전부 또는 일부를 객관적으로 전가하려는 태도가 있다는 것을 암시한다. 후자의 한 예로, 어떤 남자가 어느 구성원의 범죄로 인해 명예를 더럽히게 된 가문에 속한다고 가정하자. 이 사람이 법적으로나 도덕적으로 책임을 질 수 없다는 사실은 너무나 분명하다. 그럼에도 죄의 분위기는 다방면으로 느껴진다. 그의 가

..........
34  이 둘은 호메로스의 '오디세이아'에 등장하는 바다 괴물이다. 오디세이아가 배를 몰고 가는 길목 양쪽을 지키고 있었다고 한다.

문의 이름이 더럽혀진 것처럼 보인다. 가족의 이름이 이방인들의 입에 오르내리는 소리를 듣는 것이 그에게 고통스런 충격으로 와 닿는다.

죄책감은 법적, 도덕적, 지적 관점에서는 범법자에게 한정될 수 있지만, 하나의 정신적 현상으로서 죄책감은 전체 이웃으로 퍼져 나간다. 살인 행위가 저질러졌을 경우에 그 집과 가족, 심지어 마을까지도 심리적 죄책감을 느끼고, 외부 세계로부터 그런 죄책감을 느끼도록 강요받는다. 며칠 전에 살인 사건이 일어난 방에 누가 감히 들어가려 하겠는가? 범죄자의 동생이나 딸과 결혼하는 것이 특별히 즐거운 일이 될 수 있겠는가? 아들이 교도소에 갇힐 때 깊은 상처를 받지 않는 아버지가 있을 수 있는가? 같은 이름을 가진 사촌이 가문에 불명예스런 짓을 한 경우에 가족의 명예가 손상되었다고 느끼지 않을 사람이 있겠는가? 만약에 스위스 정부가 스위스 안에 마이데네크[35] 같은 인간 도살장을 세웠다면, 품위 있는 스위스 사람이라면 모두가 수치스러워하지 않겠는가? 그때 만약에 스위스 여권을 갖고 외국을 여행하다가 국경에서 "스위스인 새끼들!" 같은 소리를 듣는다면, 스위스 사람은 누구나 크게 놀라지 않겠는가? 정말로, 스위스 사람들은 스위스가 너무 많은 변절자를 배출했다는 점에 대해, 자신은 애국자이기 때문에 약간 부끄러워하고 있지 않은가?

스위스 사람은 유럽 한가운데에 살고 있다. 그래서 독일인의 죄책감이라는 늪에서 올라오는 역한 냄새로부터 멀리 떨어져 있다. 그러나 스위스인이 유럽인으로서 다른 대륙에 발을 내딛거나 동양 사람과 접

..........

35  나치 독일이 폴란드 총독부가 있던 루블린 외곽에 세운 수용소로 지금도 일부 보존되어 있다. 1941년 10월 소련군 포로 수용소로 지어졌다가 1942년 말에 절멸수용소로 개조되었다.

촉하게 되는 순간, 이 모든 것은 변한다. 예를 들어, 인도인이 이런 질문을 할 경우에 스위스인은 어떤 식으로 대답해야 하는가? "당신들은 우리에게 기독교 문화를 전하려고 애쓰지 않아요? 그런데 아우슈비츠와 부헨발트가 유럽 문명의 예인가요?" 이 인도인에게 그런 일은 스위스에서 일어난 것이 아니라 동쪽으로 몇 백 마일 떨어진 곳에서 일어났다고, 스위스가 아니라 이웃 나라에서 일어났다고 대답한다면, 그것이 그 인도인에게 그대로 받아들여질 수 있을까? 만약에 그 인도인이 분개하면서 인도의 위험 지역은 트라방코르(Travancore)[36]가 아니라 하이데바라드(Hyderabad)[37]라고 지적한다면, 스위스 사람은 어떻게 대답해야 할까? 틀림없이, 스위스 사람은 "그래도 인도는 인도지!"라고 대답할 것이다. 마찬가지로, 동양 전역에 있는 사람들의 관점도 "그래도 유럽은 유럽이지!"라는 식이다. 소위 무고한 유럽인도 유럽 대륙을 빠져나가는 순간 선한 양심을 가졌음에도 불구하고 유럽 대륙을 짓누르고 있는 그 집단 죄책감을 느끼지 않을 수 없다. (이 대목에서 이런 질문도 가능하다. 러시아는 너무나 원시적이어서 여전히 집단 죄책감의 또 다른 이름인 "전염에 의한 죄책감"을 느낄 수 있고, 그런 이유로 우리를 파시즘이라고 비난하는가?)

세계는 유럽을 수치스런 수용소가 만들어질 수 있는 그런 토양을 가진 대륙으로 보고 있다. 이 같은 시선은 유럽이 독일을 범죄의 구름에 갇혀 있는 땅과 국민으로 보는 것과 똑같다. 왜냐하면 참상이 독일에서 벌어졌고, 그런 참상을 일으킨 범죄자가 독일인이기 때문이다. 어

..........
36  인도 대륙 남쪽 끝에 18세기 초부터 20세기 중반까지 존재했던 나라.

37  1947년에 영국으로부터 독립할 때까지 인도 총독 관저가 있었던 인도의 도시다.

떤 독일인도 이 점을 부정하지 못한다. 마찬가지로 유럽인이나 기독교인은 인류 역사상 가장 끔찍한 범죄가 자신의 집에서 행해졌다는 사실을 부정하지 못한다. 기독교 교회는 자식들이 지은 죄 때문에 이마에 재를 바르고 옷을 찢어야 한다. 기독교 교회의 자식들이 저지른 죄의 그림자가 유럽뿐만 아니라 괴물들의 어머니인 기독교 교회 자체에도 드리워졌다. 유럽은 세계 앞에서 자기 자신에 대해 설명해야 한다. 독일이 유럽 앞에서 그래야 하는 것과 똑같다. 유럽인은 인도인에게 독일은 자기와 전혀 아무런 관계가 없다거나 자기는 그 나라에 대해 아무것도 모른다는 식으로 말하지 못한다. 이는 독일인이 자신은 몰랐다고 항의함으로써 집단 죄책감에서 풀려나지 못하는 것과 다를 바가 없다. 그런 식으로 접근하는 독일인은 무의식의 죄에 의해서 오히려 집단 죄책감만 더욱 악화시킬 뿐이다.

심리적인 집단 죄책감은 하나의 비극적인 운명이다. 집단 죄책감은 정의로운 사람과 정의롭지 않은 사람을 불문하고 모두에게 닥친다. 끔찍한 일이 일어난 현장 가까이 있었던 모든 사람이 집단 죄책감에 시달리게 되어 있다. 당연히 합리적이고 양심적인 사람이라면 개인에게 발언할 기회도 주지 않고 책임을 지게 함으로써 집단적 죄책감을 개인적인 죄책감으로 바꾸려 들지 않을 것이다. 합리적이고 양심적인 사람은 개인적으로 죄책감을 느끼는 것과 단순히 집단적으로 죄책감을 느끼는 것을 충분히 구분할 줄 안다. 하지만 합리적이거나 양심적인 사람이 얼마나 되는가? 합리적이거나 양심적인 존재가 되는 데 필요한 어려움을 감수하겠다고 나서는 사람이 과연 얼마나 되는가? 이 점에서 나는 그다지 낙관적이지 않다. 따라서 원시적인 차원에서 보면 집단 죄책감이 마법적으로 불결한 상태를 말할지라도, 사람들이 대체로 비합리적인 탓에 집단 죄책감은 매우 진정한 사실이 된다. 유럽 밖에 있는 유럽인과 독일 밖에 있는 독일인은 그것을 절대로 무시하지 못한다. 유럽과 좋은 관계를 유지하며 살길 원하는 독일인은 유럽인들의 눈에 자신이 죄인으로 비친다는 사실을 알고 있어야 한다. 한 사람의 독일인으로서, 그는 유럽 문명과 유럽 문명의 모든 가치들을 배신했다. 독일인은 유럽 가족에게 수치심과 불명예를 안겨주었다. 이 수치심 때문에 유럽인은 자신이 유럽인이라 불리는 소리를 들으며 부끄러움을 느끼지 않을 수 없다. 독일인은 유럽의 형제들에게 마치 맹수처럼 달려들면서 그들을 고문하고 살해했다. 독일인은 다른 유럽인들에게 매번 범죄자의 이름이 뮐러인지 마이어인지를 묻는 그런 친절을 베풀어주길 기대하기 어렵다. 독일인은 지금과 정반대의 모습이 입증될 때까지 신사로 대접받지 못할 것이다. 불행하게도, 12년이라는 긴 세월 동안에 공식적인 독일인은 전혀 신사가 아니라는 점이 분명하게 드러났다.

만약에 독일인이 전 세계 앞에서 도덕적 열등성을 최소화하거나 허술한 주장으로 그 열등성을 둘러대려 하지 않고 집단적인 범죄자로서 도덕적 열등성을 인정할 준비가 되어 있다면, 그 사람은 어느 정도 시간이 지나서 다소 품위 있는 인간으로 받아들여질 가능성이 있으며, 따라서 그의 집단적 죄책감도 개인들의 눈에 어쨌든 용서를 받게 될 것이다.

여기서 심리학적 집단적 죄책감이라는 개념 자체가 하나의 편견이고, 부당한 저주라는 반대 의견도 제시될 수 있다. 물론 집단적 죄책감은 하나의 편견이다. 그러나 집단적 죄책감의 본질이 비합리적이라고 불리는 이유가 바로 거기에 있다. 집단적 죄책감은 정의로운 사람과 정의롭지 않은 사람을 구분하지 않는다. 집단적 죄책감은 속죄하지 않은 범죄의 현장에서 올라오는 검은 구름이다. 그것은 정신적 현상이며, 따라서 독일 국민이 집단적으로 죄인이라고 말하는 것은 독일 국민을 저주하는 것이 절대로 아니며 단순히 하나의 사실에 대한 진술일 뿐이다. 그럼에도 이 현상의 심리를 깊이 파고들면, 집단적 죄책감의 문제는 집단적 심판의 문제에 비해 더 의문스런 측면을 한 가지 더 갖고 있다는 사실이 확인된다.

어떤 사람도 껍질을 두른 달팽이처럼 다른 모든 사람들로부터 분리된 채 자신만의 정신 영역 안에서 살지 못하고 누구나 무의식적 인류애로 동료들과 연결되어 있기 때문에, 어떤 범죄도 우리의 의식에 보이는 것과 결코 같을 수 없다. 다시 말하면, 범죄는 어떤 것이든 고립된 정신적 사건이 아니라는 뜻이다. 실제로 보면, 범죄는 언제나 넓은 범위 안에서 일어난다. 어떤 범죄가 불러일으키는 감정, 범죄를 잡는 일에 대한 뜨거운 관심, 사건을 다루는 법원의 열성 등, 이 모든 것은 범죄가 비정상적일 만큼 둔하거나 냉담하지 않은 사람들을 모두 자극하는 효과를 증명하고 있다. 모든 사람이 범죄에 관여하고, 자신의 존재 속에서 범죄를 느끼고, 그것을 이해하고 설명하려고 노력한다. 무엇인가가 범죄에서 피어오른 악의 큰 불에 불이 붙는다. 플라톤(Plato)은 추한 장면을 보면 영혼에 추한 무엇인가가 생겨난다는 것을 알았지 않는가? 분노가 피어나고, "정의를!"이라는 성난 외침이 살인자를 쫓고, 그 외침은 더욱 커지고 더욱 열정적으로 변한다. 증오가 강하게 실릴수록, 우리 영혼의 안에 붙여진 악의 불도 더욱 활활 타오른다. 그것은 부정할 수 없는 하나의 사실이다. 타인들의 사악함이 우리의 사악함이 되는 것이다. 왜냐하면 타인들의 사악함이 우리의 가슴 안에 있는 악한 무엇인가에 불을 붙이기 때문이다.

모두가 살인에 따른 고통을 겪었고, 모두가 살인을 저질렀다. 저항할 수 없는 악의 매력에 유혹되어, 우리 모두가 이 같은 집단적인 정신적 살인이 가능하도록 만들었다. 정신적 살인 현장에 더 가까이 있어서 그 장면을 더 잘 볼 수 있었을수록, 죄책감도 그 만큼 더 커진다. 이런 식으로, 우리는 피하지 못하고 악의 더러움 속으로 끌려들어간다. 우리의 의식적 태도가 어떤지는 중요하지 않다. 어느 누구도 이것을 피하지 못한다. 왜냐하면 우리 모두가 인류 공동체와 밀접히 연결되어 있는 까닭에 모든 범죄가 변덕스런 인간 가슴의 한 구석에 은밀한 만족감을 불러일으키기 때문이다. 강력한 도덕적 성향을 가진 사람들의 내면에서, 이 반응이 정신의 어느 이웃 구획에서 이와 반대되는 감정을 불러일으킬 수 있는 것은 사실이다. 그러나 그만큼 강한 도덕적 성향은 비교적 드물며, 그래서 범죄들이 증가하면, 분노가 아주 쉽게 커질 수 있고 그러면 악이 일상이 되어 버린다. 모두가 자신의 안에 "통계상의 범죄자"(statistical criminal)를 두고 있다. 모든 사람이 자신의 내면에 광인이나 성인(聖人)을 비밀리에 두고 있는 것이나 마찬가지이다. 우리 인간의 기질에 있는 이런 기본적인 특이성 때문에, 인간은 언제나 정신적 전염에 취약하다. 범죄의 길을 닦은 것은 특히 우리 시대, 즉 지난 반세기였다. 예를 들어, 스릴러의 유행에 다소 의심스런 측면이 있다는 생각을 아무도 하지 않았는가?

1933년이 되기 훨씬 전에, 공기에 타는 냄새가 느껴졌으며, 사람들은 불이 난 곳을 발견하고 그 진원지를 추적하는 일에 열정적으로 매달렸다. 그리고 짙은 연기가 독일 위로 모이는 것이 보이고 국회의사당 화재가 신호를 보낼 때, 마침내 선동자가 거주하는 곳이 확실히 드러났다. 이 발견이 무서웠지만, 시간이 지나자 그것이 오히려 안도감을 주었다. 이제 온갖 부당한 것이 발견될 곳이 확실히 드러난 상태에서, 우리 자신은 확실히 그 반대편에 안전하게 서게 되었다. 거기 안전한 곳에 서서 우리는 존경받을 만한 사람으로서 건너편에서 죄를 짓는다는 신호가 나올 때마다 도덕적 분노를 더욱더 키웠을 것이 분명하다. 이제 집단 처형에 대한 요구마저도 정의로운 사람들의 귀에 더 이상 거슬리지 않게 되었으며, 독일 도시들을 대상으로 한 집중 폭격도 신의 심판으로 여겨졌다. 증오는 그럴듯한 동기를 발견했으며, 이제 증오는 더 이상 은밀히 만족시키던 개인적인 특성이 아니었다. 그리고 정치 지도자들로부터 소중히 여겨지는 대중은 자신들이 악과 너무나 가까운 곳에서 살고 있다는 사실에 대해 전혀 알지 못한다.

어느 누구도 상반된 것들의 이런 장난으로부터 벗어날 수 있다고 한순간도 상상해서는 안 된다. 성인(聖人) 같은 사람도 자신의 영혼에 가해진 피해를 지체 없이 바로잡기 위해서 히틀러(Adolf Hitler)와 힘러(Heinrich Himmler), 게슈타포(비밀 경찰)와 S.S.(나치 독일의 친위대)의 영혼들을 위해 끊임없이 기도해야 했을 것이다. 악의 장면은 영혼 속의 악에 불을 지른다. 이 같은 사실에서 벗어날 수 있는 길은 절대로 없다. 희생자만 고통을 겪는 것이 아니라, 살인자를 포함해서, 범죄가 일어난 현장 가까운 곳에 있었던 모든 사람이 범죄로 인해 고통을 겪는다.

세상의 지옥 같은 어둠에서 나온 무엇인가가 우리 위에서 폭발하면서 우리가 마시는 공기를 오염시키고 순수한 물을 피의 상한 맛으로 더럽히고 있다. 정말로, 우리는 순진무구하며, 우리는 강탈을 당하고 배신을 당하고 폭행을 당한 희생자이다. 이 모든 것들에도 불구하고, 혹은 바로 그런 것들 때문에, 우리의 도덕적 분노 속에서 악의 불꽃이 타고 있다. 일은 그런 식으로 진행되어야 한다. 왜냐하면 누군가가 분노를 느낄 필요가 있고, 누군가가 운명이 휘두르는 심판의 칼이 될 필요가 있기 때문이다. 악은 죗값을 치러야 한다. 그렇지 않으면 사악한 사람들이 세상을 완전히 파괴하거나 선한 사람들이 분출시키지 못한 분노 속에서 질식할 것이며, 어느 경우가 되었든 거기서 유익한 것은 전혀 나오지 않을 것이다.

,악이 어느 지점에서든 세상의 질서 속으로 쳐들어올 때면, 정신적 보호의 고리 전체가 방해를 받게 된다. 행위는 불가피하게 반응을 불러일으키고, 파괴성의 문제에서 반응은 범죄만큼 나쁜 것으로, 아니 범죄보다 더 나쁜 것으로 드러난다. 왜냐하면 악이 뿌리와 가지까지 다 근절되어야 하기 때문이다. 전염성 강한 악의 건드림을 피하기 위해서, 우리는 적절한 '종료 의식'(rite of sortie)을 치를 필요가 있다. 말하자면, 판사나 교수형 집행인, 대중이 경건하게 죄를 인정하는 절차가 있고, 이어 죗값을 치르는 행위가 따라야 한다는 뜻이다.

독일에서 일어난 끔찍한 일과 "8,000만 민족"의 도덕적 몰락은 모든 유럽인들에게 정신적 타격이다. (그 따위의 일은 "아시아"에서나 일어날 수 있는 일로 치부되었으니 말이다.) 유럽 가족의 한 구성원이 수용소 수준으로 추락할 수 있다는 사실은 다른 모든 구성원들에게도 의구심을 품도록 만든다. "여기선 그런 일이 일어날 수 없어."라고 상상하는 우리는 누구인가? 스위스도 인구를 20배 늘리면 인구 8,000만 명의 국가가 된다. 그러면 스위스의 공적 지성과 도덕성은 거대한 집단으로 사는 데 따른 도덕적, 정신적 효과 때문에 자동적으로 20으로 나눠질 것이다. 그런 상태가 집단적인 범죄의 바탕을 제공하며, 그런 상황에서 범죄가 저질러지지 않는다면 오히려 그것이 기적일 것이다. 스위스 사람들은 자신은 면역이 되어 있다고 진정으로 믿는가? 변절자와 정치적 사이코패스를 많이 두고 있는 스위스인이? 인간이 할 수 있는 모든 것을, 따라서 스위스 사람도 할 수 있는 모든 것을 깨닫는 것은 더없이 무서운 일이었다. 그 이후로, 인간에 대한, 우리 자신에 대한 끔찍한 의심이 우리의 가슴을 갉아대고 있다.

그럼에도 불구하고, 그런 붕괴의 상태는 어떤 조건에서만 일어날 수 있다는 것이 모두에게 분명하게 보여야 한다. 이 조건들 중에서 가장 중요한 것은 도시에서 나타나는 현상인 산업화된 인구 집단의 축적이다. 말하자면 땅에서 떨어진 상태에서 일방적인 고용에 종사하고 있는 사람들, 다시 말해 모든 건강한 본능을, 심지어 자기 보존의 본능까지 결여하고 있는 사람들이 증가하고 있는 것이 가장 심각한 조건이다. 자기 보존 본능의 상실은 나쁜 징후인, 국가에 대한 의존으로 측정할 수 있다. 국가에 대한 의존은 모두가 자기 자신을 믿지 않고 자기 외의 다른 모든 사람들(곧 국가)을 의지하고 있다는 뜻이다.

모든 사람은 바로 옆 사람에게 매달리면서 엉터리 안도감을 느끼고 있다. 이 안도감이 엉터리인 이유는 사람이 1만 명이나 되는 사람들의 집단에 매달리고 있을 때조차도 여전히 발을 땅에 딛지 않고 공중에 매달려 있기 때문이다. 유일한 차이가 있다면, 사람이 불안을 더 이상 자각하지 않게 된다는 점이다.

국가에 점진적으로 의존하는 것은 절대로 건강한 징후가 아니다. 그것은 국민 전체가 양치기가 자신들을 풀이 많은 초원으로 이끌어 줄 것이라고 끊임없이 기대하는 그런 양떼가 될 가능성이 있다는 뜻이다. 양치기의 지팡이는 곧 철봉이 되고, 양치기는 늑대로 변한다. 과대망상증에 걸린 어느 사이코패스가 "내가 책임을 지겠노라!"라고 선언할 때 전체 독일이 안도의 한숨을 내쉬는 모습을 보는 것은 실망스럽기 짝이 없다. 자기 보존 본능을 조금이라도 갖고 있는 사람이라면 오직 사기꾼만이 책임을 면제해주겠다고 제안할 수 있다는 것을 잘 알고 있다. 왜냐하면 정신이 똑바로 박힌 사람은 절대로 다른 사람의 존재에 대해 책임을 지려는 꿈을 꾸지 않기 때문이다. 모든 것을 약속하는 사람은 틀림없이 아무것도 성취하지 않으며, 너무 많은 것을 약속하는 사람은 자신의 약속을 실행하기 위해 사악한 수단을 이용할 위험이 있으며 이미 파멸의 길을 밟고 있다. 복지 국가의 꾸준한 성장은 한쪽 측면으로 보면 틀림없이 매우 좋은 일이지만, 다른 쪽 측면으로 보면 의문스런 축복이다. 그것이 사람들로부터 개인적 책임을 강탈하면서 사람들을 유아와 양으로 바꿔놓기 때문이다. 이 외에, 독일에서 대규모로 일어난 바와 같이, 능력 있는 사람들이 무책임한 사람들에게 착취당할 수도 있다. 시민의 자기 보존 본능은 어떤 대가를 치르더라도 지켜져야 한다. 왜냐하면 인간이 영양을 공급받는 본능의 뿌리로부터 단절되는 즉시 바람에 이리저리 나부끼는 깃털이 되기 때문이다.

그러면 인간은 병에 걸린 한 마리 동물에 불과해지면서 의기소침하고 쇠퇴하며, 그런 상황에서 그에게 건강을 되찾아줄 수 있는 것은 재앙 뿐이다.

이런 말을 하면서, 나는 요세푸스(Flavius Josephus)[38]의 기록에 로마 군인들이 예루살렘을 포위했을 때 그 도시의 운명을 애도하면서 목소리를 높인 것으로 나오는 예언가와 나 자신이 비슷하다는 느낌을 받는다. 그 예언가의 말은 그 도시에 조금도 도움이 되지 않은 것으로 드러났으며, 로마군의 투석기가 쏜 돌이 예언가에게 죽음을 안겼다.

세상에서 가장 선한 의지로도 이 땅 위에 천국을 건설하지 못한다. 설령 건설한다 하더라도, 우리 인간은 매우 짧은 시간 안에 모든 면에서 쇠퇴할 것이다. 인간은 자신의 천국을 파괴하는 일에서 즐거움을 느낄 것이고, 그런 다음에 정말 바보스럽게도 자신이 한 짓에 대해 경탄한다. 게다가, 어쩌다 "8,000만 명의 국가"가 되면, 우리는 "타인들"에게 책임이 있다고 확신한다. 그러면 우리의 자신감이 아주 낮아질 것이고, 따라서 우리는 어떤 일에든 책임을 지지 않으려 들 것이다.

이것은 병적이고, 의기소침하고, 정신적으로 비정상적인 조건이다. 우리의 한쪽 면이 다른 쪽 면(소위 품위 있는 면)이 무시하고 있는 짓을 하고 있으니 말이다. 이 다른 쪽 면은 실제적인 비난이나 예상되는 비난에 맞서 영원히 방어하는 상태에 있다. 사실 중요한 고발자는 밖에 있는 것이 아니라, 우리의 가슴 안에 있는 판사다. 이것이 치료를 유도하려는 자연의 시도이기 때문에, 독일인들이 자신의 무례한 행위로 지나치게 오랫동안 코를 만지며 죄의식을 느끼도록 강요하는 것은

..........
38  A.D. 1세기 로마 시대의 역사가이자 정치가.

현명하지 못하다. 자칫 독일인들의 안에 있는 고발자의 목소리가 사라져 버릴 수 있기 때문이다. 또 스위스 사람들의 가슴과 연합군들의 가슴에서도 가장 중요한 심판자인 내부 고발자가 사라져 버리는 현상이 나타날 수 있기 때문이다.

사람들이 자신의 죄를 발견하는 것이 얼마나 현명하고, 얼마나 명예로우며, 정신적으로 얼마나 존엄한 일인지를 깨달을 수만 있다면! 그러나 어디를 봐도 그런 통찰은 희미한 흔적조차 보이지 않는다. 대신에, 우리 귀에는 남을 탓하려는 시도만 들린다. "아무도 자신이 나치였다는 점을 인정하지 않을 거야." 독일인들은 자신이 외부 세계에 심어준 인상에 절대로 무관심하지 않았다. 그들은 반대의 목소리에 불쾌한 반응을 보였을 뿐만 아니라 비판 받는 것까지도 싫어했다. 열등감은 사람을 예민하게 만들고, 강한 인상을 남기려는 보상적 노력을 낳을 수 있다. 그 결과, 독일인은 곧잘 끼어들면서 비위를 맞추려 든다. 아니면 "독일인의 효율성"이 너무나 태연하게 발휘되면서, 공포 분위기를 조성하고 인질을 쏘는 상황에 이르기도 한다. 독일인은 이런 것에 대해 더 이상 살인이라고 생각하지 않는다. 왜냐하면 독일인이 자신의 체면을 고려하는 일에 완전히 매몰되어 있기 때문이다. 열등감은 언제나 열등한 감정을 갖고 있다는 점을 보여주는 신호이다. 절대로 말장난이 아니다. 세상에서 일어난 온갖 지적 및 기술적 성취는 결코 감정 문제의 열등성을 보상하지 못한다. 감정의 열등성을 과학으로 포장한 엉터리 인종 이론이 유대인 말살을 용인 가능한 것으로 바꿔놓지 못한다. 그것은 역사의 왜곡이 그릇된 정책의 신뢰성을 높이지 못하는 것과 똑같다.

이런 장면은 니체가 "창백한 범죄자"라는 적절한 이름으로 부른 그 형상을 떠올리게 한다. 니체는 현실 속에서 온갖 히스테리 증세를 보이는 사람을 그렇게 부르고 있다. 그런 사람은 자신의 실제 모습을 인정하지도 못하고 또 인정하려 들지도 않을 것이다. 그 사람은 죄책감을 견뎌내지 못한다. 죄책감이 끊임없이 밀려오기 때문이다. 그 사람은 자신의 모습을 보지 않을 수만 있다면 어떤 종류의 자기 기만이든 동원하려 들 것이다.

어디서나 이런 일이 일어나고 있는 것이 사실이지만, 그것이 독일에서만큼 국민적 특성처럼 보이는 곳은 없다. 독일인의 열등감에 강한 인상을 받은 사람은 결코 내가 처음이 아니다. 괴테와 하이네 (Heinrich Heine), 니체가 자기 나라 사람들에 대해 무슨 말을 했는가? 열등감은 절대로 그것이 정당하지 않다는 뜻은 아니다. 여기서 말하는 열등은 두드러지게 나타나는 인격의 열등한 측면이나 기능의 열등한 측면을 가리키는 것이 아니라, 오직 흐릿하게 의심을 받는 상태에 있을지라도 실제로 존재하고 있는 열등을 가리킨다.

이런 조건은 쉽게 인격의 병적 분열로 이어질 수 있다. 이때 분열은 이런 식으로 나타난다. 한쪽 손이 기본적으로 다른 쪽 손이 하는 것을 모르고, 자신의 그림자를 무시하길 원하고, 어둡고 열등하고 괘씸한 모든 것을 타인들에게서 찾는 현상이 나타나는 것이다. 그래서 히스테리 환자는 자신을 제대로 평가할 줄 모르는 상태에서 언제나 자신이 나쁜 동기에 자극 받는 사람들에게 둘러싸여 있다고 불평한다. 말하자면, 이간질이나 일삼는 열등한 사람들이, 바꿔 말하면 초인(超人)이 완벽한 차원에서 살 수 있도록 하기 위해서 깡그리 사라져 줘야 할 그런 수준 낮은 인간들이 자기 주변에 널려 있다는 불평이다. 그 사람의 사고와 감정이 이런 방향으로 이뤄지고 있다는 사실 자체가 실제 행동이 열등하다는 점을 보여주는 명확한 증거이다. 따라서 히스테리를 앓고 있는 사람은 모두 다른 사람들을 괴롭히지 않을 수 없다. 히스테리 환자들이 자신의 열등을 인정함으로써 자신을 괴롭힐 생각을 전혀 하지 않기 때문이다. 그러나 어느 누구도 자신의 육체를 벗어던지거나 자기 자신을 제거할 수 없기 때문에, 그들은 걷는 길마다 자신의 악령이 되어 길을 가로막는다. 그런 것이 바로 우리가 히스테리성 신경증이라고 부르는 것이다.

이런 온갖 병적인 특성들, 말하자면 자신의 성격에 대한 통찰의 완전한 결여, 자위적인 자화자찬, 자기 자신에 대한 과도한 정상 참작, 동료 인간들에 대한 모욕과 탄압(히틀러가 자기 국민에 대해 얼마나 경멸적으로 말했던가!), 그림자의 투사, 거짓말, 현실 왜곡, 옳거나 그른 수단으로 강한 인상을 남기려 하는 경향, 허세와 배신 등은 임상적으로 히스테리 환자로 진단 받은 사람의 내면에서, 다시 말하면 어떤 얄궂은 운명이 12년 동안 독일의 정치적, 도덕적, 종교적 대변인으로 선택한 인간의 안에서 모두 결합되었다. 그런데 이것이 정말로 그야말로 우연이었을까?

히틀러의 상태에 대한 보다 정확한 진단은 '공상적 허언증' (pseudologia phantastica), 즉 자신의 거짓말을 믿는 특이한 재능이 특징인 그런 형태의 히스테리이다. 그런 사람들은 대체로 짧은 기간 안에 놀라운 성공을 거두며, 바로 그런 이유 때문에 사회적으로 위험하다. 사람이 스스로 지어내어 믿는 거짓말 또는 사람이 너무나 옳은 일이라고 믿고 있는 사악한 행위나 의도만큼 그 사람에게 강한 확신을 안겨주는 것은 없다. 어쨌든 자신의 거짓말을 믿는 사람은 그 거짓말에 대해 선한 사람들이 자신의 선한 행동에 대해 품는 확신보다, 심지어 부도덕한 사람이 자신의 부도덕하기 짝이 없는 행동에 대해 품는 확신보다 훨씬 더 강한 확신을 품는다.

극적이고, 또 히스테리가 분명히 느껴지는 히틀러의 제스처는 모든 외국인들(몇몇 놀라운 예외를 제외하고)에게 우스꽝스럽기 짝이 없는 것으로 여겨졌다. 내가 직접 본 히틀러는 인간 존재이기보다는 (쭉 뻗은 팔 대신에 빗자루를 든) 정신적 허깨비처럼 보였다. 귀에 거슬리는 여자 같은 쇳소리로 고함을 지르는 듯한 그의 연설이 그렇게 강한 인상을 남길 수 있었던 것도 좀처럼 이해되지 않는다. 그러나 만약에 이 인물이 독일의 집단 히스테리를 반영하는 이미지가 아니었다면, 독일 국민은 절대로 그에게 그처럼 완벽하게 속아 넘어가지 않았을 것이다.

어느 한 국민 전체에게 "병적 열등감"이라는 딱지를 붙이는 것이 염려스럽지 않은 일은 아니지만, 그럼에도 이 정신적 허깨비가 집단에게 미친 영향을 설명할 수 있는 유일한 길은 그것뿐이다. 교육의 부족, 광기와 맞물린 기만, 히스테리 환자의 교활함과 결합된 매우 평범한 지성, 청년의 권력 공상 등이 이 선동가의 얼굴에 커다랗게 쓰여 있다. 그의 몸짓은 히스테릭한 정신이 오직 강렬한 인상만을 남기려는 의도에서 고안한 것이었다. 그는 대중 앞에서 마치 자신의 전기(傳記) 속에서 살고 있는 사람처럼, 그의 경우에는 대중 소설 속에 나오는 광기의 "철인"(鐵人)처럼, 그리고 세상에 관한 지식을 삼류 영화의 신격화된 주인공을 통해 얻는 그런 유치한 대중의 이상(理想)처럼 행동했다. 이런 개인적인 관찰들이 나로 하여금 그 당시(1937)에 최종적으로 재앙이 닥치면 그 결과는 내가 예전에 예상했던 것보다 훨씬 더 심각하고 잔혹할 것이라는 결론을 내리도록 만들었다. 왜냐하면 극적인 면모를 갖춘 사기꾼이며 히스테리 환자인 이 인물이 작은 무대 위를 뽐내며 다니는 데 만족하지 않고 독일 중공업을 등에 업고 독일군에 올라타게 될 것이었기 때문이다. 인구 8,000만 명인 이 나라는 내부로부터 약간의 무력한 반대에 봉착하면서 자신을 파괴하는 장면을 목격하게 될 서커스 속으로 우르르 몰려 들어갔다.

히틀러의 측근 중에서, 괴벨스(Joseph Goebbels)와 괴링(Hermann Göring)이 똑같이 놀라운 인물로 두드러진다. 괴링은 선한 동료이고, 호사스럽게 사는 유형의 사기꾼이며, 존경할 만해 보이는 쾌활한 분위기로 단순한 정신의 소유자들을 곧잘 속인다. 이보다 결코 덜 사악하지 않고 위험한 성격의 소유자인 괴벨스는 커피 하우스를 들락거릴 전형적인 작가이고 카드놀이 사기꾼이며, 신체적 장애가 있고 동시에 자연에 의해 낙인이 찍혔다. 이 악의 삼인조 중에서 어느 파트너든 왜곡되지 않은 본능을 가진 사람으로 하여금 성호를 세 번 긋도록 하기에 충분했다. 그러나 실제로 무슨 일이 일어났는가? 히틀러는 하늘 높은 줄 모르고 올라갔으며, 심지어 그를 구세주로 우러러본 신학자도 있었다. 괴링은 약점 때문에 대중적 인기가 있었으며, 그의 죄를 믿은 사람은 거의 없었을 것이다. 괴벨스도 나름대로 용서를 받을 수 있었다. 왜냐하면 많은 사람들이 거짓말은 성공과 떼어놓을 수 없는 것이라고 생각하고, 성공이 모든 것을 정당화하기 때문이다. 이런 유형들의 사람 3명이 함께하는 것은 그야말로 한계였으며, 사람들은 그런 기이한 조합이 어떻게 권력을 잡았는지에 대해 상상하면서 꽤 당혹스러워한다.

그러나 우리는 오늘날의 관점에서, 그 재앙을 낳은 사건들에 대한 지식을 근거로 판단하고 있다는 점을 잊지 말아야 한다. 만약에 우리의 정보가 1933년이나 1934년쯤에서 멈춰버렸다면, 우리의 판단은 틀림없이 꽤 다를 것이다. 당시에 이탈리아뿐만 아니라 독일에서도, 통치 집단에 호의적으로 작용할 그럴 듯한 요소들이 꽤 있었다. 이 측면에서 부정할 수 없는 한 가지 증거는 독일의 주요 도로를 수십 만 명씩 행진하곤 했던 실업자들이 사라졌다는 사실이다. 그리고 전후 몇 년 동안 정체와 쇠퇴를 거친 뒤에, 두 나라에 불었던 신선한 바람은 매혹적인 희망의 신호였다. 한편, 유럽 전체는 이 광경을, 기껏 폭우에 대비하는 준비만 한 체임벌린(Neville Chamberlain) 같은 사람의 눈으로 보았다. 그러나 '공상적 허언증'의 특이한 재능은 이런 극단적인 허울이었을 뿐이며, 무솔리니도 그런 증상을 보였다(그러나 그의 동생 아르날도(Arnaldo Mussolini)가 살아 있는 동안에는 허언증이 일정한 한계 안에 머물렀다).

공상적 허언증이 작용할 경우에 어떤 계획이든 대단히 순수하게 소개된다. 단어도 아주 적절한 것이 동원되고, 주장도 대단히 그럴 듯해 보인다. 처음부터 의도가 나쁘다는 점을 보여줄 만한 것은 아무것도 없다. 의도는 심지어 선해 보이기까지 한다. 무솔리니를 예로 들면, 흑과 백 사이에 명확한 선을 긋기가 어렵다. 허언증이 작동하고 있는 곳에서, 사람들은 속이려는 의도가 중요한 동기라고 절대로 확실하게 말하지 못한다. 종종 "위대한 계획"이 주도적인 역할을 한다. "목적이 수단을 정당화한다."는 원리를 근거로 온갖 가능성이 다 활용되고 온갖 수단이 충분히 훌륭해지는 것은 그 계획을 현실로 성취하는 까다로운 문제가 걸리게 되는 때이다. 달리 말하면, 병적인 거짓말쟁이가 보다 넓은 대중에게 진지하게 받아들여지게 될 때에만 일이 위험해진다는 뜻이다. 병적인 거짓말쟁이는 파우스트처럼 악마와 타협을 하게 되고, 따라서 올바른 길에서 벗어난다. 히틀러에게 일어난 일도 다소 그랬을 수 있다. 여기서 히틀러에게 의심의 혜택을 안기도록 하자! 그러나 그의 책의 악평은 슈바빙[39] 스타일의 허풍을 배제할 경우에 독자에게 의문을 품게 만들며, 독자는 그가 권력을 잡기 오래 전에 이미 악령에 사로잡히지 않았나 하고 궁금해하지 않을 수 없다. 1936년경에, 독일에 있던 많은 사람들은 스스로에게 똑같은 질문을 던지고 있었다. 그들은 총통이 "악의 영향"에 넘어갈 수 있겠다거나 그가 "악마의 힘을 빌리는 검은 마술"을 일삼는다는 식의 걱정이 있었다. 분명히 말하지만, 이런 염려는 너무 늦게 일어났다. 그러나 그렇다 하더라도, 히틀러가 처음에 선한 의도를 가졌을 수 있으며, 단지 그가 발달해 가는 과정에 그릇된 수단을 이용하거나 수단을 남용하게 되었을 수 있다.

그러나 나는 무엇보다도, 그럴듯해 보이게 꾸미는 것이 병적인 거짓말쟁이의 기질 중 본질적인 부분에 속한다는 점을 강조하고 싶다. 따라서 어떤 여론을 형성하는 것은 경험이 많은 사람에게도 절대로 쉬운 일이 아니다. 계획이 여전히 이상적인 단계에 있을 때에 특히 더 그렇다. 그때엔 일들이 어떤 식으로 발달할 것인지 예측하는 것이 꽤 불

..........
39  뮌헨의 보헤미안 지역을 말한다.

가능하며, "기회를 줘 보자"는 체임벌린 식의 태도가 유일한 정책인 것처럼 보인다. 독일인들의 절대 다수도 외국인들과 마찬가지로 어둠 속에 묻혀 있었으며, 그들은 독일인의 취향에 아주 세련되게 맞춘 히틀러의 연설에 당연히 꽤 쉽게 넘어갔다.

독일인들이 처음에 잘못된 방향으로 이끌린 이유를 이해할 수 있다 하더라도, 반발이 거의 전무한 현상은 꽤 이해가 불가능하다. 병사들에게 자신의 뜻에 따라 명령할 수 있었던 군 지휘관이 한 사람도 없었단 말인가? 그때 반발이 전혀 없었던 이유는 도대체 무엇인가? 나는 이것을 정신의 한 특이한 상태로 설명할 수 있을 뿐이다. 개인의 경우라면 그런 상태는 히스테리라 불린다.

평범한 사람이 "히스테리"의 의미를 잘 알 것이라고 단정할 수 없기 때문에, 여기서 "히스테릭한" 경향은 "정신병적 열등"으로 알려진 것의 하위 구분에 속한다는 식으로 설명하는 것이 나을 것 같다. "정신병적 열등"이라는 용어는 개인 또는 국가가 모든 면에서 "열등"하다는 것을 암시하지 않는다. 단지 저항이 거의 없는 어떤 곳이, 특이하게 불안정한 어떤 성격이 있다는 것을 암시할 뿐이다. 이 성격은 다른 모든 특성들과 독립적으로 존재한다. 히스테릭한 경향은 모든 정신에 고유한 상반된 것들이, 특히 성격에 영향을 미치는 상반된 것들이 정상적인 사람의 내면에서보다 서로 더 멀리 떨어져 있다는 것을 의미한다. 더 멀리 떨어져 있는 그 거리가 보다 높은 에너지 압력을 낳으며, 이 압력이 독일인들의 부정할 수 없는 에너지와 충동을 설명해 준다.

한편, 상반된 것들 사이의 더욱 먼 거리는 내면의 모순이나 양심의 갈등, 성격의 부조화를, 한마디로 말해 괴테의 '파우스트'에서 보는 모든 것을 낳는다. 독일인이 아니고서는 그런 인물을 절대로 창조해내지 못할 것이다. 파우스트라는 인물은 너무나 본질적으로 독일적이다. '파우스트'에서 우리는 내면의 갈등과 이분법에서 비롯된 "무한한 것에 대한 욕망"을, '위대한 성취'에 대한 종말론적 기대를 본다. '파우스트'에서 우리는 정신의 높은 비상(飛上)과 정신이 죄와 어둠의 깊이로 떨어지는 하강을 경험한다. 이 추락이 너무나 낮은 곳까지 이뤄지기 때문에, 파우스트는 협잡꾼의 수준으로 떨어지고, 악마와 타협한 결과 대량 살해자가 된다. 파우스트도 분열되어 있으며, 필요한 경우에 알리바이로 제시하기 위해 "악"을 메피스토펠레스라는 형상으로 자신의 밖에 두고 있다. 파우스트도 마찬가지로 실제로 일어난 일에 대해, 말하자면 악마가 필레몬[40]과 그의 아내 바우키스에게 한 짓에 대해 아무것도 모른다. 파우스트가 진정한 통찰을 얻었거나 진정한 참회를 아프게 거쳤다는 인상을 우리는 전혀 받지 못한다. 그 자신이 인정하거나 인정하지 않은, 성공에 대한 그의 숭배는 윤리적 갈등을 흐릿하게 만들면서 그의 도덕적 반성을 방해한다. 그래서 파우스트의 도덕적 인격은 흐릿한 상태로 남는다. 파우스트는 현실적인 성격을 절대로 얻지 못한다. 그는 진정한 인간 존재가 아니며, (적어도 이 세상에서는) 그런 존재가 되지 못한다. 그는 독일적 개념의 인간 존재로, 따라서 평균적인 독일인의 한 이미지로 남는다. 이 이미지는 다소 과장되었거나 왜곡되어 있다.

히스테리의 본질은 체계적인 분열이며, 평소에 서로 단단히 결합되

..........
40  그리스 신화에 나오는 선량한 농부. 아내 바우키스와 함께, 변장한 제우스와 헤르메스를 대접한 것으로 전해진다.

어 있어야 하는 상반된 것들이 느슨하게 풀리는 것이다. 히스테리는 인격의 분열로 이어질 수 있다. 그런 상태에 처하면, 한쪽 손은 다른 쪽 손이 하는 것을 더 이상 모르게 된다. 대체로, 그림자를 무시하는 경향이 강하게 나타난다. 히스테리 환자는 언제나 자신의 선한 동기만을 자각한다. 그러다가 나쁜 동기를 더 이상 부정할 수 없게 될 때, 그 사람은 비양심적인 초인이 되거나 목표의 위대함 때문에 스스로 고귀하다고 생각하는 '주인 인간'(Herrenmensch)이 된다.

사람이 자신의 다른 측면을 모르는 경우에 그 사람의 내면에 엄청난 불안이 생긴다. 사람은 자신이 어떤 존재인지 진정으로 알지 못한다. 사람은 어딘가에서 열등을 느끼고 있으면서도 어디가 열등한지 알고 싶어 하지 않는다. 그 결과, 원래의 열등에 새로운 열등이 보태지게 된다. 이 불안이 히스테리 환자의 위신(prestige) 심리의 근원이다. 말하자면, 어떤 인상을 남기고 싶어 하고 자신의 강점을 과시하려 드는 욕구와, 인정(認定)과 감탄, 아첨, 사랑에 대한 끝없는 갈증의 근원이라는 뜻이다. 이 불안이 요란하게 떠드는 자만과 교만, 무례, 무뚝뚝함의 원인이며, 이 때문에 국내에서 개처럼 굽실거리는 독일인들이 해외에서 나쁜 평판을 얻고 있다. 불안은 또한 독일인들이 비스마르크(Otto von Bismarck)가 아쉬워했다는 시민적 용기가 부족한 점을 설명해준다(가련할 만큼 약했던 독일 장군들의 역할을 떠올리기만 해도 충분히 이해가 된다).

파우스트에게 아주 뚜렷하게 나타나는 그런 현실감의 결여는 독일인의 내면에 현실성의 결여를 낳는다. "냉철한" 현실성을 자랑하는 독일인은 단지 그런 현실성의 결에에 대해 말하고 있을 뿐이다. 이런 태도도 그 자체로 그 사람의 히스테리를 노출시키기에 충분하다. 독일인의 현실성은 하나의 포즈에 불과하고, 무대 위의 현실성에 지나지 않는다. 독일인은 단순히 현실감을 갖고 있는 사람의 역을 맡고 있지만, 그가 실제로 하고 싶어 하는 것은 무엇인가? 그는 전체 세상을 무시하면서 세상을 정복하길 원하고 있다. 물론, 그는 세상을 정복하는 방법에 대해선 아는 것이 전혀 없다. 그러나 적어도 그는 그 모험이 이전에 한 번 실패했다는 사실을 알고 있을 수는 있다. 불행하게도, 그럴듯한 이유가 즉각 고안되어 믿어진다. 이 이유가 거짓말을 이용해 그 실패를 설명한다. 1918년에 '배후중상설'(stab in the back)[41]이라는 전설에 속은 독일인이 얼마나 많았던가? 그리고 오늘날에도 배후중상설 같은 전설이 얼마나 많이 떠돌고 있는가? 소망이 거짓말을 낳는 아버지인데, 자신의 거짓말을 믿는 것은 잘 알려진 히스테리 증후이며 열등을 드러내 보이는 뚜렷한 신호다. 누구나 제1차 세계 대전의 대량 살육만으로 충분할 것이라고 생각했지만, 천만의 말씀이다. 영광과 정복, 피에 굶주림이 독일인의 정신에 연막으로 작용했다. 그 결과, 그렇지 않아도 오직 흐릿하게만 지각되던 현실이 완전히 지워져 버렸다. 어떤 개인의 내면에 나타나는 이런 종류의 현상을 히스테리성 몽롱 상태라고 부른다. 어느 한 나라 전체가 이런 상태에 있을 때, 그 나라의 국민은 몽유병자의 확신을 품은 채 지붕 위에 있는 영매 같은 총통을 따르면서 거리로 뛰어내리다가 허리를 부러뜨릴 것이다.

우리 스위스 사람들이 그런 전쟁을 시작하면서, 우리의 모든 경험과

..........

41 독일이 전투에서 진 것이 아니라 유대인이나 사회주의자, 공산주의자들의 병역 기피 등으로 인해 지게 되었다는 식의 음모론을 말한다.

세상의 모든 경고, 세상에 관한 모든 지식을 독일인들만큼 맹목적으로 망각하고, 최종적으로 스위스에 독일의 부헨발트 수용소 같은 것을 설치했다고 가정해 보자. 그때 어떤 외국인이 스위스 사람들은 완전히 미쳤다고 말한다면, 우리는 틀림없이 놀라면서도 매우 불쾌한 느낌을 받을 것이다. 합리적인 사람이라면 그런 의견에 놀라지 않을 것이지만, 우리가 독일에 대해 그런 식으로 말할 수 있을까? 나는 독일인 본인들은 어떤 생각을 품고 있는지 궁금하다. 내가 아는 것은 스위스에서 검열이 이뤄질 당시에 스위스 사람에겐 이런 일들에 대해 크게 떠드는 것이 허용되지 않았다는 것뿐이다. 지금 우리는 너무나 낮은 곳으로 추락해 버린 독일을 고려해 그런 것에 대해 말하지 않는 것 같다. 이 대목에서 묻고 싶다. 사람들은 도대체 언제부터 자기 자신의 의견을 형성하려 노력할 것인가?

내가 볼 때, 지난 12년의 역사는 어느 히스테리 환자의 진료 차트에 불과하다. 이 환자로부터 진실을 숨겨서는 안 된다. 왜냐하면 환자를 진단하는 의사는 그렇지 않아도 고통을 겪고 있을 환자를 모욕하거나 비하하려는 것이 아니라 치료 방법을 발견하려고 노력하고 있기 때문이다. 신경증이나 신경증적 경향은 불명예스런 것이 아니라 하나의 장애일 뿐이며 가끔은 진부한 표현에 지나지 않는다. 그것은 치명적인 질병은 아니지만, 사람이 무시하기로 작정해야 할 만큼 악화될 수 있다. 내가 독일인들이 정신적으로 병에 걸렸다고 말할 때, 그 말은 분명 그들이 범죄자라고 말하는 것보다 더 부드럽다. 나는 히스테리 환자의 무서운 민감성을 자극할 뜻은 전혀 없지만, 단지 환자의 병적 상태가 방해를 받지 않는 상태로 그대로 남도록 하기 위해 우리가 고통스런 모든 증후들을 얼버무리면서 환자가 그때까지 일어난 모든 것을 망각하도록 돕는 것은 더 이상 허용되지 않는 시점이 반드시 온다.

나는 건전한 사고방식을 갖고 있는 품위 있는 독일인이 자신의 이미지를 피하려 드는 겁쟁이일지 모른다고 의심함으로써 그런 독일인을 모욕하고 싶지 않다. 우리는 그런 독일인을 한 사람의 인간으로 대접하면서 그에게 진실을 말함으로써 그를 명예롭게 대해야 한다. 그런 독일인에게 그 사람의 나라에서 일어난 끔찍한 사건들과 유럽에서 독일인들이 자행한 사건들로 인해 우리의 영혼이 깊은 상처를 입었다는 사실을 숨기지 말아야 한다. 우리는 상처를 입었고 분노하고 있으며, 자비의 감정을 특별히 품고 있지 않다. 아무리 큰 결심이나 의지력이다 하더라도, 이런 감정을 기독교의 "이웃 사랑"으로 대체하지 못한다. 건강한 사고방식을 갖춘 품위 있는 독일인을 위해서, 어느 누구도 그런 감정을 기독교의 이웃 사랑으로 대체하려 들어서는 안 된다. 그런 독일인은 분명히 모욕적인 용서보다 진실을 더 환영할 것이다.

히스테리는 개인의 경우든 국가의 경우든 진실을 감추는 방법으로는 절대로 치료되지 않는다. 하지만 나라 전체가 히스테리에 걸렸다고 말하는 것이 과연 가능한가? 개인에 대해 그렇게 말할 수 있는 만큼, 국가에 대해서도 그렇게 말할 수 있다. 가장 심하게 미친 사람도 완전히 미치지는 않은 상태다. 그 사람의 기능 중 꽤 많은 것이 여전히 정상적이며, 그 사람 자신이 꽤 정상적인 때도 있다. 이 말은 히스테리 환자에겐 더 확실히 적용된다. 히스테리의 경우에 한편에 과장이나 과도함이 있고 다른 한편에 정상적인 기능의 약화 또는 일시적 마비가 있다는 것 외에 특별히 잘못된 것은 전혀 없다. 히스테리 환자는 정신

병적인 조건에도 불구하고 정상에 매우 가깝다. 그러므로 전반적인 그림은 히스테리 환자로 묘사될지라도, 그 국민의 많은 부분은 지극히 정상일 것이라고 예상해도 무방하다.

독일인들은 모든 인류와 많은 인간적인 특징을 공유하고 있음에도 불구하고 틀림없이 이웃들과 다른 그들만의 특이한 심리를 갖고 있다. 독일인들은 자신들을 인간적인 양심의 가책을 무시할 권리를 가진 '주인 민족'(Herrenvolk)으로 여긴다는 점을 세상에 보여주지 않았는가? 독일인들은 다른 민족들에게 열등한 민족이라는 딱지를 붙이고 그들을 멸종시키기 위해 온갖 노력을 기울였다.

이런 끔찍한 사실들을 고려한다면, '주인 민족'에게 보복을 가하면서 열등이라는 진단을 살해당한 자 대신에 살인자에게로 돌리는 것은 아주 사소한 일일 뿐이다. 그래도 이런 식의 접근이 눈을 뻔히 뜬 상태에서 자기 나라의 재난을 겪었던 모든 독일인들에게 상처를 입히게 된다는 사실은 잊지 말아야 한다. 다른 사람들에게 상처를 입히는 것은 정말로 자기 자신에게 상처를 입히는 일이다. 그러나 독일인을 포함해 모두가 형제 사이인 유럽인으로서 우리는 상처를 입었으며, 만약에 우리가 반대로 상처를 입힌다면, 그것은 고문을 하려는 것이 아니라 내가 앞에서 말한 바와 같이 진실을 찾기 위해서다. 집단 죄책감의 경우처럼, 한 국민의 정신적 상태에 대한 진단은 전체 국민으로, 더 나아가 유럽 전체로 확장된다. 그런데 유럽 전체의 정신 상태는 지난 얼마 동안 정상이었던 적이 거의 없었다. 싫든 좋든 우리는 이런 질문을 던져야 한다. 국민의 정신을 반영하는 도구들 중에서 가장 섬세한 도구인 예술에 무엇이 잘못되었는가? 현대의 그림에 담긴 노골적으로 병적인 요소는 어떻게 설명해야 하는가? 무조음악(無調音樂)은? 조이스(James Joyce)의 깊이를 잴 수 없는 '율리시스'가 끼친 영향은? 여기서 독일에서 정치적 현실이 된 것의 근원이 이미 보인다.

유럽인 또는 일반적으로 백인은 자신의 정신 상태에 대해 판단을 내릴 입장에 있지 않다. 백인은 너무 깊이 얽혀 있다. 나는 언제나 다른 눈으로 유럽인들을 보길 원했으며, 최종적으로 나는 수많은 여행을 통해 유럽인들을 비유럽인들의 눈으로 볼 수 있을 만큼 충분히 많은 비유럽인들과 밀접한 관계를 맺었다. 백인은 대단히 탁월한 존재라는 인상을 주는 에너지와 재능을 갖추었음에도 불구하고 신경질적이고, 초조해하고, 서두르고, 불안해하며, (비유럽인들의 눈에는) 터무니없는 사상에 사로잡혀 지내는 것처럼 보인다. 백인이 유색 인종을 상대로 저지른 범죄는 무수히 많다. 이 같은 사실이 새로운 범죄를 절대로 정당화하지 못하지만 말이다.

원시인들은 유럽인들의 눈에 보이는 날카로운 응시를 무서워한다. 그런 시선이 원시인들에게는 흉안(凶眼)처럼 보인다. 푸에블로 인디언의 한 추장은 언젠가 미국인들(그가 아는 유일한 백인이다)은 모두 미쳤다고 생각한다고 나에게 털어놓았다. 그가 제시한 이유는 뭔가에 사로잡힌 사람들에 대한 묘사와 똑같았다. 어쩌면 백인은 그럴지도 모른다. 역사 이후 처음으로, 백인은 원시적인 애니미즘을 전부 우리 속으로 삼키는 데 성공했다. 그로 인해 우리는 자연에 생기를 불어넣는 정령까지 삼키게 되었다. 신들은 행성에서 끌려 내려와 땅의 악령들로 변했을 뿐만 아니라, 파라켈수스(Paracelsus)[42]의 시대에 산과 숲, 강과

..........
42  독일계 스위스 연금술사(1493-1541).

인간의 거주지에서 즐겁게 살았던 이 악령들의 무리도 과학적 계몽의 영향으로 인해 초라한 유물처럼 남았다가 이제는 자취를 완전히 감추고 말았다.

아득한 옛날부터, 자연은 언제나 정령으로 가득했다. 지금 처음으로 우리는 신들을 잃고 생명력 없는 자연 속에서 살고 있다. 어느 누구도 "신"으로 의인화되었던 인간 정신의 힘들이 과거에 했던 중요한 역할을 부정하지 않을 것이다. 계몽이라는 단순한 행위가 자연의 정령들을 파괴했을 수 있지만, 그 정령들에 해당하는 정신적 요소들, 말하자면 피(被)암시성, 비판력 부족, 두려움, 그리고 미신과 편견에 쉽게 넘어가는 경향, 한마디로 말해 사로잡힘을 가능하게 하는 모든 특성은 파괴하지 않았다. 자연이 탈(脫)정신화했을지라도, 악령들을 낳는 정신적 조건은 어느 때보다 더 활발하게 작동하고 있다. 악령들은 진정으로 사라진 것이 아니라 단순히 다른 형태를 취했을 뿐이다. 그것들이 무의식의 정신적 힘이 된 것이다. 이 재흡수의 과정은 16세기 이후로 뚜렷해진 자아의 점진적 팽창과 더불어 일어났다. 마침내 인간은 정신까지 알기 시작했으며, 역사가 보여주는 바와 같이, 무의식의 발견은 특별히 고통스런 사건이었다. 사람들이 모든 도깨비들을 파기했다고 스스로 축하하던 바로 그때, 그 도깨비들은 다락방이나 낡은 폐허에 나타나지 않고 겉보기에 정상적인 유럽인들의 머리 안에서 휙휙 날아다니고 있었다. 전제적이고, 강박적이고, 흥분시키는 사상과 망상들이 널리 온 곳으로 퍼졌으며, 사람들은 귀신에 사로잡힌 사람들처럼 터무니없는 것들을 믿기 시작했다.

우리가 독일에서 목격한 현상은 만연한 광기가 처음 폭발한 것에 지나지 않는다. 다시 말하면, 무의식이 꽤 질서 잡힌 세계처럼 보였던 곳으로 난입한 것에 지나지 않는다는 말이다. 다른 나라들에 속하는 무수히 많은 사람들뿐만 아니라 어느 한 국민 전체가 말살 전쟁이라는 피에 굶주린 광기 속으로 휩쓸려 들었다. 누구도 자신에게 무슨 일이 벌어지고 있는지 몰랐다. 최면 걸린 양처럼, 자신들을 이끌던 사이코패스들에 의해 도살장으로 내몰렸던 독일인들은 더더욱 자신에게 일어나고 있던 일을 몰랐다. 아마 그런 독일인들은 그런 운명을 맞게 되어 있었을지도 모른다. 왜냐하면 그들이 모든 유럽인을 위협했던 정신적 전염에 가장 약한 모습을 보였기 때문이다. 그러나 독일인들의 특이한 재능은 그들이 니체의 예언적인 예로부터 자신들에게 이로운 결론을 끌어내도록 했을 수 있다. 니체는 뼛속까지 독일인이었으며, 그의 광기에서 나온 난해한 상징체계도 역시 독일적이었다. 그가 "금발의 야수"와 "초인"을 강조하도록 촉구한 것은 사이코패스의 허약함이었다. 이런 병적인 공상들이 전례 없는 승리를 거두도록 만든 것은 분명히 독일 국민의 건강한 요소가 아니었다. 독일인의 기질의 약함이 니체의 성격처럼 히스테릭한 공상들이 쉽게 싹트는 토양이라는 것이 증명되었다. 니체가 독일인 속물들을 매우 자유롭게 비판했을 뿐만 아니라 넓은 전선에 걸쳐서 폭넓게 공격을 감행했다는 사실을 기억해야 함에도 말이다. 여기서 다시 독일인들은 자신에 대한 지식을 얻을 중요한 기회를 가졌지만, 그 기회를 그냥 흘려보내고 말았다. 그리고 그들이 바그너(Richard Wagner)의 그 달콤함에서도 무엇을 배울 수 없었겠는가!

그럼에도 불구하고, 1871년에 불행하게도 독일 제국이 탄생함에 따라, 악마가 독일인들 앞에 권력과 영화(榮華), 국민적 오만 같은 매력적인 미끼들을 내보이면서 그들보다 앞서 걸었다. 따라서 독일인들은 자신들의 예언자들을 모방하고 그들의 말을 글자 그대로의 뜻으로 받아들였으나 그 말을 제대로 이해하려는 모습은 보이지 않았다. 그리하여 독일인들은 이런 불행한 공상들에 속아서 사탄의 오랜 유혹에 굴복하고 말았다. 그럴 것이 아니라, 내면의 상반된 것들 사이의 높은 긴장 때문에 그들에게 크게 도움이 되었을 자신들의 풍부한 정신적 잠재력으로 눈을 돌렸어야 했는데 말이다. 그러나 기독교가 망각된 탓에, 그들은 자신의 영혼을 기술에 팔고, 도덕성과 냉소적인 태도를 서로 맞바꾸고, 파괴의 힘에 최고의 가치를 부여했다. 틀림없이 그들 외에 다른 모든 사람도 상당히 비슷한 짓을 하고 있지만, 그렇다 하더라도, 보다 소중한 보물을 추구해야 한다는 이유로 그런 것을 할 권리를 전혀 누리지 않는 선택된 사람들이 있다. 어쨌든, 독일인들은 형벌을 받지 않고 권력과 소유를 즐길 수 있는 사람들에 속하지 않는다. 반유대주의가 독일인에게 무엇을 의미하는지 잠시만 생각해 보라. 독일인은 자신의 중대한 결점을 대신 뒤집어씌울 희생양으로 다른 사람들을 이용하려 들고 있다. 이 같은 징후 하나만으로도 독일인은 자신이 가망 없는 그릇된 길로 들어섰다는 사실을 깨달을 수 있어야 했다.

지난번 세계 대전 이후에, 세계는 반성을 시작했어야 했다. 유럽의 신경 중추인 독일이 특히 더 그랬어야 했다. 그러나 그런 정신이 부정적인 쪽으로 바뀌면서 결정적인 질문들을 무시했으며, 해결책을 반대 방향으로 추구했다. 종교 개혁 당시에는 이와 분위기가 얼마나 달랐던가! 그때 독일의 정신은 기독교 세계의 요구에 과감하게 맞섰다. 독일인이 내면에 품고 있는 상반된 것들에서 비롯되는 긴장을 근거로 예상할 수 있듯이, 그 대답이 다소 극단적이었지만 말이다. 그러나 적어도 그 정신은 자신의 문제를 피하지 않았다. 괴테도 자기 민족 앞에 파우스트가 악마와 협정을 맺는 예와 필레몬과 바우키스의 살해를 보여주었을 때 한 사람의 예언자였다. 부르크하르트(Jacob Burckhardt)가 말하듯이, 만약에 파우스트가 모든 독일인의 영혼을 건드렸다면, 그 영혼은 울림을 계속하고 있을 것이다. 우리는 그 울림이 도덕관념이 없는 본능 숭배자인, 니체의 '초인'에서 메아리치는 것을 듣고 있다. 니체의 초인은 신이 죽었다고 말하고 있으며, 스스로 신을, 아니 "선과 악을 6,000피트 넘어 서 있는" 악마를 자처하고 있다. 그리고 니체에게서 여성적인 측면, 즉 영혼은 어디로 사라져 버렸는가? 헬레네는 하데스로 사라졌고, 에우리디케(Eurydice)[43]는 결코 돌아오지 않을 것이다. 이미 우리는 부정당한 그리스도가 불길하게 희화화되는 것을 보고 있다. 병에 걸린 예언자 자신(프리드리히 니체)이 십자가에 못 박힌 존재이고, 그보다 더 멀리 거슬러 올라가 사지가 찢긴 디오니소스-자그레우스이다. 영문 모를 헛소리를 하는 이 예언자는 우리를 오랫동안 망각했던 과거로 데려간다. 그는 사냥꾼의 날카로운 휘파람에서 운명의 부름을 듣고, 바삭바삭 소리 나는 숲의 신의 소리를 듣고, 야생 동물들의 정령에 사로잡힌 용맹한 전사들의 소리를 들었다.

니체가 기독교 세계의 분열에 대해 사고의 기술을 갖고 예언적으로 대답하고 있는 동안에, 그의 정신적 형제인 바그너는 음악이라는 예술로 똑같은 일을 하고 있었다. 게르만 족의 선사 시대가 우레 같은 소

..........
43   그리스 신화에서 아폴론의 딸 중 하나이며 참나무의 요정이다.

리를 일으키며 솟아나와 교회 안의 갈라진 틈을 매우고 있다. 바그너는 '파르지팔'(Parsifal)로 자신의 양심을 달랬으나, 성배(聖杯)의 성은 미지의 땅으로 사라져 버렸다. 이 작품 때문에 니체는 바그너를 결코 용서하지 못했다. '파르지팔'의 메시지는 들리지 않았으며, 예언은 관심을 끌지 못한 채 흘러가 버렸다. 오직 격한 감정이 표현되는 광란만 더욱 가열되면서 전염병처럼 퍼졌다. 폭풍의 신 보탄이 정복했다. 에른스트 윙거(Ernst Jünger)[44]도 그것을 아주 분명하게 느꼈다. 그의 책 『대리석 절벽에서』(On the Marble Cliffs)를 보면, 거친 어느 사냥꾼이 그 땅으로 오면서 중세에 알려진 그 어떤 것보다도 더 큰 사로잡힘 현상을 일으킨다. 유럽의 정신이 독일에서보다 더 솔직하게 말할 수 있는 곳은 어디에도 없으며, 유럽의 정신이 독일에서보다 더 비극적으로 오해를 받는 곳도 달리 없다.

지금 독일은 악마와의 협정에 따른 결과로 고통을 겪었으며, 광기를 경험하고 자그레우스처럼 갈가리 찢어졌다. 독일은 자신의 신 보탄의 용맹한 전사들에게 강간당했으며, 황금과 세계 정복에 속아 영혼을 빼앗겼으며, 맨 아래 밑바닥에서 올라오는 찌꺼기에 더럽혀졌다.

독일인들은 전 세계가 분노하는 이유를 제대로 이해해야 한다. 전 세계가 분노하는 이유는 독일인에게 걸었던 기대가 너무나 달랐기 때문이다. 모두가 한결같이 독일인의 재능과 효율성을 인정했으며, 독일인이 위대한 일을 성취할 수 있을 것이라는 점에 아무도 의문을 품지 않았다. 그 만큼 세계의 실망은 더 컸다. 그러나 독일의 운명이 유럽인들로 하여금 세상의 사악함은 모두 독일에 있다는 환상을 품도록 오

..........
44 독일의 작가이자, 군인, 사상가(1895-1998).

도해서는 안 된다. 유럽인들은 독일의 대참사는 유럽이 전반적으로 앓고 있는 병이 맞은 단 한 차례의 위기에 불과하다는 점을 깨달아야 한다. 히틀러 시대 훨씬 이전에, 사실은 제1차 세계 대전 이전에, 유럽에서 정신적 변화가 일어나고 있다는 점을 말해주는 징후들이 있었다. 중세적인 세계의 그림이 산산조각 깨어지고 있었으며, 그런 세계를 지배했던 형이상학의 권위가 빠르게 사라졌다가 인간의 내면에 다시 나타났다. 니체는 신이 죽었다고, 그리고 자신의 후손은 줄타기 묘기를 부리는 그 불운한 광대인 초인이라고 선언하지 않았는가? 어떤 투사가 끝날 때, 그 투사는 반드시 원래의 자리로 되돌아가는 것은 불변의 심리 법칙이다. 그렇기 때문에 어떤 사람이 신은 죽었다거나 신은 존재하지 않는다는 식의 특이한 생각을 떠올릴 때, 정신 구조에서 역동적인 한 부분을 이루고 있는 신의 이미지는 그런 말을 한 주체에게로 향하면서 그 사람의 내면에 "신의 전능"이라는 상태를, 말하자면 어릿광대와 광인에게 특유한 그런 특성들을 낳고, 따라서 대재앙을 낳게 되어 있다.

그렇다면, 기독교 세계 전체가 직면하고 있는 중대한 문제는 이것이다. 선과 정의에 대한 허가는 한때 형이상학에 있었는데, 지금 그 허가는 어디서 나오는가? 모든 것을 결정하는 것이 정말로 폭력뿐인가? 최종적인 권위는 오직 어쩌다가 권력에 오른 사람의 의지뿐인가? 독일이 승리를 거두었다면, 사람들은 아마 이 말이 최종적이라고 거의 믿었을 것이다. 그러나 폭력과 오명의 "천년 제국"이 폐허가 될 때까지 겨우 몇 년 만 유지되었기 때문에, 우리는 거기엔 똑같이 막강한 다른 힘들이 작용하고 있다는 것을, 이 힘들이 최종적으로 폭력적이고 부당한 모든 것을 파괴한다는 것을, 따라서 엉터리 원리들에 근거하여 건설하는 것은 그만한 가치가 없다는 것을 배울 수 있다. 그러나 불행하게도 역사가 보여주는 바와 같이 우리가 살고 있는 이 세상에서는 일이 언제나 그런 식으로 합리적으로 돌아가지 않는다.

"신과 같은 전능"은 사람을 신성하게 만들지 못한다. 그것은 단지 사람을 교만으로 채우고, 사람의 내면에 온갖 사악한 것을 불러일으킨다. 그것은 사람을 아주 불쾌한 존재로 만든다. 이런 비인간적인 가면을 쓰는 것 자체가 너무나 심한 고문이기 때문에, 그 사람은 타인들을 고문하게 된다. 그 사람은 안으로 분열을 일으키고, 설명 불가능한 모순들의 먹이가 된다. 여기서 우리는 히스테리를 겪는 사람의 정신 상태를, 다시 말하면 니체가 말하는 "창백한 범죄자"의 정신 상태를 그림 보듯 생생하게 보고 있다. 운명은 모든 독일인이 내면의 카운터파트를 보도록 했다. 파우스트는 메피스토펠레스를 직시하면서 이제 더 이상 "그렇다면 저것이 야만성의 핵심이었구나!"라고 말하지 못한다. 대신에 파우스트는 "그것이 나의 다른 면이고, 나의 또 다른 자아이고, 더 이상 부정할 수 없는, 너무도 분명한 나의 그림자이다."라고 고백해야만 한다.

이것은 독일만의 운명이 아니라 유럽 전체의 운명이다. 우리는 모두 현대인의 뒤에서 어른거리고 있는 그림자를 봐야 한다. 우리가 독일인들 앞에 악마의 탈을 높이 들어보일 필요는 전혀 없다. 사실들이 보다 단순한 언어로 말하고 있으며, 그 언어를 이해하지 못하는 사람은 그냥 어떻게 할 도리가 없다. 자신의 죄와 자신의 악마에 대해 아는 것은 절대로 간단한 문제가 아니며, 자신의 그림자를 보지 않음으로써 얻을 수 있는 것은 아무것도 없다. 자신의 죄를 자각할 때, 우리는 보다 유리한 입장에 선다. 적어도 자신을 변화시키고 향상시킬 수 있다는 희망을 품을 수 있는 것이다. 잘 아는 바와 같이, 무의식에 남아 있는 것은 무엇이든 교정이 불가능하다. 심리적 교정은 오직 의식에서만 가능하다. 그러므로 죄의식이 강력한 도덕적 자극으로 작용할 수 있다. 모든 신경증 치료에서, 그림자를 발견하는 과정은 반드시 필요하다. 그렇지 않으면, 아무것도 변하지 않는다. 이 측면에서 나는 독일 국민 중에서 건전한 상태로 남았던 사람들이 사실들을 바탕으로 결론을 끌어낼 수 있을 것이라고 믿는다. 불행한 일이지만, 죄를 짓지 않고는 정신적 성숙은 절대로 있을 수 없으며, 정신적 지평의 확장도 절대로 이뤄질 수 없다. 마이스터 에크하르트(Meister Eckhart)[45]가 한 말이 바로 그런 뜻이 아닐까? "이런 이유로, 신은 죄들의 공격을 기꺼이 받으려 하고 종종 죄들을 묵과한다. 그러면서 신은 무엇인가 고귀한 운명을 준비한 사람들에게 죄의 대부분을 보낸다. 보라! 우리 주님에게 사도들보다 더 사랑스럽고 친밀한 존재가 있었던가? 사도들 중에서 한 사람의 예외도 없이 모두가 도덕적 죄를 저질렀으며, 그들 모두는 도덕적 죄인이었다."

죄가 중대한 곳에, "은총이 더욱 넘쳐난다". 그런 경험은 내적 변형을 초래하고, 이 변형은 자기 자신과 조화를 이루지 못하는 사람들에게 아무런 쓸모가 없는 정치적, 사회적 개혁보다 무한히 더 중요하다. 이것은 우리 인간이 영원히 잊고 있는 진리이다. 이런 중요한 진리가 영원히 잊히고 있는 이유는 우리의 눈이 주변의 조건에 매료되어, 자

..........
45  독일의 신학자이자 철학자, 신비주의자(1260?-1328?).

신의 가슴과 양심을 점검할 생각은 하지 않고 그 조건에 집중하고 있기 때문이다. 선동가가 바깥 세계에서 잘못된 온갖 것을 목청껏 지적할 때, 그 선동가는 이 같은 인간의 약점을 이용하고 있다. 그러나 이 세상에서 잘못된 유일한 것은 바로 인간이다.

독일인들이 오늘날 외적으로 힘든 시간을 보내고 있다면, 운명은 적어도 그들에게 영혼 쪽으로 시선을 돌릴 특별한 기회를 주고 있다. 이런 식으로, 독일인들은 전체 문명이 저지르고 있는 '태만죄'(怠慢罪)에 대해 보상할 수 있을 것이다.

외적 세계를 위해서 할 수 있는 모든 것은 성취되었다. 과학은 상상을 초월할 정도로 발전했으며, 기술적 성취는 거의 불가사의할 정도의 완벽에 이르렀다. 그러나 인간의 어떤 부분이 이런 모든 축복들을 합리적인 방향으로 관리할 수 있겠는가? 인간은 그저 당연한 것으로 여겨져 왔다. 어느 누구도 인간이 그런 변화에 도덕적으로나 심리적으로 제대로 적응하지 못하고 있는 것이 아닌가 하는 의문을 제기하지 않았다. 인간은 자연의 여느 자식이나 마찬가지로 태평스럽게, 신의 뒤에 숨어 있는 그림자에 대해선 전혀 모르는 상태에서 이런 위험한 장난감들을 막 갖고 놀려고 하고 있다. 그러면서 인간은 이 장난감들을 여전히 유치하고 무의식 상태에 빠져 있는 인류를 해치는 일에 언제든 동원할 태세를 취하고 있다. 그리고 암흑의 힘들 앞에서 느끼는 절망감을, 독일인들의 손아귀에 떨어졌던 독일인보다 더 절실하게 경험한 사람이 있을까?

만약에 집단 죄책감이 이해되고 받아들여질 수만 있다면, 엄청나게 중요한 한 걸음을 내딛는 결과가 될 것이다. 그러나 이것만으로 치료가 되지는 않는다. 신경증 환자가 단순히 이해하는 것만으로 치료되지 않는 것이나 마찬가지이다. 질문이 한 가지 더 제기된다. 어떻게 하면 내가 이 그림자와 더불어 살 수 있을까? 내가 악에도 불구하고 살 수 있으려면 어떤 태도가 필요할까? 이 질문들에 대한 유효한 대답을 발견하기 위해선 완전한 정신적 부활이 필요하다. 그리고 이 부활은 공짜로 주어지지 않는다. 각자가 스스로 그것을 성취하도록 노력해야 한다. 한때 가치를 지녔던 옛날의 공식도 아무런 효과가 없다. 영원한 진리는 기계적으로 전달될 수 있는 것이 아니다. 그 같은 진리는 시대마다 인간의 정신으로부터 다시 태어나야 한다.

5장

# 그림자와의 싸움

지난 10년 동안에 벌어진, 형언하기 어려운 사건들이 어떤 특이한 심리적 장애가 그 원인일 수 있지 않을까 하는 의문을 품게 만든다.[46] 만약 당신이 정신과 의사에게 이런 사건들에 대해 어떻게 생각하느냐고 묻는다면, 거기엔 그 의사의 특별한 관점에서 나오는 대답을 기대한다는 암시가 담겨 있을 것이다. 그렇다 하더라도, 정신과 의사는 한 사람의 과학자로서 모든 것을 두루 다 안다는 식으로 결코 주장하지 못한다. 왜냐하면 그가 자신의 의견을, 어떤 포괄적 설명을 발견해야 하는 엄청나게 복잡한 과제에 약간 기여하는 것으로 여기기 때문이다.

이 대목에서 정신 병리학의 관점을 택한다면, 전문적이고 어려운 이 분야에 대해 전혀 아무것도 모르는 사람들이 포함되어 있을 청중을

..........

46   이 글은 1946년 11월 3일 영국 British Broadcasting Corporation의 어느 프로그램에서 발표한 내용이다.

상대로 그 문제에 대해 언급하는 것은 절대로 쉬운 일이 아니다. 그러나 명심해야 할 한 가지 간단한 원칙이 있다. 집단의 정신 병리학은 어디까지나 개인의 심리에 뿌리를 박고 있다는 점이다. 이런 종류의 정신적 현상은 개인을 통해서 연구가 가능하다. 어떤 현상 또는 증후가 다수의 개인들에게 공통적으로 나타난다는 점을 확실히 밝히는 데에 성공하기만 하면, 그와 비슷한 집단적 현상에 대한 조사를 시작할 수 있다.

당신도 이미 잘 알고 있듯이, 나는 의식의 심리학과 무의식의 심리학을 똑같이 고려하고 있으며, 이 작업은 당연히 꿈들에 대한 조사를 포함한다. 꿈들은 무의식적 정신 활동의 자연스런 산물이다. 우리는 오래 전부터 무의식적 과정과 의식적인 정신의 활동 사이에 어떤 생물학적 관계가 있다는 것을 알고 있었다. 이 관계는 일종의 보상으로 볼 때 설명이 가장 잘 된다. 여기서 말하는 보상은 의식에 나타나는 결점, 예를 들면 과장이나 편향성, 기능의 부족 등이 무의식의 어떤 과정에 의해서 적절히 보완된다는 것을 의미한다.

일찍이 1918년에 나는 독일인 환자들의 무의식에서 그들의 개인적 심리로 돌릴 수 없는 어떤 특이한 장애를 확인할 수 있었다. 그런 비개인적인 현상은 언제나 꿈에, 전 세계에 걸쳐 전설과 동화에서 발견되는 그런 신화적인 모티브로 나타난다. 나는 이런 신화적인 모티브를 원형이라고 불렀다. 말하자면, 원형은 이런 집단적인 현상이 경험되는 전형적인 유형 또는 형태를 뜻한다.

나의 독일인 환자들 모두에서 집단 무의식에 어떤 장애가 확인되었다. 이 장애를 인과적으로 설명할 수 있지만, 그런 설명은 만족스럽지 못할 가능성이 크다. 이유는 원형들이 인과적 관계보다는 그 목표에 의해 더 쉽게 이해되기 때문이다. 내가 관찰한 원형들은 원시성과 폭력, 잔인성을 표현하는 것들이었다. 그런 환자들을 충분히 많이 관찰할 수 있었을 때, 나는 당시에 독일에 팽배했던 정신의 특이한 상태로 관심을 쏟았다. 나는 단지 우울과 초조를 가리키는 신호만을 볼 수 있었지만, 이 같은 확인이 나의 의심을 누그러뜨리지 못했다. 당시에 발표한 한 논문에서, 나는 "금발의 야수"가 불편한 자세로 잠을 자다가 깨어나고 있다는 점을, 그리고 어떤 분출이 불가능하지 않다는 점을 암시했다.

그 이후 여러 해가 흐르면서 분명해졌듯이, 이 조건은 게르만인들만의 현상은 절대로 아니었다. 원시적인 힘들의 공격은 다소 보편적인 현상이었다. 유일한 차이는 독일인의 사고방식 자체에 있었다. 독일인들의 사고방식은 집단 심리에 아주 취약하기 때문에 원시적인 힘들의 맹습에 특별히 더 약한 것으로 드러났다. 게다가, 패배와 사회적 재난이 독일 내에 군집 본능을 증대시켰다. 그 결과, 서구의 여러 나라들 중에서 독일이 무의식에 잠재된 상태에서 온갖 도덕적 장벽을 뚫을 준비가 되어 있던 힘들의 폭발로 야기될 집단 운동의 첫 번째 희생자가 될 가능성은 더욱 컸다. 이 힘들은 내가 언급한 원칙에 따라 보상의 역할을 하게 되어 있었다. 만약에 무의식에서 일어나는 그런 보상의 움직임이 개인의 내면에서 의식으로 통합되지 않는다면, 그것은 신경증으로, 심한 경우에는 정신병으로 이어진다. 이 과정은 집단에도 그대로 적용된다. 분명히 말하지만, 이런 종류의 보상적인 운동이 가능하다는 것은 의식의 태도에 뭔가 잘못된 것이 있음에 틀림없다는 점을 말해주고 있다. 무엇인가가 부적절하거나 과장되고 있는 것이 틀림없다. 왜냐하면 그릇된 어떤 의식만이 무의식에서 반대 운동을 불러일으킬 수 있기 때문이다. 정말로, 당신도 아시다시피 너무나 많은 것들이 잘못되었으며, 그런 것들에 대한 의견도 완전히 갈라져 있다. 어떤 의견이 옳은 의견인지는 오직 그 효과를 통해서만 확인할 수 있다. 말하자면, 우리 시대의 의식이 안고 있는 결점들이 무엇인지는 그것들이 무의식에서 불러일으키는 반응의 종류를 관찰함으로써만 알아낼 수 있다는 뜻이다.

이미 말했듯이, 제1차 세계 대전 이후로 무의식 안에서 상승했던 조수(潮水)는 개인의 꿈에, 원시성과 폭력성과 잔인성을, 한마디로 말해 암흑의 온갖 힘들을 표현하는, 집단적이고 신화적인 상징들의 형태로 반영되었다. 그런 상징들이 많은 개인들에게 나타나는데 이해가 되지 않을 때, 그 상징들은 마치 자력처럼 이 개인들을 서로 뭉치도록 만들기 시작하고, 따라서 집단이 형성된다. 이때 이 집단의 리더가 되는 개인은 이런 사람이다. 저항도 가장 약하고, 책임감도 가장 약하며, 자신의 열등 때문에 권력 의지가 대단히 강한 사람이 리더가 되는 것이다. 이 리더는 폭발할 준비가 되어 있는 모든 것을 풀어놓을 것이며, 그러면 집단은 산사태 같은 거역할 수 없는 힘을 발휘하며 그를 따를 것이다.

나는 독일 혁명을 말하자면 개인이라는 시험관에서 관찰했으며, 나는 그런 사람들이 모여 군중을 이룰 때 수반될 엄청난 위험을 잘 알고 있었다. 그러나 당시에 나는 독일 안에 전반적인 폭발을 불가피하게 할 만큼 그런 사람들이 충분히 많은지에 대해서는 알지 못했다. 그러나 나는 꽤 많은 환자들을 추적할 수 있었으며, 어두운 힘들의 분출이 개인이라는 시험관 안에서 어떤 식으로 분산되는지를 관찰할 수 있었다. 이 힘들이 개인의 도덕적, 지적 자제력을 뚫고 그 사람의 의식의 세계로 넘쳐흐를 때, 나는 그 힘들을 볼 수 있었다. 종종 끔찍한 고통과 파괴가 일어났지만, 개인이 약간의 이성에라도 집착하거나 인간관계의 끈을 간직할 수 있을 때, 의식적인 정신에 일어난 바로 그 카오스 때문에 무의식에 새로운 보상이 일어났으며, 이 보상은 의식 속으로 통합될 수 있었다. 그때 집단적인 성격을 지닌 새로운 상징들이 나타났지만, 이 상징들은 질서의 힘들을 반영하는 것들이었다. 이 상징들에는 단위나 비율, 대칭적 배열 같은 것이 있었으며, 이 특성들은 특이한 수학적 및 기하학적 구조로 표현되었다. 그것들은 일종의 축(軸)이 있는 체계이며 만다라로 알려져 있다. 대단히 전문적인 이런 문제들에 대해 여기서 깊이 들어갈 수 있을지 걱정되지만, 아무리 어렵게 들리더라도 나는 그것들에 대해 간략하게라도 언급해야 한다. 그것들이 한 줄기 희망을 나타내고 있고, 또 우리가 분열과 무질서의 시기에 그런 희망을 절실히 필요로 하고 있기 때문이다.

세계적으로 나타나는 혼동과 무질서는 개인의 정신에 나타나고 있는 비슷한 상태를 반영하고 있지만, 이 같은 방향성의 결여는 무의식에서 질서의 원형들에 의해 보상되고 있다. 여기서 다시 나는 이런 질서의 상징들이 의식으로 통합되지 않는다면 그 상징들이 표현하고 있는 힘들은 위험할 정도로 축적될 것이라는 점을 지적해야 한다. 파괴와 무질서의 힘들이 25년 전에 한 것과 똑같이 말이다.

무의식적 내용물을 통합시키는 것은 깨달음과 이해, 도덕적 평가 등 개인적 행위이다. 그것은 고도의 도덕적 책임을 요구하는 아주 힘든 과제이다. 오직 소수의 개인들만이 그런 성취를 이룰 능력을 갖추고 있는 것으로 기대되며, 그들은 인류의 정치적 지도자가 아니라 도덕적 지도자이다. 문명을 유지하고 추가적 발전을 꾀하는 것은 그런 개인들에 좌우된다. 왜냐하면 집단들의 의식은 제1차 세계 대전 이후로 발전하지 않은 것이 꽤 분명하기 때문이다. 오직 반성할 줄 아는 일부 정신들만이 질적으로 향상될 수 있었으며, 그런 정신들의 도덕적 및 지적 지평은 악이 압도적인 권력을 갖고 있다는 깨달음과 인류는 단지 악의 도구가 되는 수밖에 없다는 깨달음을 통해 꽤 확장되었다.

그러나 평균적인 사람은 여전히 제1차 세계 대전이 끝나던 지점에 머물러 있다. 따라서 절대 다수가 질서의 힘들을 통합시키지 못하는 것이 너무나 분명하다. 정반대로, 이 힘들이 의식을 잠식하고 우리의 의지에 맞서 의식을 기습적으로, 또 폭력적으로 차지할 가능성도 있다. 우리는 그 첫 증후들을 온 곳에서 보고 있다. 전체주의와 국가 노예제가 그 증후들이다. 개인의 가치와 중요성은 급속도로 약화되고 있으며, 개인의 목소리가 들릴 확률은 갈수록 떨어지고 있다.

이 같은 저하의 과정은 시간이 오래 걸리고 고통스러울 것이지만, 나는 그것이 불가피할 것이라는 우려를 떨치지 못한다. 그럼에도 장기적으로 보면 그런 과정이 인간의 통탄할 만한 무의식과 유치함, 개인적 허약이 어떤 미래의 인간으로 대체될 수 있는 유일한 길이라는 사실이 증명될 것이다. 이 미래의 인간은 자신이 운명의 개척자라는 것을, 그리고 국가는 자신의 하인이지 주인이 아니라는 것을 아는 그런 인간이다. 그러나 인간은 자신이 무의식의 상태에 있었던 탓에 인간의 근본적인 권리들을 잃게 되었다는 사실을 깨달을 때에만 이 수준에 이를 수 있다. 독일은 문제가 되고 있는 그 심리적 발달을 대단히 교훈적으로 보여주는 예이다. 독일에서 제1차 세계 대전은 숨어 있던 악의 힘들을 방출시켰다. 그 전쟁 자체가 무의식적인 대중들과 그들의 맹목적인 욕구의 축적에 의해 터진 것이나 마찬가지이다. 소위 "평화 황제"(Friedenskaiser)는 최초의 희생자들 중 하나였으며, 그는 히틀러와 마찬가지로 무법적이고 혼란스런 이런 욕망들을 표현했으며, 따라서 전쟁 속으로, 불가피한 대참사 속으로 들어갔다. 제2차 세계 대전은 이와 똑같은 정신적 과정이 무한히 더 큰 규모로 반복된 것이었다.

내가 말한 바와 같이, 집단 본능들의 갑작스런 분출은 무의식의 보상적인 어떤 움직임을 보여주는 것이었다. 그런 움직임이 일어날 수 있는 것은 사람들의 의식 상태가 인간 존재의 자연적인 법칙들을 이탈했기 때문이다. 산업화 때문에, 인구 중 큰 비중이 뿌리가 뽑힌 상태에서 큰 중심지에서 함께 모여 살게 되었다. 이런 새로운 존재 형태는 대중 심리와, 사회가 시장과 임금의 변동에 좌우되는 현상과 함께 작용하면서 불안정하고 암시에 잘 넘어가는 개인을 낳았다. 그런 개인은 자신의 삶이 산업계의 이사회와 지도자들에게 크게 의존하고 있다는 것을 알고 있었다. 그러면서 개인은 산업 분야의 지도자들이 주로 각자의 금전적 이해관계에 따라 움직인다고 짐작했다. 맞기도 하고 틀리기도 하는 추측이다.

새로운 존재 형태를 영위하는 개인은 자신이 아무리 양심적으로 일을 하더라도 언제든 자신의 통제 밖인 경제적 변화의 희생자로 전락할 수 있다는 사실을 깨달았다. 그에겐 의지할 것이 아무것도 없었다.

더욱이, 독일을 지배하고 있는, 도덕적이고 정치적인 교육 제도는 이미 모든 국민에게 무식한 복종 정신을 심어 주기 위해 최고의 노력을 기울이고 있었다. 이런 교육을 받은 사람들은 모든 것은 위로부터, 그러니까 신탁(神託) 같은 것을 통해 시민들 위에 앉게 된 사람들로부터 와야 한다는 믿음을 갖게 되었다. 이제 법을 지켜야 할 시민들의 개인적 책임감이 엄격한 의무감으로 대체되기에 이르렀다. 따라서 이런 위험한 전염에 시달린 국가가 독일만이 아니었음에도 불구하고 집단 심리의 먹이가 된 나라가 바로 독일이었다는 사실은 전혀 놀랄 일이 아니다. 집단 심리의 영향이 훨씬 더 광범위하게 퍼져 있었던 것이다.

따라서 개인이 허약하다고 느꼈던 감정, 다시 말해 존재하지도 않는다는 감정은 지금까지 알려지지 않았던 권력 욕구의 분출에 의해 보상되었다. 그것은 권력 없는 자들의 반란이었고 "무산자들"의 무한한 탐욕이었다. 무의식은 그런 일탈적인 수단을 통해서 사람이 자기 자신을 의식하도록 강요한다. 그런데 불행하게도, 무의식의 메시지가 의식에 닿을 때 일어나는 반응을 제대로 이해하고 통합시키도록 할 가치들이 개인의 의식적인 정신에 전혀 없었다.

최고의 지적 권위자들은 물질주의 외에는 그 어떤 것도 설교하지 않았다. 교회들은 분명히 이런 새로운 상황을 해결할 수 없었다. 교회들은 항의하는 것 외에 아무것도 할 수 없었으며, 그런 항의는 큰 도움이 되지 않았다. 따라서 산사태 같은 현상이 독일에서 무섭게 퍼지면서 그 지도자를 낳았다. 이 지도자는 한 국가의 파멸을 마무리짓는 도구로 선출되었다.

그러나 그의 원래 의도는 무엇이었는가? 그는 "새로운 질서"를 꿈꾸었다. 여기서 만약에 우리가 이 지도자가 어떤 종류의 국제 질서를 창조할 뜻을 품지 않았다고 짐작한다면, 그 같은 판단은 결정적인 실수가 될 것이다. 정반대로, 그는 자신의 존재 깊은 곳에서 질서의 힘들에 자극을 받고 있었다. 이 질서의 힘들은 욕망과 탐욕이 그의 의식적 정신을 완전히 사로잡았을 때 그의 내면에서 작동하기 시작했다.

히틀러는 "새로운 질서"의 옹호자였으며, 그것이 거의 모든 독일인들이 그에게 넘어간 진짜 이유이다. 독일인들은 질서를 원했지만, 그들은 무질서하고 탐욕에 눈이 먼 사람을 자신의 리더로 선택하는 치명적인 실수를 저질렀다. 독일인들의 개인적 태도는 변하지 않고 그대로 남았다. 그들은 권력을 탐했듯이 질서를 탐했다. 세계의 다른 나라 사람들처럼, 독일인들은 히틀러의 의미가 어디에 있는지를, 그가 모든 개인들의 내면에 있던 무엇인가를 상징했다는 것을 이해하지 못했다. 그는 온갖 인간적인 열등들의 화신이었다. 그는 완전히 무능력하고, 적응하지 못하고, 무책임하고, 사이코패스 같은 인격을 가졌으며, 유치하기 짝이 없고 공허한 공상을 품었지만, 저주스럽게도 쥐의 예리한 직관을 타고났다. 그는 모든 사람의 인격의 열등한 부분인 그림자를 과장되게 표현했으며, 이것이 독일인들이 그에게 넘어간 또 다른 이유였다.

그러나 독일인들은 무엇을 할 수 있었을까? 히틀러에게서, 모든 독일인은 자신의 그림자를, 자신의 최악의 위험을 보았어야 했다. 이 그림자를 자각하고 다룰 수 있게 되는 것은 모든 사람에게 주어진 운명이다. 그러나 세상의 어느 누구도 그런 단순한 진리를 이해하지 못하고 있는데, 독일인들이 어떻게 그런 것을 할 수 있으리라고 기대할 수 있겠는가? 이 진리가 일반적으로 인식될 때까지 세상은 절대로 질서의 상태에 닿지 못한다.

그 동안, 인류는 세상이 절서의 상태를 이룰 수 없는 온갖 종류의 외적 및 부차적인 이유들을 제시하면서 스스로 만족해 왔다. 우리 인간의 조건은 우리가 그것을 받아들이는 방식에 크게 좌우된다는 것을 충분히 잘 알고 있으면서도 말이다. 예를 들어서 프랑스계 스위스 사람들이 독일계 스위스 사람들을 모두 악마로 여긴다면, 스위스에 사는 사람들은 즉시 피비린내 나는 내전을 치르게 될 것이며, 동시에 사람들은 그런 전쟁이 불가피한 경제적 이유들을 틀림없이 발견할 것이다. 그래도 스위스 사람들은 그렇게 하지 않는다. 400년도 더 전에 교훈을 얻었기 때문이다. 스위스 사람들은 외적인 전쟁을 피하는 것이 바람직하다는 결론에 도달했다. 그래서 스위스 사람들은 집으로 돌아가 자신과의 투쟁을 시작했다. 스위스 사람들은 스위스에 "완전한 민주주의"를 건설했다. 거기서 호전적인 본능들은 "정치적 삶"이라 불리는 국내적 언쟁을 통해 발산된다. 스위스 사람들은 법과 헌법의 테두리 안에서 서로 싸우며, 민주주의를 완화된 형태로 전개되는 만성적 내전 상태로 여기는 경향이 있다.

스위스 사람들은 주민들끼리 서로 평화를 이루고 사는 상태와 거리가 멀다. 정반대로, 스위스 사람들은 전쟁을 내면화하는 데 성공했기 때문에 서로 미워하며 싸운다. 스위스 사람들이 겉으로 평화로워 보이는 것은 단지 우리의 내부적인 싸움을, 자칫 우리를 방해하려는 외국 침입자들로부터 보호하기 위한 노력일 뿐이다.

지금까지 스위스 사람들은 성공을 거두고 있지만, 최종적인 목표까지는 아직 가야 할 길이 멀다. 스위스 사람들은 아직 적들을 두고 있으며, 아직 정치적 부조화를 내면화하지 못했다. 우리는 아직도 자신 안에서 평화가 지켜져야 한다는 건전하지 못한 착각에 빠져 힘들어 하고 있다. 그럼에도 모두가 자신의 그림자를 보고 진정으로 가치 있는 유일한 투쟁을 시작하기만 한다면, 완화된 상태의 전쟁 상태도 곧 종말을 고하게 될 것이다. 그 투쟁은 곧 그림자의 위압적인 권력 욕구에 맞서 싸우는 것이다. 스위스 사람들은 자기들끼리 서로 다투기 때문에 견딜 만한 사회적 질서를 이루고 있다. 만약에 모두가 자신의 공격성을 안으로, 그러니까 자신의 정신으로 돌린다면, 우리의 질서는 완벽해질 것이다. 불행하게도, 우리의 종교적 교육이 거짓으로 즉각적인 내면의 평화를 약속하면서 우리가 그렇게 하지 못하도록 막고 있다. 평화는 최종적으로, 승리와 패배가 그 의미를 잃게 될 때에만 올 것이다. 그리스도가 "내가 여기 온 것은 평화를 주기 위해서가 아니라 칼을 주기 위해서다."라고 말했을 때, 그가 의미한 바가 무엇이었는가?

진정한 민주주의를, 그러니까 집단적이든 개인적이든 우리들 사이에 조건적인 어떤 싸움을 확립할 수 있는 한, 우리는 질서의 요소들을 실현시킬 수 있다. 왜냐하면 그런 경우에 질서 있는 상황에서 사는 것이 절대적으로 필요하게 되기 때문이다. 민주주의 사회에서 사람들은 외부 간섭이 야기하는 복잡한 상태를 그냥 견뎌내지 못한다. 당신이 내부에서 공격을 받고 있는 상황에서 어떻게 내전을 적절히 치를 수 있겠는가?

한편, 당신이 당신 자신과 심각한 불화를 겪고 있는 상황이라면, 당신은 동료 인간 존재들을 당신의 명분에 동조하는 사람으로 환영하게 되며, 이 때문에 당신은 우호적이고 친절한 존재가 될 가능성이 크다. 그러나 당신은 당신에게 도움이 되고 당신을 곤경으로부터 구해줄 수 있는 사람을 정중하게 피한다.

우리 심리학자들은 오랫동안 힘들게 얻은 경험을 통해서 당신이 어떤 사람의 콤플렉스를 제거해 줄 경우에 실은 그 사람에게서 최고의 자원을 빼앗는 결과를 낳는다는 사실을 배웠다. 당신은 그 사람이 자신의 콤플렉스들을 충분히 자각하도록 하면서 내면에서 의식적인 갈등을 시작하도록 도울 수 있을 뿐이다. 이런 식으로 할 경우에, 콤플렉스가 삶의 초점이 된다. 당신의 심리적 목록에서 사라지는 것은 예외 없이 적대적인 이웃으로 위장해서 나타날 가능성이 크다. 그러면 이 이웃은 당연히 당신의 분노를 불러일으키고 당신을 공격적인 존재로 만들 것이다. 당신의 최악의 적은 바로 당신 자신의 가슴에 있다는 사실을 아는 것이 정말 중요하다.

인간의 호전적인 본능은 근절할 수 없으며, 따라서 완벽한 평화의 상태는 상상할 수 없다. 더욱이, 평화는 전쟁을 잉태하기 때문에 불가사의하다. 진정한 민주주의는 대단히 심리학적인 제도이다. 그것이 인간 본성을 있는 그대로 고려해야 하고, 또 자국의 경계 안에서 갈등의 필요성을 인정해야 하기 때문이다.

만약에 독일인들의 지금 정신 상태와 나의 논거를 비교한다면, 지금 세계가 직면하고 있는 엄청난 과제를 제대로 평가할 수 있게 될 것이다. 그런 심리학적 진리들이 아무리 단순할지라도, 사기가 떨어진 독일인들이 그 진리의 중요성을 깨달을 것이라고 기대하기는 어렵다. 그러나 위대한 서구의 민주주의들이 그 진리의 중요성을 깨달을 확률은 독일인들보다 훨씬 더 높다.

서구 민주주의들이 내적으로 뚜렷이 의견 충돌을 일으키고 있는 경향이야말로 그들을 보다 희망찬 길로 이끌 수 있는 요소이다. 그러나 나는 이 희망의 불이 그와 정반대의 과정을 믿는, 말하자면 개인의 파괴와 국가의 강화를 믿는 권력들에 의해 꺼지는 것은 아닌지 걱정된다. 심리학자는 정신과 삶의 유일한 운반자로 개인을 확고히 믿는다. 사회와 국가는 그 특성을 개인의 정신 상태에서 끌어낸다. 왜냐하면 사회와 국가가 개인들로 구성되어 있고 개인들이 조직되는 방식에 크게 좌우되기 때문이다.

이 같은 사실은 아주 명백하다. 그럼에도 불구하고 그런 사상은 사람들이 "국가"라는 단어를 마치 무한한 힘과 임기응변의 재능을 부여받은 일종의 슈퍼(超) 개인을 가리키는 것처럼 사용하지 못하도록 막을 만큼 아직 집단 의견 속으로 충분히 깊이 파고들지 못했다. 오늘날 국가는 개인에게서 절대로 기대할 수 없는 것을 성취하는 것으로 여겨지고 있다.

집단 심리로 이어지는 그 위험한 내리막길은, 외양만 그럴 듯한 이런 사고가 강력한 조직을 통해 대규모로 행해지는 것으로 시작한다. 강력한 조직의 관점에서 보면 개인은 하나의 0으로 전락한다. 어느 정도의 인간적인 규모를 초과하는 모든 것은 인간의 무의식에서 비인간적인 힘을 똑같이 불러일으킨다. 전체주의 악마들이 불려오는 것이다. 진정으로 성취되는 모든 것은 개인의 도덕적 본성 안에서 앞으로 나아가는 무한히 작은 걸음이라는 깨달음이 일어나야 하는데, 정반대의 현상이 나타나게 되는 것이다.

우리의 무기의 파괴력은 상상을 초월할 정도로 증대되었으며, 이 같은 사실이 인류에게 심리학적인 질문을 한 가지 던지고 있다. 이 무기의 사용 여부를 결정하는 인간들의 정신적, 도덕적 상태는 그 일로 일어날 수 있는 결과의 심각함에 비해 과연 적절한가?

6장

# 발견되지 않은 자기
# (현재와 미래)

## 1. 현대 사회에서 개인이 처한 곤경[47]

앞으로 어떤 일이 벌어질까? 이 물음은 아득한 옛날부터 인간들의 마음을 사로잡아왔다. 언제나 똑같은 정도의 관심을 기울였던 것은 아니지만, 어쨌든 인간은 이 물음에서 자유로울 수 없었다.

역사적으로 볼 때, 인간이 미래를 걱정과 희망이 교차하는 시선으로 바라보던 때는 주로 육체적, 정치적, 경제적 또는 정신적 고민에 처해 있을 때였다. 그럴 때면 어김없이 예언과 유토피아, 묵시록적인 상상이 난무했다

예를 들어 보자. 서력(西曆)이 시작할 때쯤인 아우구스투스(B.C. 63~A.D. 14) 시대에는 천년 왕국에 대한 기대가 있었다. 또 첫 번째 천

.........
47   이 장의 글들은 1956년에 'Schweizer Monatshefte'의 부록으로 'Gegenwart und Zukunft'라는 제목으로 처음 쓰였다. 이듬해에 단행본으로 묶어졌다.

년이 끝날 때쯤에도 마찬가지로 서양의 정신세계에 여러 변화들이 있었다. 두 번째 천년의 종말이 다가오고 있는 지금, 우리는 또 다시 인류의 파멸을 점치는 묵시록적인 예언이 난무하는 시대를 살고 있다. 인류를 두 쪽으로 나누고 있는, "철의 장막"으로 상징되는 그 균열이 의미하는 바는 과연 무엇인가? 만일 수소 폭탄이 하나둘 폭발하기 시작하거나 국가 절대주의의 정신적, 도덕적 암흑이 유럽 전역으로 퍼진다면, 우리의 문명과 인간은 어떻게 될 것인가?

이 위협을 가벼이 받아들여야 할 이유는 전혀 없다. 서유럽 어디를 가든 체제를 전복하려는 소수의 세력들이 존재하고 있다. 이 세력들은 서유럽의 인도주의와 정의(正義)의 정신 덕분에 보호를 받으면서 언제든 인화성 강한 횃불을 치켜들 준비를 갖추고 있다. 그런데 이들이 사상을 전파하지 못하도록 막을 수 있는 유일한 도구는 현재 전체 인구 중에서 상당히 지적이고 심리적으로 동요하지 않는 계층의 비판적인 이성뿐이다. 그러나 이 계층의 크기를 지나치게 과대평가하지 말아야 한다.

이 계층의 규모는 국민성에 따라 나라마다 다 다르다. 또한 이 계층은 공교육에 따라 지역마다 다르며, 정치적, 경제적 성격을 띤 극히 불온한 요소의 영향을 쉽게 받는다. 어떤 사람은 국민 투표를 기준으로 제시하면서 이 계층의 비중을 유권자의 40%까지 잡고 있다. 이는 지나치게 낙관적인 추산이다. 그 비중을 이보다 낮게 보는 것이 타당하다. 그럴 만한 이유가 있다. 이성과 비판적 반성이라는 재능이 인간의 탁월한 특성이 아닐 뿐더러, 설령 그런 재능이 있다 하더라도 그것이 일관되지 못하고 동요하는 모습을 보이기 때문이다. 대체로 보면, 정치적인 집단의 규모가 크면 클수록, 이성과 비판적 반성이라는 재능은 더 심하게 동요한다. 대중은 개인이라면 가능했을 수 있는 통찰과 반성을 짓밟아버린다. 만약에 허약한 입헌 국가에서 이런 현상이 나타난다면, 이는 반드시 교조적이고 독재적인 학정으로 이어진다.

이성적인 토론이 성공적으로 이뤄지기 위해선 조건이 있다. 주어진 상황의 감정적인 측면이 위험한 수준을 넘어서지 않아야만 한다. 어떤 상황의 감정적인 측면이 위험한 수준 이상으로 올라가면, 이성이 영향력을 발휘할 가능성은 사라지고 슬로건과 터무니없는 공상이 이성의 자리를 대신하게 된다. 다시 말해, 일종의 "집단적인 사로잡힘"이 나타나며, 이것은 급속도로 하나의 정신적 질환으로 발전해간다. 이런 상황에 처하면, 이성의 지배 아래에서 반사회적인 것으로 여겨진 모든 요소들이 정면으로 부상하게 된다. 그런 요소들을 갖춘 개인은 교도소나 정신병동에서 만날 수 있는 희귀한 존재가 결코 아니다. 왜냐하면 광기가 명백히 드러나는 사람이 한 명 있다면, 나의 추산으로는, 공개적으로 드러날 정도가 아니라서 겉보기에는 지극히 정상임에도 그 관점과 행동이 병적이고 사악한 요소의 영향을 무의식적으로 받는 잠재적 광인이 적어도 10명은 되기 때문이다.

물론 잠재적 정신이상자들에 관한 의학적 통계는 전혀 없다. 거기에는 그럴만한 이유가 있을 것이다. 그러나 잠재적 정신이상자들의 숫자가 공개적으로 명백히 드러난 정신이상자들과 범죄자들의 숫자의 10배에 미치지 않는다 하더라도, 전체 인구 중에서 그들이 차지하는 비중이 상대적으로 낮다는 이유로 잠재적 정신이상자들을 가볍게 보아 넘겨서는 안 된다. 그런 사람들이 지닌 특이한 위험성 때문이다. 그들의 심리 상태는 감정에 치우친 판단과 터무니없는 공상에 의해 집단적으로 흥분되어 있는 사람들의 심리 상태와 비슷하다. 그 사람들은 "집단적인 사로잡힘"의 상태에 나름대로 적응한 사람들이며, 따라서 그 상태에서 상당히 편안한 기분을 느낀다. 그들은 자신의 경험을 통해서 이런 조건들의 언어를 잘 알고 있으며, 또 그 조건들을 다루는 방법도 잘 알고 있다. 광적 분노의 뒷받침을 받고 있는 그들의 터무니없는 사상들은 집단 비이성에 호소하고, 거기서 뿌리를 내릴 비옥한 토양을 발견한다. 그 이유는 그 사상들이 보다 정상적인 사람들의 내면에 이성과 통찰력이라는 가리개 밑에 가려져 있는 동기와 분노를 모두 표현하고 있기 때문이다. 그러므로 그들은 전체 인구와 비교할 때 수적으로 열세임에도 불구하고 전염원으로서 아주 위험한 존재들이다. 그들이 전염원이 될 수 있는 이유는 소위 정상이라고 하는 사람도 오직 제한적인 수준의 자기 인식[48]만을 갖고 있기 때문이다.

대부분의 사람들은 자기 인식과 자신의 의식적인 에고[49]의 성격에 관한 지식을 혼동하고 있다. 자아의식을 가진 사람은 누구나 당연히 자기 자신에 대해 잘 알고 있다고 생각한다. 그러나 에고는 오직 의식 안의 내용물만을 알고 있을 뿐이다. 무의식과 그 무의식에 담긴 내용물에 대해서는 알지 못한다. 사람들은 같은 사회적 환경 안에서 사는 평균적인 사람이 자기 자신에 대해 알고 있는 것을 기준으로 자신의 자기 인식을 측정한다. 대부분의 사람들이 자신의 눈에 쉽게 보이지

..........

48  사람이 스스로에게 '나는 어떤 존재인가?'라는 물음을 던지고 그에 대한 답을 구하는 과정에 알게 되는 정보를 말한다.

49  '나'를 의미하는 라틴어로, 영어에서는 '자아' '자기 자신' 등의 의미로 쓰인다. 프로이트는 에고를 자기 자신에 대한 의식적 경험으로 보았고, 융은 하나의 콤플렉스로 보았다.

않는 곳에 숨어 있는 정신적 사실들까지 알려고 들지는 않는 것이다.

이런 점에서 보면, 정신도 육체처럼 작동한다고 볼 수 있다. 평균적인 사람은 육체의 생리학적 및 해부학적 구조에 대해서도 아주 조금밖에 알지 못한다. 정신은 육체 안에서, 육체와 더불어 살고 있다. 그럼에도 불구하고 정신의 대부분은 평범한 사람들에게는 전혀 알려지지 않은 채로 남아 있다. 의식이 육체에 관해 알려진 내용을 익히는 데도 특별한 과학적 지식이 필요하다. 의식이 이미 알려진 것을 익히는데도 이렇거늘, 하물며 알려지지 않은 것들을 익히려면 얼마나 더 많은 지식이 필요하겠는가. 그럼에도 분명한 것은 알려지지 않은 것들 역시 존재한다는 사실이다.

그러므로 흔히들 "자기 인식"이라 불리는 것은 인간의 정신세계에서 벌어지는 일들 중에서 극히 일부에 관한 제한적인 지식일 수밖에 없으며, 또 그 지식의 대부분은 사회적 요인들에 좌우된다. 그러기에 사람은 "우리"나 "우리 가족" 또는 우리의 친구와 지인들에게는 어떠한 일은 일어날 수 없다는 식의 편견에 언제나 직면하고 있다. 그런 한편으로는 특정한 어떤 자질을 갖고 있다고 주장하는, 똑같이 근거 없는 가설들을 접하게 되는데, 이 가설들은 단지 그 사례의 진짜 사실들을 가릴 뿐이다.

의식의 비판과 통제에서 벗어나 있는 이 광범위한 무의식의 영역 안에서, 우리는 온갖 영향과 심리적 전염에 노출된 채 무방비 상태로 서 있다. 위험에 직면하는 어느 경우나 마찬가지로, 우리는 심리적 전염에 맞설 때에도 우리를 공격하고 있는 것이 무엇인지를 잘 알고 또 그 공격이 언제 어디서 어떤 식으로 일어날 것인지를 알 때에만 스스로를 지킬 수 있다. 자기 인식은 사람이 자기 자신에 대해 알고 있는 개인적인 사실들을 말한다. 그렇기 때문에 자기 인식에 있어서는 이론은 거의 아무런 도움을 주지 못한다. 왜냐하면 어떤 이론이 보편적으로 유효하다고 목소리를 높일수록 그 이론이 개인적인 사실들을 공정하게 다룰 수 있는 능력은 그만큼 더 떨어질 것이기 때문이다.

경험에 근거한 이론이면 어떤 것이든 반드시 통계적이다. 다시 말하면, 이상적인 평균'을 설명하는 이론이라는 뜻이다. 그런데 이 '이상적인 평균'은 그 척도의 양쪽 끝에 있는 모든 예외들을 배제하고 그것들을 추상적인 평균으로 대체해 버린다. 그런데 문제는 이 추상적인 평균이 상당히 유효한 것으로 여겨지고 있다는 점이다. 현실 속에 그 평균이 반드시 있는 것도 아닌데도 말이다.

이런 사실에도 불구하고, 추상적인 평균은 이론에서 공격 불가능한 근본적인 사실로 통한다. 반면에 척도의 양쪽 끝에 있는 예외들은 엄연한 사실임에도 불구하고 최종 결과에는 전혀 나타나지 않는다. 이쪽의 예외들이 저쪽의 예외들을, 저쪽의 예외들이 이쪽의 예외들을 상쇄해버리기 때문이다.

예를 들어보자. 만약에 내가 자갈밭의 돌들을 하나씩 주워 일일이 무게를 달고 그 평균이 145g이라는 것을 알았다면, 이 수치는 그 자갈들의 본질에 대해서 나에게 거의 아무것도 말해주지 못한다. 이 발견을 근거로 누군가가 첫 번째 시도에서 145g짜리 자갈을 집을 수 있을 것이라고 생각한다면, 그 사람은 크게 실망할 것이다. 정말이지, 그 사람이 아무리 오랜 시간을 찾아 헤맨다 해도 정확히 145g 나가는 자갈을 발견하지 못할 가능성도 있다.

통계적 방법은 이상적인 평균이라는 측면에선 사실들을 보여주지만, 경험적 현실에 대해서는 우리에게 아무런 그림도 제시하지 못한다. 통계적 방법은 현실의 논박 불가능한 어떤 측면을 반영하는 한편으로, 실제적인 진실을 대단히 오도하는 방향으로 왜곡할 수 있다. 통계에 바탕을 둔 이론의 경우에 특히 더 그러하다.

그러나 진정한 사실들이 특별한 점은 그 사실들의 개별적 특성에 있다. 더 노골적으로 말한다면, 현실의 진정한 그림은 규칙의 예외들로만 이뤄져 있으며, 그 결과 절대적인 현실은 불규칙의 성격을 압도적으로 보인다고 말할 수 있다.

자기 인식의 길잡이 역할을 할 이론에 대해 논할 때면 언제나 앞에서 말한 사항을 깊이 새겨야 한다. 이론적 가설에 근거한 자기 인식은 절대로 없으며 또 있을 수도 없다. 이유는 자기 인식의 대상이 한 사람의 개인이기 때문이다. 말하자면 하나의 상대적인 예외이자 비규칙적인 현상인 한 사람의 개인이 자기 인식의 대상이라는 뜻이다. 그러므로 그 개인의 특성을 말해주는 것은 보편적이고 규칙적인 것이 아니라 독특한 것이다. 그 개인을 다른 사람과 똑같은 하나의 단위로 이해해서는 안 되고 유일하고 특별한 존재로 이해해야 한다. 최종적인 분석에서도 끝내 전모가 밝혀지지 않고 또 다른 어떤 것과도 비교될 수 없는 그런 존재로 말이다.

그와 동시에 사람은 종(種)의 한 구성원으로서 하나의 통계적인 단위로도 묘사될 수 있으며 또 묘사되어야만 한다. 그렇지 않으면 인간에 대해 일반적인 특성을 말하는 것이 불가능해질 것이다. 이 목적을 위해서는 인간이 상대적인 단위로 여겨져야 한다. 이것이 보편적으로 유효한 인류학이나 심리학을 낳는다.

경우에 따라 인류학과 심리학에서 인간이 하나의 평균적인 단위로 추상적으로 그려지는데, 이 평균적인 단위는 모든 개인적 특성들을 배제하고 있다. 그러나 인간을 이해하는 데 있어서 가장 중요한 것은 바로 이런 식으로 배제된 특성들이다. 만약에 어느 개인을 이해하길 원한다면, 나는 완전히 새롭고 편견이 없는 태도를 취하기 위해 평균적인 인간에 대한 모든 과학적인 지식들을 옆으로 제쳐둠과 동시에 이론까지 모두 버려야 한다. 이렇게 한 다음에야 자유롭고 열린 마음으로 개인적인 인간 존재를 이해하려는 노력을 시작할 수 있을 것이다. 그런 반면에 인간에 대한 지식이나 인간 성격에 대한 통찰은 인간에 관한 온갖 종류의 일반적인 지식들을 전제로 한다.

한 사람의 인간 동료를 이해하는 문제든 아니면 자기 인식에 관한 문제든, 나는 두 경우 모두에서 이론적인 가설들을 버려야 한다. 과학적 지식은 보편적으로 존경을 받고 있을 뿐만 아니라 현대인의 눈에는 유일하게 지적 권위와 정신적 권위를 가진 것으로 비친다. 개인을 이해하는 작업은 나로 하여금 어쩔 수 없이 그런 과학적 지식을 못 본체 하도록 만든다. 하지만 그것이 결코 쉬운 일은 아니다. 왜냐하면 과학적 태도가 그 책임을 쉽게 버리려 하지 않기 때문이다.

어떤 심리치료사가 자신의 환자를 과학적으로 분석하길 원할 뿐만 아니라 하나의 인간 존재로도 이해하길 원한다고 가정해보자. 그럴 경우에 심리치료사는 지식과 이해라는, 서로 상반되고 서로 배타적인 두 가지 태도 사이에서 의무의 충돌로 고민하게 될 것이다. 이 충돌은 이것 아니면 저것이라는 방식으로는 해결되지 않고 오직 일종의 쌍방향적 사고에 의해서만 해결될 수 있다. 말하자면, 한 쪽을 하면서도 다른 쪽을 도외시하지 않는 태도가 중요하다는 뜻이다.

원칙적으로 '지식'의 긍정적인 강점들이 '이해'에 특별히 불리하게 작용한다는 사실에 비춰본다면, 그런 식의 해결에서 나오는 판단이 역설적일 가능성이 있다. 과학적으로 판단할 경우에, 개인은 무한히 복제되는 하나의 단위에 지나지 않으며 알파벳의 글자 하나로 불려도 무방하다. 그런 한편 이해에 대해 말할 것 같으면, 과학자가 매우 소중히 여기는 그 모든 비슷함과 규칙성을 배제하게 되는데, 이때 가장 중요하고 진정으로 유일한 연구 대상은 바로 독특하기 마련인 개인적인 인간 존재가 된다.

심리치료사는 무엇보다 다음과 같은 모순을 잘 알고 있어야 한다. 그 자신이 과학적 훈련을 통해 얻는 통계적 진리로 무장해야 하는 한편으로, 특히 심리적 고통을 당하고 있는 환자를 다루는 경우엔 '개인적 이해'를 필요로 하는 한 개인으로도 다룰 줄 알아야 하는 것이다. 도식적인 치료법일수록, 환자의 내면에서 더 큰 저항을 불러일으키고 또 치료를 힘들게 할 수 있다. 그렇다면 심리치료사는 싫든 좋든 환자의 개성을 그 그림에서 배제해서는 안 되는 근본적인 사실로 여기며 그에 따라 치료 방법을 조정해야 한다. 오늘날엔 의사의 임무는 추상적인 질병을 치료하는 것이 아니라 아픈 사람을 치료하는 것이라는 인식이 의료계 전반에 널리 퍼지고 있다.

지금까지 설명한 의료계의 예는 교육과 훈련 분야에 전반적으로 퍼져 있는 문제를 구체적으로 보여주는 한 예에 지나지 않는다. 과학적인 교육은 주로 통계적 진실과 추상적 지식에 기반을 두고 있으며, 그런 까닭에 피교육자들에게 이 세상을 비현실적으로 그린 '합리적인' 그림을 제시하고 있다. 이 그림 안에서 개인은 하나의 주변적인 현상에 지나지 않는 존재로 여겨지며 그 어떤 역할도 맡지 못한다. 그러나 하나의 비합리적인 자료로서의 개인은 진짜 현실을 살고 있는 진짜 존재이며, 과학적인 글이 논하는 비현실적인 이상이나 정상적인 인간과는 반대인 '구체적인' 인간이다. 게다가 대부분의 자연과학은 연구 결과를 마치 그것이 인간의 간섭이 없는 가운데서 존재하는 것처럼 표현하려고 노력하고 있다. 자연과학이 그런 식의 태도를 보이다 보니, 연구의 필요불가결한 요소인 정신의 작용도 눈에 두드러지지 않게 되었다. 예외가 있다면 현대 물리학이다. 현대 물리학은 관찰자가 관찰의 결과에 영향을 미친다는 점을 인정하고 있다. 그렇다면 이 점에 있어서도 과학은 인간의 진짜 심리가 배제된 세상의 그림을, 그러니까 인간의 속성과 정반대인 그림을 전달하고 있다.

이런 과학적 가설들의 영향 아래에서, 심리뿐만 아니라 개별적인 인간과 모든 개별적인 사건들이 평균으로 다듬어지고 있으며 또한 현실의 그림이 관념상의 평균으로 왜곡되고 있다. 우리는 통계적으로 세상을 그리는 관행이 심리에 미치는 효과를 절대로 과소평가해서는 안된다. 통계적으로 세상을 그리는 관행은 개인을 익명의 단위로 바꿔놓고 있으며, 이 익명의 단위들이 모여 대중이 된다. 과학은 우리들에게 구체적인 개인 대신에 조직의 이름들을 제시하며, 그 정점에서 국가라는 추상적인 개념을 정치적 현실의 원칙으로 제시하고 있다. 그렇게 되면 개인의 도덕적 책임이 불가피하게 국가의 정책으로 대체된다. 개인의 도덕적·정신적 차이를 인정하기보다는 공공복지와 생활 수준의 향상을 앞세우려는 분위기가 지배하게 된다. 유일하게 '진짜' 삶인 개인적 삶의 목표와 의미는 이제 더 이상 개인의 발전에 있지 않고 국가의 정책에 있게 된다. 이 국가 정책은 외부에서 개인들에게 강요되며, 그 목표는 종국적으로 모든 삶이 추구할 어떤 추상적인 관념을 현실로 구체화하는 데 있다. 개인은 자신의 삶을 어떻게 살 것인지에 대한 도덕적 결정권을 점점 더 많이 박탈당하고, 그 대신에 하나의 사회적 단위로 통치를 받고 의식주를 제공 받고 교육을 받으며 또 대중에게 쾌락과 만족을 안겨주는 기준에 따라 즐거워하게 된다.

통치자들도 피통치자들과 마찬가지로 그들 나름으로 사회적 단위가 되고 있으며, 그들은 국가의 원칙의 전문적인 대변자라는 점에서만 다른 사람들과 구분될 뿐이다. 통치자들이 굳이 판단 능력을 갖춘 인물이어야 할 필요는 없다. 철저한 전문가면 족하다. 통치 활동 이외에서는 전혀 쓸모가 없어도 괜찮다. 이때는 국가 정책이 사람들에게 가르치고 연구해야 할 것들을 결정한다.

얼핏 전능해 보이는 국가 원칙은 모든 권력이 집중되는 정부의 최고 위직을 차지한 사람들에 의해 국가 정책이라는 이름으로 조작된다. 선거를 통하거나 다른 방식에 의해서 이런 지위에 오른 사람은 더 이상 권위에 복종하지 않는다. 이유는 그 사람이 곧 국가 정책이고 주어진 상황의 한계 안에서 자신의 재량대로 모든 것을 처리할 수 있기 때문이다. 루이(Louis) 14세를 보라. "내가 곧 국가다."라고까지 말하지 않았는가.

그러나 루이 14세 같은 사람은 자신이 꾸민 허구의 노예일 가능성이 크다. 그 같은 일방성은 언제나 무의식적 전복(顚覆) 성향을 부르게 되어 있다. 예속과 반란은 서로 떼어놓을 수 없는 관계에 있다. 그렇기 때문에 유기적 조직체의 맨 위에서 맨 아래까지 권력을 노린 경쟁과 과도한 불신이 팽배하게 된다. 게다가, 대중은 뚜렷한 형태를 갖추지 못하고 혼란스럽게 움직이는 단점을 보완하기 위해 언제나 한 사람의 '리더'를 탄생시킨다. 이 '리더'는 거의 틀림없이 과도한 자아의식의 희생자가 된다. 역사를 돌아보면 무수히 많은 예들이 이 점을 잘 보여주고 있다.

개인이 다른 사람들과 무리를 지으며 진부한 존재로 타락하는 순간에, 그런 식의 전개가 논리적으로 불가피해진다. 개인이라는 존재를 지워버리는 거대한 대중의 집합은 별도의 문제로 차치하더라도, 심리적으로 대중을 지향하게 만드는 중요한 요소 하나가 바로 과학적 합리주의이다. 이 과학적 합리주의가 개인들로부터 각자의 토대와 존엄을 앗아버린다. 하나의 사회적 단위로서 개인은 자신의 개성을 상실하고 통계국의 추상적인 숫자로 전락하고 만다. 개인은 중요성이 거의 없는, 상호 교체 가능한 하나의 단위로서의 역할만을 수행할 뿐이다. 밖에서부터 이성적으로 바라보면, 한 개인이 처한 현실의 모습이 꼭 그렇다. 이 점에서 보면 개인의 가치나 의미에 대해 계속 논한다는 것 자체가 아주 우습게 보인다. 정말이지, 사람들은 지금까지 개인의 인간적인 삶에 엄청난 존엄을 부여했던 이유를 좀처럼 상상하지 못한다.

이 관점에서 보면, 개인의 중요성은 갈수록 떨어지고 있다. 이에 반박하고자 하는 사람은 누구나 곧 자신이 당혹스러운 상황에 처했다는 사실을 깨달을 것이다. 개인이 자신이나 가족의 구성원 또는 존경할 만한 친구들에 대해 중요한 존재라는 감정을 품고 있다는 사실은 그 사람 본인의 감정의 주관성을 보여주는 것에 지나지 않는다. 수백만 명은 말할 것도 없고 만 명이나 십만 명과 비교할 때, 그런 극소수의 사람들이 무슨 소용이 있겠는가? 이는 언젠가 나와 함께 엄청난 규모의 군중 속에 갇혔던 사려 깊은 어느 친구가 한 말을 떠올리게 만든다. 그 친구는 군중 속에서 별안간 이런 말을 했다. "불멸을 믿지 말아야 할 가장 확실한 이유가 여기 있군! 이 사람들 모두가 불멸을 원하고 있으니 말일세!"

군중의 규모가 크면 클수록, 개인은 더욱 하찮은 존재로 전락하게 된다. 만약에 개인이 무력감과 무능감에 압도당한 나머지 자신의 삶이 의미를 잃었다는 느낌을 받는다면, 그 사람은 이미 국가에 예속되는 과정에 있으며 자신이 알지 못하거나 원하지 않은 가운데 국가를 신봉하는 사람이 되고 있는 중이다. 이런 사람의 경우에 삶의 의미가 여하튼 공공복지나 보다 높은 생활 수준과 동일하지 않다.

오로지 바깥만 보면서 엄청나게 많은 수의 사람들 앞에서 겁을 먹는 사람은 자신의 감각과 이성의 증거를 물리칠 내면적인 수단을 전혀 갖고 있지 않다. 그런데 오늘날 벌어지고 있는 상황이 꼭 그렇다. 우리 모두는 통계적 진리와 큰 숫자에 매료되고 압도당하고 있으며 매일 개인적 특성의 무가치와 하찮음에 대한 이야기를 듣고 있다. 개인의 특성이 무가치하고 하찮은 것으로 여겨지는 이유는 그 어떤 대중 조직도 개인의 특성을 대표하거나 구체화하지 않기 때문이다. 거꾸로, 세계적 무대에서 거들먹거리며 목소리를 높이는 인물들은 무비판적인 대중에겐 대중 운동의 과정에 두각을 나타냈거나 여론의 물결을 타고 부상한 인물처럼 보이며, 바로 그런 이유로 박수갈채를 받거나 저주의 대상이 되기도 한다. 여기선 집단 암시가 아주 특별한 역할을 한다. 그런 까닭에 집단의 메시지가 거기 합류한 사람들이 개인적으로 책임을 져야 하는 메시지인가, 아니면 집단은 단지 집단적인 의견을 전파하는 확성기의 역할만을 해야 하는가 하는 논쟁적인 문제가 제기 되기도 한다.

이런 환경에서 개인적인 판단이 점점 더 확신을 잃는 것은 당연하다. 그리고 책임이 최대한 집단화되고 있다는 사실도, 그러니까 책임이 개인의 영역에서 빠져나와 집단으로 넘어가고 있다는 사실도 전혀 놀라운 일이 아니다. 이런 식으로 개인은 더욱더 사회의 한 부품으로 바뀌어가고 있으며, 이 부품화가 각 개인으로부터 삶의 진정한 주인으로서의 역할을 빼앗고 있다.

반면, 실제로 보면 사회는 국가 같은 추상적인 개념에 지나지 않는다. 그런데 사회와 국가가 똑같이 실체화되고 있다. 말하자면, 자율성을 가진 주체가 되고 있다는 뜻이다. 특히 국가는 반(半)생명체 같은 성격을 띠게 되었으며, 사람들은 그 생명체에게 모든 것을 기대하기에 이르렀다. 사실 국가는 그것을 조작하는 방법을 아는 개인들을 위한 하나의 위장일 뿐이다. 그리하여 입헌 국가는 원시적인 형태의 사회로, 즉 모든 사람들이 추장 또는 소수의 독재자의 독재 통치에 복종해야 하는 원시 부족의 공산주의로 전락하고 있다.

## 2. 집단 지향성에 대한 평형추로서의 종교

주권 국가라는 허구를, 바꿔 말하면 주권 국가를 조종하는 사람들의 변덕을 모든 건전한 제약으로부터 자유롭게 풀어놓기 위해서, 이 방향으로 나아가는 모든 사회적, 정치적 운동은 한결같이 종교의 기반을 깎으려고 애를 쓴다. 그 이유는 개인을 국가의 한 부품으로 바꿔놓기 위해서는 개인이 국가 외의 다른 어떠한 것에도 의존하지 못하도록 만들어야 하기 때문이다. 종교는 경험의 비이성적인 사실들에 대한 의존과 복종을 의미한다. 여기서 말하는 경험의 비이성적인 사실들은 사회적, 육체적 조건들과 직접적으로 연결되지 않으며, 그것들은 개인의 심리적 태도와 관계가 훨씬 더 깊다.

그러나 삶의 외적 조건에 대해 어떤 태도를 가질 수 있는 때는 오직 그 조건의 밖에 어떤 준거점(準據點)이 있을 때뿐이다. 종교가 그런 준거점을 제공하거나 제공할 수 있다고 주장한다. 그렇게 함으로써, 종교는 개인이 판단력과 결정권을 행사할 수 있도록 돕는다.

종교는 모든 개인이 직면하게 되는 명백하고 불가피한 환경의 힘들에 맞서 싸우도록 돕는, 말하자면 일종의 지원군이 되어 준다. 외적인 세계에서만 사는 개인은 자신의 발밑에 있는 땅 외에는 다른 바탕을 아무것도 두고 있지 않다. 만약에 통계적인 현실이 유일한 현실이라면, 그때엔 통계적인 현실이 유일한 권위가 된다. 그렇다면 세상에는 단 한 가지 조건밖에 없다. 그런 경우에 그에 반하는 어떠한 조건도 존재하지 않기 때문에, 판단과 결정은 필요하지도 않을 뿐만 아니라 가능하지도 않다. 그러면 개인은 통계의 한 부분이 되고, 더 나아가 국가의 한 부분, 아니 다른 어떤 이름으로 불리든 상관없이 추상적인 어떤 질서의 원리의 한 부분이 된다.

그러나 종교는 "세상"의 권위와 정반대인 다른 권위를 가르친다. 신에 대한 개인의 의지(依支)라는 원리는 그 개인에게 이 세상 만큼이나 강하게 어떤 요구를 한다. 심지어 이 요구의 절대성은 개인이 세상을 멀리하도록 만들기도 한다. 개인이 집단 심리에 굴복하게 될 때 자기 자신으로부터 멀어지는 것과 똑같은 이치이다. 사람은 종교에서도 교리를 위해 자신의 판단력과 결정 능력을 잃을 수 있다. 종교가 국가와 타협하지 않을 경우에 공개적으로 추구하는 목표가 바로 이것이다. 종교가 이런 목표를 추구할 때, 나는 그것을 "종교"가 아닌 "신념"이라고 부른다. 여기서 "신념"은 한정적인 집단적 믿음을 뜻하는 반면에, "종교"는 형이상학적이고 물질 세계 밖에 있는 어떤 요소와의 주관적인 관계를 표현한다. 하나의 "신념"은 주로 세상을 향한 신앙의 한 고백이며, 따라서 그것은 세속에서 벌어지는 일이다. 한편, 종교의 의미와 목적은 신과 개인의 관계(기독교, 유대교, 이슬람교)나 해방의 길과 개인의 관계(불교)에 있다. 이런 기본적인 사실로부터 모든 윤리가 비롯되며, 신 앞에서의 개인적 책임이 없다면 모든 윤리는 인습적인 도덕으로밖에 불리지 못한다.

신념은 세속적인 현실과의 타협이다. 그렇기 때문에 신념은 스스로 그 관점과 교의와 관습을 점진적으로 성문화(成文化)하는 것을 의무로 여기며, 또 그렇게 함으로써 스스로를 외면화(外面化)한다. 그러다 보면 그 신념에 들어 있던 진정한 종교적인 요소, 즉 이 세상 밖에 있는 준거점과의 관계를 생각하고 그 준거점을 직시하려는 노력이 뒤로 밀려나게 된다. 종파적인 관점이 주관적인 종교적 관계의 가치와 중요성을 전통적인 교의를 잣대로 평가하며, 프로테스탄티즘처럼 이런 일이 그리 자주 일어나지 않는 곳에서는, 누군가가 신의 의지의 안내를 받고 있다고 주장하고 나서면 그 즉시 경건주의니 종파주의니 괴짜니

하는 소리를 듣게 된다. 하나의 신념은 기존의 확립된 교회와 일치하거나 그렇지 않은 경우에도 어쨌든 하나의 공적인 단체로 자리 잡는다. 그런데 이 공적인 단체의 구성원들 중에는 진짜 신자도 있지만 대다수가 종교에 "무관심한" 상태에서 단지 인습적으로 거기에 가담하고 있는 사람들이다. 바로 여기서 신념과 종교의 차이가 확연히 드러난다.

따라서 어떤 신념의 지지자가 된다는 것이 언제나 종교의 문제인 것은 아니며, 그보다는 사회적인 문제가 될 때가 더 자주 있다. 그런 것으로서 신념은 그걸 믿는 개인에게 어떠한 토대도 제공하지 못한다. 어떤 토대를 얻으려면 개인은 이 세상의 것이 아닌 어떤 권위와의 관계에 전적으로 의지할 수 있어야 한다. 여기서 기준은 어떤 신념에 대한 맹목적 찬양이 아니라, 개인의 삶이 개인의 자아나 의견이나 사회적 요인들에 의해서만 결정되지 않고 어떤 초월적인 권위에 의해서도 결정된다는 심리적인 사실이다. 후자는 전자 그 이상은 아니라 하더라도 그 못지 않게 개인의 삶에 영향을 미친다.

아무리 고매한 도덕적 원리도, 아무리 정통적인 신념도 개인의 자유와 자율의 토대가 되어줄 수는 없으며, 유일하게 개인의 자유와 자율에 필요한 토대를 쌓을 수 있는 것은 경험적인 자각뿐이다. 말하자면, 인간과 이 세상 밖의 어떤 권위 사이에 극히 개인적이고 호혜적인 관계가 존재한다는 것을 경험하는 것만이 개인의 자유와 자율의 토대가 될 수 있다는 뜻이다. 세상 밖에 있는 이 권위가 이 "세상"과 이 세상의 "이성"이 균형을 잃지 않도록 바로잡아주는 평형추 역할을 맡는다.

이런 식의 설명은 대중적 인간[50]이나 집단적인 신자에게 똑같이 달갑지 않게 들릴 것이다. 전자에겐 국가의 정책이 사고와 행위의 최고의 원칙이다. 정말로 대중적 인간이 계몽되는 목적도 바로 거기에 있으며, 따라서 대중적 인간에겐 국가의 한 부분이 되는 한에서만 존재의 권리가 허용된다. 한편, 신자는 국가가 자신에 대해 도덕적 및 실제적 권리를 갖는다는 점을 인정하면서도, 인간뿐만 아니라 인간을 지배하는 국가도 "신"의 지배에 종속되며 미심쩍은 상황에 처하는 경우에 최종 결정은 국가가 아니라 신에게서 나온다는 믿음을 고백한다. 여기서 나는 철학적 판단을 하지는 않을 것이다. 그래서 "세계", 즉 인간의 현상적 세계[51]가, 따라서 전반적인 자연이 신과 "반대"되는 것인지 여부를 따지는 문제는 그냥 두려 한다. 다만 나는 이 두 가지 경험 영역 사이의 심리적인 적대(敵對)가 '신약성경'에도 제시되어 있을 뿐만 아니라, 오늘날 독재국가들이 종교에 대해 갖는 부정적인 태도와 교회가 무신론과 유물론에 대해 갖는 부정적인 태도에도 매우 분명하게 드러나고 있다는 사실을 지적할 수 있을 뿐이다.

하나의 사회적 존재로서 인간이 공동체와 연결되지 않고 장기적으로 존재할 수 없는 것과 똑같이, 개인도 외적 요인의 위압적인 영향을 상대화할 수 있는 초월적 원리가 아닌 다른 어떤 곳에서도 자신의 존재와 자신의 영적 및 도덕적 자율에 대한 진정한 정당화를 결코 찾지 못할 것이다. 신에게 닻을 내리지 않은 개인은 자신의 수단만으로 이

..........

50   대중 사회의 전형적인 인간을 일컫는다. 특별한 가치관이나 뚜렷한 개성이 없고 개인적, 사회적 책임감이 부족한 것이 특징이다.

51   인간에게 경험되는 세계를 뜻한다.

세상의 물질적, 도덕적 유혹에 절대로 저항하지 못한다. 개인이 세상의 유혹에 저항하기 위해선 내면의 초월적 경험의 증거가 필요하다. 이런 경험의 증거를 가진 개인은 그것이 없었을 경우에 불가피했을, 대중 속으로의 함몰을 피할 수 있다.

단지 대중적 인간의 무기력과 도덕적 무책임을 지적으로나 도덕적으로 살피기만 해도 대중적 인간을 부정적으로 인식하게 되어 개인의 원자화를 초래할 길로 들어서지 않을 수 있다. 대중적 인간은 종교적 확신이 주는 그런 동력을 갖고 있지 않다. 이유는 대중적 인간이 그저 합리적이기만 하기 때문이다. 독재 국가는 부르주아의 이성을 쉽게 주무른다. 독재 국가는 개인만 아니라 그 개인의 종교적 힘까지 삼켜버린다. 국가가 신의 자리를 차지한다. 사회주의 독재 정권이 곧 종교이고, 국가에 대한 예속이 숭배의 한 형태인 이유가 바로 거기에 있다.

그러나 종교의 기능이 이런 식으로 엉뚱한 곳으로 돌려지거나 왜곡될 때에는 반드시 비밀리에 회의(懷疑)가 생겨나게 되어 있다. 그런데 이 은밀한 회의는 사회를 지배하는 대중 지향성과의 충돌을 피하기 위해 즉시 억눌러진다. 그러한 경우에 늘 그렇듯이, 그 결과로 과잉 보상[52]이 '광신'의 형태로 나타난다. 이 광신은 곧 반대의 기미를 조금이라도 보이는 자들을 솎아내는 무기로 이용된다. 목적이 수단을, 심지어 비열하기 짝이 없는 수단까지 정당화한다는 구실로, 자유로운 의견이 억눌러지고 도덕적인 결정이 무자비하게 탄압을 받는다. 그러면 국가 정책이 하나의 신념으로까지 찬양을 받고, 리더나 당의 보스는 선과 악 그 너머에 존재하는 반신반인(半神半人) 같은 인물이 되고, 그

..........
52  심리적 균형을 되찾기 위해 필요 이상으로 과도하게 노력하는 현상을 말한다.

의 지지자들은 영웅이나 순교자, 사도, 선교사로 떠받들어진다. 이제 진리는 단 하나뿐이며, 그 외의 다른 진리는 결코 있을 수 없다. 그 진리는 극히 신성하며 비판의 대상이 될 수 없다. 달리 생각하는 사람이 있으면 누구나 이단자다. 역사를 통해 잘 알 수 있듯이, 이단자는 온갖 불쾌한 방식으로 협박에 시달리게 된다. 오직 정치 권력을 손에 쥔 당의 우두머리만이 국가의 원리를 해석할 수 있을 뿐이다. 그는 자신의 입맛에 맞는 쪽으로 그 원리를 해석한다.

대중 통치를 통해서 개인이 'No. 000' 하는 식으로 하나의 사회적 단위가 되고 국가가 최고의 원리로 떠받들어질 때, 종교의 기능 역시 그 혼란의 소용돌이 속으로 빨려 들어갈 것이다.

눈에 보이지 않고 또 통제 불가능한 어떤 요소를 주의 깊게 관찰하고 설명하려는 노력으로서 종교는 인간에게만 나타나는 '본능적인 태도'이며, 종교의 증거는 인류 역사 내내 나타나고 있다. 종교의 분명한 목적은 사람들이 심리적인 안정을 취하도록 하는 것이다. 왜냐하면 자연적인 사람은 자신의 의식적인 활동이 외부나 내부에서 일어나는 통제 불가능한 사건에 의해 언제든 방해받을 수 있다는 사실을 자연스레 알게 되기 때문이다. 이런 이유로 자연적인 사람은 자기 자신과 다른 사람들에게 중요한 결과를 안겨줄 어려운 결정을 내릴 때 종교적 성격을 지닌 조치들을 통해 안전을 기하려고 언제나 조심해왔다. 눈에 보이지 않는 신들에게 공물을 바치고, 정성껏 기도를 올리고, 온갖 경건한 의식을 치른다.

시공을 초월하여 어느 시대 어느 곳에나 출생과 죽음의 의식(儀式)이 있었는데, 심리적 통찰을 하지 못하는 합리주의자들은 이 의식의 마법저 효험을 부정하며 그것을 마법 또는 미신이라고 공격한다. 그러나 마법은 무엇보다도 심리적인 효과를 발휘하며, 우리는 이 효과를 결코 과소평가해서는 안 된다.

"마법적인" 행위를 실행할 경우에 관련된 사람들에게 어떤 결정을 현실로 구현하는 데 절대적으로 필요한 심리적 안전감을 준다. 이유는 결정이란 것이 불가피하게 다소 일방적인 성격을 띠게 되며, 그런 까닭에 위험하게 느껴질 수 있기 때문이다. 심지어 독재자까지도 자신의 국가 행위에 위험이 따를 수 있다고 판단하고 그 행위를 온갖 종류의 장엄을 갖춘 가운데서 해야 한다고 생각한다. 취주 악대, 국기, 깃발, 퍼레이드도 원칙적으로 교회의 종교적 절차와 크게 다르지 않으며 악마들을 쫓는다는 불꽃놀이나 연속적 포성, 교회의 행렬과도 다르지 않다. 다만, 국가 권력을 암시하는 퍼레이드는 집단 안전감을 낳을 수 있으며, 이 안전감은 종교적 표현과 달리 각 개인들에게 내면의 귀신 숭배에 맞설 보호 장치를 전혀 주지 못한다. 그러므로 개인은 국가의 권력에, 다시 말해 대중에 더욱더 매달리게 될 것이며, 결과적으로 자신을 도덕적으로뿐만 아니라 심리적으로도 대중에 완전히 내맡김으로써 자신의 사회적 약화를 최종적으로 마무리짓는다.

국가도 교회처럼 열정과 자기 희생과 사랑을 요구한다. 종교가 "신에 대한 두려움"을 필요로 하거나 전제로 한다면, 독재 국가는 필요한 공포를 불러일으키려고 주의깊게 노력한다.

합리주의자가 공격의 포문을 전통으로 내려오는 그런 의식(儀式)의 마법적 효과 쪽으로 돌린다면, 그것은 사실 표적을 완전히 잘못 잡는 것이다. 핵심인 심리적 효과가 간과되고 있기 때문이다. 비록 양측이 심리적 효과를 정반대의 목표에 이용하고 있을지라도 말이다. 목적에 대한 양측의 인식에도 이와 비슷한 상황이 벌어지고 있다. 종교의 목적들, 즉 악으로부터의 구원과 신에 대한 복종, 사후(死後) 보상 등이 일용할 빵을 찾아야 하는 부담으로부터의 자유와 물질적 재화의 공정한 분배, 미래의 보편적 번영, 근로 시간 축소에 관한 세속적 약속으로 바뀌고 있다. 이런 약속들의 완수가 천국만큼이나 멀다는 사실은 대중이 초월적인 목표에서 지극히 세속적인 믿음으로 개종했다는 점을 비유적으로 보여주고 있다. 이제 대중은, 신념이 다른 방향으로 보여주는 것과 똑같은 종교적 열기와 배타성으로, 이 세속적 믿음을 찬양하게 된다.

불필요하게 말을 되풀이하지 않기 위해서, 나는 세속적인 믿음과 초월적인 믿음 사이의 비슷한 점을 일일이 열거하지 않을 것이다. 대신에 나는 종교적 기능처럼 인류 역사 초기부터 존재해 온 자연적인 기능은 합리적이거나 소위 계몽적인 비판에 의해 절대로 사라지지 않는다는 사실을 강조하는 것으로 만족하고 싶다. 물론, 당신은 신념에 담긴 교의적인 내용을 실현 불가능한 것으로 치부하고 조롱할 수도 있다. 그렇지만 그런 방법은 핵심을 놓치고 있으며, 따라서 그 신념의 근본을 이루는 종교적 기능을 명중시키지 못하고 있다.

정신의 비합리적인 요소들과 개인의 운명을 진지하게 고려한다는 점에서 보면, 종교가 국가와 독재자의 신격화에서 사악하게 뒤틀린 모습으로 다시 나타난다. '본성은 아무리 내쫓아도 다시 나타나게 되어 있다'고 하지 않았던가. 따라서 지도자들과 독재자들은 상황을 정확히 파악한 다음에 카이사르의 신격화와 너무도 비슷한 것을 적당히 얼버무리면서 자신들의 진짜 권력을 국가라는 허구의 뒤로 숨기려고 최대한 노력하고 있다. 물론 그렇게 한다고 해서 실상은 하나도 달라지지 않는다.

앞에서 이미 지적했듯이, 독재 국가는 개인으로부터 권리들을 박탈하는 외에 개인이라는 존재의 철학적 바탕까지 빼앗음으로써 심리적으로 개인의 발밑의 땅까지 꺼지게 해 버렸다. 그러면 인간 존재 개개인의 윤리적 결정은 더 이상 중요하지 않게 된다. 유일하게 중요한 것은 대중의 맹목적인 행동이며, 그리하여 그릇된 신념이 정치 행위의 작동 원리가 되었다. 이로부터 국가는 논리적인 결론들을 끌어냈다. 모든 권리를 완전히 박탈당한 수백만 명의 국가 노예들이 존재한다는 사실이 침묵으로 증명하고 있듯이 말이다.

독재 국가와 종파적인 종교는 똑같이 '공동체' 사상을 특별히 강조한다. 이는 "공산주의"의 근본적인 이상이다. 그런데 그것을 인민들의 목구멍으로 지나치게 강압적으로 쑤셔 넣은 탓에 바랐던 효과와 정반대의 결과가 나왔다. 그것이 오히려 분열적인 불신을 조장하고 있는 것이다.

교회도 공동체라는 이상을 국가 못지않게 강조한다. 프로테스탄트처럼 교회 조직이 유독 허약한 곳에서는, "공동체적 경험"에 대한 소망이나 믿음이 응집력의 결여를 보충한다. 쉽게 확인되듯이, "공동체"는 대중의 조직에는 필요 불가결한 보조 기구이며 그 때문에 양날의 칼이다.

0을 아무리 많이 더해도 절대로 하나의 단위가 될 수 없는 것과 똑같이, 공동체의 가치는 그것을 구성하고 있는 개인들의 정신적, 도덕적 수준을 넘어서지 못한다. 바로 이런 이유로 공동체로부터는 그 환경의 암시적인 영향을 능가하는 것은 어떤 것도 기대하지 못한다. 말하자면, 공동체 안에서는 좋은 쪽으로든 나쁜 쪽으로든 개인들의 내면에서 진정하고 근본적인 변화가 일어나기를 기대할 수 없다는 뜻이다. 그런 변화는 오직 사람과 사람 사이의 개인적 접촉을 통해서만 일어날 수 있다. 개인의 영적인 부분을 건드리지 않는, 집단으로 이뤄지는 공동체적 세례 또는 기독교적 세례로는 그런 변화가 일어나지 않는다. 공동 사회의 이상은 정작 그 주인공을 배제하고 있다. 그 이상을 뒷받침할 개별적인 인간 존재를 간과하고 있다는 뜻이다.

## 3. 종교 문제에 대한 서구의 입장

기독교 시대가 20세기에 들어와서 앞에서 설명한 대로 전개되는 것을 보면서, 서유럽은 형이상학에 바탕을 둔 유대-기독교 윤리의 보물인 로마법이라는 유산과, 양도할 수 없는 인간의 권리라는 이상을 견지하고 있다. 그러면서 서유럽은 근심스런 마음으로 스스로에게 이런 질문을 던지고 있다. 어떻게 하면 이런 식의 전개를 정지시키거나 거꾸로 돌릴 수 있을까?

사회주의 독재 정권을 몽상가라고 조롱하고 그런 정권의 경제 원칙이 비합리적이라고 비판해 봐야 아무 소용이 없다. 왜냐하면 첫째, 그런 식으로 비판해 봤자 그 비판의 소리는 철의 장막 이쪽에서만 메아리칠 것이고 둘째, 당신이 좋아하기만 하면 어떤 경제 원칙이든 거기에 따를 희생을 감수할 각오만 되어 있다면 현실에 적용할 수 있기 때문이다.

만약에 스탈린처럼 300만 명의 농민이 굶어죽게 내버려두고 또 몇 백만 명의 무임 노동자들을 마음대로 동원할 수만 있다면, 당신은 자신이 원하는 어떤 사회적, 경제적 개혁이든 실시할 수 있다. 이런 종류의 국가에는 두려워해야 할 사회적, 경제적 위기가 절대로 있을 수 없다. 국가 권력이 전혀 아무런 손상을 입지 않고 그대로 지켜지는 한, 말하자면 훈련이 잘 되고 배불리 먹는 경찰군인들이 출동 태세를 취하고 있는 한, 그 국가는 무한히 오랫동안 존속할 수 있고 또 무한히 권력을 키워갈 수 있다. 지나치게 높은 출생률 덕분에, 그 국가는 라이벌 국가들과 경쟁하기 위해서, 임금 수준에 영향을 크게 받는 세계 시장에는 신경 쓰지 않고 무임 노동자의 수를 마음대로 늘릴 수 있다.

그런 나라의 경우에 진정한 위험은 군사적 공격의 위협을 통해 외부에서만 올 수 있다. 그러나 이 위험도 해가 갈수록 줄어들고 있다. 첫 번째 이유는 독재 국가들의 군사력이 꾸준히 증대되고 있기 때문이며, 두 번째 이유는 서유럽이 의도한 것과 정반대 결과를 낳을 수도 있는 공격으로 러시아나 중국에 잠재해 있을 민족주의와 쇼비니즘(배외주의)을 일깨울 수는 없는 노릇이기 때문이다.

내가 아는 한, 가능성은 한 가지밖에 없다. 그것은 그 국가들의 내부에서 권력의 붕괴가 일어나는 것이다. 그러나 그 권력 붕괴도 자체적으로 내부의 전개를 따르도록 가만 내버려둬야 한다. 현재로선 외부의 그 어떤 지원도 거의 아무런 효과를 내지 못할 것이다. 기존의 안보 조치들과 민족주의적 반발의 위험을 고려하면 그렇다.

전제적인 국가는 위로부터 지시받은 대외 정책을 광적으로 실행하는 일단의 선전자들을 두고 있으며, 이 선전자들은 서유럽 국가들의 법과 헌법의 보호를 받는 제5열(fifth column)[53] 같은 것을 이용할 수 있다. 게다가 서유럽 국가들 내의 신봉자들 집단은 적소(適所)에 매우 확고하게 자리 잡은 상태에서 서유럽 정부의 결정권을 상당히 약화시키고 있다.

그런 반면에 서유럽은 라이벌 국가들에게 그와 비슷한 영향력을 행사할 기회를 전혀 갖지 못하고 있다. 비록 동유럽의 대중 사이에 어느 정도의 반대자들이 있을 것이라는 짐작이 틀리지 않다 하더라도, 서유럽의 입장이 동유럽 국가들과 다른 것만은 사실이다. 거짓말과 학정을 혐오하고 진리를 사랑하는 정직한 사람은 어디에나 늘 있게 마련이다. 그러나 그런 사람들이 경찰국가의 체제 아래에서 대중에게 결정적인 영향력을 행사하는지에 대해서는 정확히 알 수 없다.

이런 불리한 상황에서, 서유럽에서는 다음과 같은 질문이 거듭 제기되고 있다. 동유럽의 위협에 맞서기 위해 우리가 할 수 있는 것은 무엇인가? 비록 서유럽이 상당한 경제력과 방어력을 확보하고 있다 할지라도, 우리는 여기서 만족하며 마음을 놓을 수 없다. 왜냐하면 군사력이 아무리 크고 경제력이 아무리 막강하다 하더라도 종교나 다름없는 열광이 퍼뜨리는 심리적 전염을 차단하기에는 역부족이기 때문이다. 그런데 불행하게도 서유럽은 강력한 열정이 결여된 가운데서 이상주의와 이성 등 바람직한 미덕에 호소하는 것이 부질없는 소리와 분노의 표현에 지나지 않는다는 사실을 깨닫지 못하고 있다. 그것은 종교나 다름없는 믿음의 광풍에 너무나 쉽게 묻혀버리는 한 줄기 바람에 지나지 않는다.
..........
53  국가 같은 큰 조직의 기반을 내부에서 암암리에 훼손시키는 집단을 말한다.

종교와 다를 바 없는 믿음이 우리의 눈에 제아무리 이상하고 왜곡된 것처럼 비칠지라도, 그 힘은 대단하다. 지금은 이성적인 논쟁이나 도덕적 논쟁으로 극복할 수 있는 상황이 아니다. 시대정신에 의해 생겨난 감정적인 힘과 사상이 폭발할 지경에 이르렀다. 우리 모두 경험을 통해 알고 있듯이, 그 감정적 힘과 사상은 이성적 반성의 영향을 그다지 받지 않으며, 도덕적 훈계의 영향은 더더욱 받지 않는다. 그 감정적 힘과 사상에 대한 해독제는 비(非)물질적이면서도 똑같이 강력한 어떤 믿음이 되어야 한다. 그 믿음에 근거한 종교적인 태도가 심리적 전염의 위험에 효과적으로 맞설 수 있는 유일한 방어라는 점이 여러 영역에서 확인되었다. 이런 논조의 글에 빠짐없이 등장하는 '해야 한다'는 식의 표현은 불행하게도 절실히 필요한 이런 태도가 있다 하더라도 그다지 강하지 않다는 것을 암시한다.

서유럽은 광적인 이대올로기의 전진을 봉쇄할 수 있는 통일된 믿음을 갖추고 있지 않은 것만 아니다. 마르크스주의 철학의 아버지로서 서유럽은 동유럽과 똑같은 정신적 가설들과 논쟁과 목적을 이용하고 있다.

서유럽의 교회들이 완전한 자유를 누리고 있다고 해서 동유럽에 비해 덜 충만하거나 덜 공허하지는 않다. 그럼에도 교회들은 광범위한 정치 과정에 이렇다 할 영향력을 발휘하지 못하고 있다.

공적 제도 같은 것으로서 교리의 단점은 그것이 두 명의 주인을 섬겨야 한다는 점이다. 한편으로 보면 교리는 그 존재를 인간과 신의 관계에서 끌어낸다. 다른 한편으로 보면 교리는 국가, 즉 세상에 어떤 의무를 진다. 바로 이 후자의 연결 속에서 교리가 "카이사르의 것은 카이사르에게……"라는 표현을 포함한 '신약성경' 속의 다양한 훈계와 직결된다. 그러기에 기독교 초기는 물론이고 비교적 최근까지도 "하느님이 내린 권력"('로마서' 13장 1절)이라는 말이 회자될 수 있었다. 오늘날에 이르러서야 이 사상은 케케묵은 것으로 통하게 되었다.

교회들은 전통적이고 집단적인 확신을 대표하는데, 교회의 추종자들 중 많은 이들에게 이 확신은 더 이상 그들 자신의 내면적 경험에 바탕을 두고 있지 않고 맹목적인 믿음에 바탕을 두고 있다. 그런데 이 맹목적인 믿음이란 것은 사람들이 그 믿음에 대해 깊이 생각하기 시작하는 순간 쉽게 사라져 버리는 것으로도 이름이 높다. 믿음에 대해 생각하기 시작하기만 하면, 그 믿음의 내용이 지식과 충돌을 빚게 되며, 믿음의 비합리적인 면이 지식의 추론에 결코 맞서지 못하는 것으로 확인된다. 믿음은 내적 경험을 절대로 대체할 수 없으며, 내적 경험이 부재하는 곳에서는 은총의 선물로 기적처럼 생겨난 강한 믿음조차도 처음 생겨날 때와 똑같이 기적처럼 사라져 버릴 것이다.

사람들은 신앙을 진정한 종교적 경험이라고 부른다. 그러나 실제로 보면 그것은 우선 우리의 내면에서 신뢰와 충성을 불러일으킬 어떤 사건이 일어났다는 사실에서 비롯되는 부차적인 현상이다. 그런데도 사람들은 그런 것을 생각해낼 만큼 마음의 여유를 갖지 못하고 있다. 여기서 말하는 어떤 사건의 경험은 이런저런 종파적인 교리로 해석될 수 있는 명확한 내용물을 갖고 있다. 그러나 이런 식으로 해석될수록, 그 경험이 지식과 충돌을 빚을 가능성 또한 더 커진다. 이 충돌은 그 자체로 꽤 무의미하다. 교리의 관점이 케케묵었기 때문이다.

교리는 인상적인 신화적 상징으로 가득한데, 엄밀히 따지고 들면

이 상징은 지식과 충돌하게 되어 있다. 그러나 만약에 예수 그리스도가 죽음에서 부활했다는 내용을 글자 그대로의 의미가 아니라 상징적으로 이해한다면, 그 내용은 다양하게 해석될 수 있으며, 또 그 해석은 지식과 충돌하지도 않고 그 표현의 의미를 훼손시키지도 않는다. 그 표현을 상징적으로 이해하면 불멸이라는 기독교인의 소망이 물거품이 되고 만다는 식의 반대는 터무니없다. 왜냐하면 기독교가 도래하기 오래 전부터 인간이 사후의 생명을 믿고 있었던 까닭에 불멸의 증거로 예수 그리스도의 부활을 필요로 하지 않았기 때문이다. 오늘날엔 교회가 가르치는 대로 글자 그대로 이해된 신화가 깡그리 부정될 위험이 그 전 어느 때보다 크다. 지금은 기독교 신화를 버려야 할 때가 아니라 이따금 상징적으로 해석해야 할 때가 아닐까?

마르크스주의자들의 국가 종교와 교회의 국가 종교 사이에 치명적인 유사점이 있다는 것을 대체로 인정할 경우에, 그 영향이 어떤 식으로 나타날 것인지를 말하기는 아직 이르다. 인간의 세계에도 '신국'(Civitas Dei) 같은 것이 있다는 절대론자의 주장은 불행히도 국가의 '신성'과 닮은 점이 있으며, 이그나티우스 로욜라(Ignatius Loyola)[54]가 교회의 권위로부터 끌어낸 도덕적 결론("목적이 수단을 신성화한다")은 그릇된 신념을 지나치게 위험한 쪽으로 도구화하는 것을 예고하고 있다.

마르크스주의자들과 교회는 공히 믿음에 대한 무조건적 복종을 요구하며 따라서 인간의 자유를 제한한다. 전자는 신 앞에서의 자유를 제한하고, 후자는 국가 앞에서의 자유를 제한한다. 그리하여 둘 다 개

..........
54  예수회를 창설한 스페인 성직자(1491-1556).

인들을 묻을 무덤을 파고 있다. 양쪽이 각각 물질적 낙원과 영적 낙원의 도래를 약속하고 있음에도 불구하고, 개인이라는 연약한 존재는, 말하자면 생명의 독특한 주인공은 양쪽 모두로부터 협박을 받고 있다. 우리들 중에서 얼마나 많은 사람들이 "손 안에 든 한 마리의 새가 숲속의 두 마리보다 낫다."는 유명한 지혜에 장기적으로 맞설 수 있겠는가? 이런 지혜 외에도, 내가 앞에서 설명한 바와 같이, 서유럽은 동유럽의 국가 종교와 똑같이 통계적인 평균으로 축소하는 경향이 강하고 물질적인 목적을 가진 "과학적"이고 합리적인 관점을 선호한다.

그렇다면 정치적, 종파적 분열을 안고 있는 서유럽이 곤경에 처한 현대인에게 제시할 수 있는 것은 무엇인가? 불행히도 마르크스주의자의 이상과 실질적으로 구분되지 않는 어떤 목적에 이르는 다양한 길들을 제시하는 것 외에는 아무것도 없다.

공산주의 이데올로기가 어디서 시간이 자신의 편이라고 확신하게 되었고, 또 세계가 개종을 받아들일 준비가 되어 있다고 확신하게 되었는지를 이해하는 데는 특별한 노력이 전혀 필요하지 않다. 사실들이 너무나 명백한 언어로 말을 하고 있는 것이다. 서유럽이 현실에 눈을 감고 치명적인 약점을 인정하지 않는 것은 절대로 도움이 되지 않을 것이다.

집단적 믿음에 절대적으로 복종하고 또 자신의 자유에 대한 영원한 권리와 개인적 책임이라는 의무를 포기하는 것을 배운 사람은 언제나 그런 태도를 견지할 것이다. 만약에 겉보기에 "더 나아 보이는" 또 다른 믿음이 그의 이상주의 위로 슬그머니 얹어진다면, 그 사람은 이번에는 반대 방향으로 그 전과 똑같이 무비판적으로 그 믿음을 쉽게 받아들일 것이다. 문명화된 유럽의 어느 나라에서 얼마 전에(이 글이 쓰인 시점은 1950년대였음/옮긴이) 어떤 일이 벌어졌는가? 우리는 독일인들이 벌써 그 일을 깡그리 망각했다고 비난한다. 그러나 중요한 것은 그와 비슷한 일이 다른 곳에서는 일어나지 않는다고 자신있게 말할 수 없다는 사실이다. 만일 그런 일이 일어나서 또 다른 문명 국가가 획일적이고 일방적인 어떤 사상의 전염에 굴복한다 하더라도, 그건 그다지 놀라운 일이 아닐 것이다.

서유럽의 정치적 등뼈 역할을 맡고 있는 미국은 노골적으로 취하고 있는 대립적인 태도 때문에 그 전염에 영향을 받지 않는 것처럼 보인다. 그러나 사실은 미국이 유럽보다 훨씬 더 취약하다. 왜냐하면 미국의 교육 제도가 통계적 진리를 강조하는 과학적인 세계관의 영향을 가장 많이 받고 있으며, 또 여러 인종이 뒤섞인 인구가 사실상 역사가 없는 것이나 마찬가지인 토양에 뿌리를 내리기가 어렵다는 사실을 발견하기 때문이다. 그런 환경에 간절히 필요한, 역사적이고 인문적인 교육은 의도한 목적을 이루지 못하고 있다. 유럽은 역사적이고 인문적인 교육 시스템을 갖추고 있다. 그럼에도 유럽은 민족적 이기주의의 형태로 스스로를 파멸시키고 회의(懷疑)를 마비시키는 쪽으로 그 시스템을 이용하고 있다. 미국과 유럽에 공통적으로 있는 것은 물질적이고 집단적인 목표이며, 미국과 유럽에 공통적으로 없는 것은 온전한 인간을 표현하고 이해할 바로 그것, 즉 개별적인 인간 존재가 만물의 척도로서 세상의 중심에 선다는 사상이다.

이 사상만으로도 모든 영역에서 매우 강력한 회의와 저항을 불러일으킬 수 있다. 그러면 사람들은 다수와 비교할 때 개인은 무가치한 존재에 지나지 않는다는 사상은 다수가 동의하는 하나의 신념에 불과하다는 생각을 품게 될 것이다. 분명, 우리 모두는 지금이 보통 사람의 세기이고, 보통 사람이 이 땅과 하늘과 바다의 주인이고, 보통 사람의 결정에 국가의 역사적 운명이 달려 있다고 말한다. 인간의 위대함을 그린 이런 멋진 그림은 불행히도 하나의 착각에 불과하며, 그와 매우 다른 현실에 의해 크게 훼손되고 있다.

현실을 들여다보면, 인간은 자신을 대신해 공간과 시간을 정복한 기계들의 노예이며 희생자다. 인간은 자신의 육체적 존재를 지켜줄 것이라고 생각하는 바로 그 전쟁 기술의 파괴력 때문에 목숨을 위협당하는 처지에 놓여 있다. 인간의 정신적, 도덕적 자유는 인간 세상의 반쪽에서 제한적이나마 보장되고 있음에도 불구하고 거기서마저도 방향 감각 상실로 인해 위협받고 있다. 또 인간 세상의 다른 반쪽에서는 그 자유가 송두리째 짓밟히고 있다.

마지막으로, 비극에 코미디를 더하고 싶다. 모든 원소들의 지배자이고 만국의 중재자라는 보통 사람이 자신의 존엄에 무가치한 것이라는 낙인을 찍고 자신의 자율성을 터무니없는 것으로 짓밟아 버릴 어떤 허황된 생각을 가슴에 품고 있다는 사실이다. 그의 온갖 성취와 소유는 그를 더 크게 만들지 못하고, 정반대로 그를 더 작게 만들고 있다. 공장 근로자가 재화의 "공정한" 분배라는 원칙 하에서 맞고 있는 운명이 그 점을 분명하게 보여주고 있다. 공장 근로자는 공장 중 자신의 몫을 위해 개인적 재산을 처분하고, 고용된 장소에 얽매이는 기이한 쾌락을 위해 이동의 자유를 포기하고, 고된 성과급에 쓰러질까 두려워 망설이기라도 하면 자신의 상황을 개선시킬 모든 수단을 몰수당한다.

그리고 약간의 지능이라도 보이는 공장 근로자는 운이 좋은 경우에 기술적인 지식을 조금 얻는 한편으로 정치적 가르침을 받아들일 것을 강요받는다. 그러나 삶의 기본적인 필수품이 언제라도 떨어질 수 있는 상황이라면, 사람의 머리를 가릴 지붕과 유익한 동물을 매일 먹일 사료는 무시할 수 없는 것이 된다.

## 4. 개인의 자기 이해

사람이, 그러니까 앞에 소개한 모든 일들을 처음 일으키고, 주동하고, 이끌어가고, 또 온갖 판단과 결정을 내리고 미래를 계획하는 바로 그 존재가 스스로를 '무시해도 좋은 양(量)'(quantité négligeable)으로 전락시키고 있다는 사실은 몹시 놀라운 일이다. 그 모순, 즉 인간이 인간 자체에 대해 내리는 그런 역설적인 평가는 정말 이상하다. 그런 현상에 대해, 우리는 판단의 특별한 불확실성에서 비롯되는 것이라고밖에 설명하지 못한다. 다시 말하면, 사람이라는 존재는 자기 자신에게조차도 수수께끼라는 뜻이다. 사람이 자기 인식을 얻는 데 반드시 필요한 비교 수단을 전혀 갖고 있지 못하다는 점을 고려한다면, 이것도 이해할 만하다.

사람은 해부학과 생리학의 측면에선 스스로를 다른 동물과 구분하는 방법을 안다. 그러나 언어의 재능을 타고났고 또 지각 능력이 있으며 성찰할 줄 아는 존재로서, 사람은 자기 자신을 비판적으로 직시하는 데 필요한 자질을 모두 결여하고 있다.

이 지구상에서 인간은 다른 어떤 것과도 비교되지 않는 하나의 독특한 현상이다. 그러기에 비교와 그에 따르는 자기 인식은 인간이 다른 별들에 살고 있을지 모르는, 인간과 유사한 포유동물과 관계를 확고히 맺을 수 있을 때에나 기대할 수 있을 것이다.

그런 날이 올 때까지, 인간은 계속 어떤 은자(隱者) 같은 모습을 보일 것이다. 비교 해부학적 측면에서 보면 자신이 유인원(類人猿)을 닮았는데도 심리적 측면을 보면 얼핏 보아도 '사촌들'과 매우 다르다는 것을 아는 상태로, 인간이 계속 남을 것이란 말이다. 인간이 자기 자신을 잘 알지 못하고, 따라서 인간이 자기 자신에게조차 미스터리인 이유는 그의 종(種)이 지닌 그런 중요한 특징에 있다. 그의 종(種) 안에 나타나고 있는 자기 인식의 다양한 차이는, 비슷한 구조를 가졌지만 그 기원이 다른 어떤 생명체와의 조우를 통해 얻을 수 있는 자기 인식의 가능성에 비하면 거의 의미를 지니지 못한다.

이 지구에서 인간의 손에 의해 이뤄진 모든 역사적 변화들의 주된 원인인 인간의 심리는 여전히 풀 수 없는 하나의 퍼즐로, 이해되지 않는 하나의 기적으로, 영원히 인간을 당혹스럽게 만들 하나의 대상으로 남아 있다. 그것은 자연의 비밀에 버금가는 비밀이다. 자연의 비밀이라면 그래도 더 많은 것을 발견해낼 것이라고, 그러다 보면 제아무리 어려운 문제라도 그 해답을 찾을 수 있을 것이라고 우리는 여전히 희망을 품을 수 있다. 그러나 인간의 정신과 심리에 관한 문제에서는 이상하게도 어떤 망설임 같은 것이 느껴진다. 심리학은 경험 과학의 여러 분야 중에서도 역사가 가장 짧을 뿐만 아니라 연구 대상에 가까이 다가가는 일에서조차도 대단한 어려움을 겪고 있다.

태양계에 대한 인간의 그릇된 생각이 코페르니쿠스(Nicolaus Copernicus)에 의해 버려질 수 있었던 것과 같이, 심리학도 여러 측면에서 자유로워질 필요가 있었다. 우선, 신화적인 관념의 주문(呪文)에서 풀려나야 했다. 그 다음에는 편견으로부터 해방되어야 했다. 정신은 뇌에서 일어나는 생화학 작용에 따른 부수적 현상에 지나지 않는다는 의견이 있었는가 하면, 정신은 전적으로 접근 불가능하고 난해하기 짝이 없는 것이라는 의견도 있었다. 심리학이 이런 편견으로부터 풀려나기 위해선 거의 혁명적인 노력이 필요했다. 뇌와 연결되어 있다는 사실이 그 자체로 정신이 부수 현상이라는 점을, 말하자면 뇌의 생화학적 작용에 따라 일어나는 부차적인 기능이라는 점을 증명하지 못한다.

그럼에도 불구하고, 우리는 유감스럽게도 정신적 기능이 뇌에서 일어나는 증명 가능한 작용의 영향을 받을 수 있다는 사실을 아주 잘 알고 있다. 이런 사실이 매우 인상 깊게 새겨진 탓에 정신의 본질이 종속적인 것처럼 보인다. 그러나 초(超)심리학의 여러 현상이 우리들에게 조심하라고 경고하고 있다. 초심리학의 현상이 정신적 요인을 통한 공간과 시간의 '상대화' 같은 것을 암시하고 있기 때문이다. 바로 이 상대화가 정신적인 것과 육체적인 것의 유사점에 대한 우리의 순진하고 성급한 설명에 의문을 제기한다.

이런 성급한 설명을 그대로 지키기 위해, 사람들은 철학적 이유나 지적 태만 때문에 초(超)심리학의 발견들을 노골적으로 부정한다. 이것은 결코 과학적으로 책임 있는 태도로 여겨질 수 없다. 비록 대단히 어려운 지적 난국에서 벗어나는 방법으로는 그런 태도가 인기 있을지 몰라도, 그건 학자로서 진실한 태도가 아니다. 정신적 현상을 평가하려면 우리는 그 현상과 더불어 나타나는 다른 모든 현상들을 고려해야 한다. 그러면 무의식의 존재나 초(超)심리학의 존재를 무시하는 심리학이면 어떤 것이든 더 이상 통할 수 없게 된다.

뇌의 구조와 생리 기능은 정신 작용에 대해 어떠한 설명도 내놓지 못한다. 정신은 다른 것으로는 절대로 환원되지 않는 특이한 성격을 갖고 있다. 정신도 생리 기능처럼 비교적 독립적인 경험 분야인데, 우리는 이 분야에 상당히 특별한 중요성을 부여해야만 한다. 그 이유는 정신 안에 존재를 위해 반드시 필요한 두 가지 조건 중 하나가 담겨 있기 때문이다. 의식의 현상(現象)이 그것이다. 의식이 없으면, 직설적으로 말해 세상이 존재하지 않을 것이다. 왜냐하면 세상이란 것은 정신에 의해 의식적으로 곰곰 생각되고 표현될 때에만 그런 모습으로 존재하기 때문이다. 의식은 존재의 한 전제 조건인 것이다.

따라서 정신은 하나의 우주적 원리와 같은 존엄을 얻으며, 이것이 철학적으로나 실질적으로나 정신에게 육체적 존재의 원리와 동등한 지위를 부여한다. 이 의식을 갖고 다니는 존재가 바로 개인이다. 그런데 개인은 자신의 정신을 자신의 의지대로 다듬기는커녕 정반대로 의식에 의해 형성된다. 어린 시절에 의식의 점진적 자각에 의해 성장하는 것이다. 만약에 정신에게 경험에 입각한 중요성이 전적으로 주어진다면, 그 정신을 즉시적으로 표현할 수 있는 유일한 존재인 개인에게도 그런 중요성이 부여되어야 한다.

이 같은 사실은 두 가지 이유로 특별히 강조되어야 한다. 첫째, 개인의 정신은 바로 그 자체의 개성 때문에 통계적인 원칙의 예외이며, 따라서 개인의 정신은 언제나 실제보다 깎아내리게 되어 있는 통계적 평가의 영향을 받을 때 중요한 특성을 강탈당하게 되기 때문이다. 둘째, 교회들이 자신들의 교리를 인정하는 정신에 한에서만, 달리 말하면 정신이 어떤 집단적인 범주 안에 속하는 경우에만 그 타당성을 인정하기 때문이다.

두 경우 모두에서 개성을 간직하려는 의지는 이기적인 고집으로 여겨진다. 그런 의지를 과학은 주관주의라고 폄하하고, 교회는 이단이나 영적 자만이라는 식으로 도덕적으로 비난한다. 후자에 관해서라면, 다른 종교들과 달리 기독교가 그 핵심에 어떤 상징을 갖고 있다는 점을 망각해서는 안 된다. '사람의 아들'인 한 남자의 개인적 삶의 방식에 관한 이야기를 담고 있는 그런 상징이다. 심지어 기독교는 이 '개성화'[55] 과정을 신 자신의 구체화와 현시로 여기기까지 한다. 바로 여기서 '자기'의 확장이 어떤 의미를 얻는데, 이 의미가 함축하는 바를 평가하는 작업은 아직 시작조차 되지 않았다. 이유는 외적인 것에 지나치게 관심을 쏟다 보니 즉시적으로 일어나는 내면의 경험을 확인하는 길이 차단되기 때문이다. 많은 사람들이 개인의 자율을 은밀히 갈망하지 않았다면, 개인의 자율은 도덕적으로나 정신적으로 집단적인 억압을 버텨내지 못했을 것이다.

이 모든 장애물들 때문에 인간 정신을 적절히 평가하는 것이 더욱 어려워진다. 그러나 이런 장애물도 반드시 언급해야 할 다른 어떤 놀라운 사실에 비하면 그다지 중요하지 않다. 그것은 바로 정신의학 분야에서 흔히 겪는 경험으로, 심리학적 계몽에 대한 저항과 정신에 대한 평가절하가 대부분 어떤 두려움에 근거하고 있다는 사실이다. 무의식의 영역에서 이뤄질지도 모를 발견들에 대한 근거 없는 두려움 말

..........
55 사람이 자신의 진정한 자기를 자각해 가는 과정을 말한다.

이다. 지그문트 프로이트가 무의식을 그린 그림에 깜짝 놀란 사람들 사이에서만 이런 두려움이 발견되는 것은 아니다. 이 두려움은 정신 분석의 창시자인 프로이트까지 걱정하게 만들었다. 이 창시자마저도 혹시 있을지 모르는 "신비주의라는 시커먼 홍수의 범람"에 맞설 이성의 유일한 성채로서 독단적인 성(性)이론을 만들 필요가 있었다고 나에게 고백했으니 말이다. 이런 단어들을 빌려 프로이트는 무의식에는 "신비주의적" 해석을 가능케 하는 것들이 많이 들어 있다는 확신을 표현하고 있었다.

본능을 그야말로 본능적으로 표현하는 이런 원형적인 형태들은 간혹 공포를 불러일으키는 신비한 특징을 갖고 있다. 이 원형들을 지워버리는 것은 불가능하다. 왜냐하면 그것들이 정신의 근본적인 바탕을 이루고 있기 때문이다. 그 원형들은 지적으로는 파악되지 않는다. 그리고 어떤 사람이 그 원형들의 한 징후를 파괴했다 하더라도, 그 원형들은 형태를 바꿔가며 다시 나타난다. 자기 인식을 방해할 뿐만 아니라 인간 심리에 관한 지식과 이해를 확장시키는 것을 어렵게 만드는 것이 바로 무의식적인 정신에 대한 두려움이다. 이 두려움이 너무나 큰 나머지 자기 자신에게조차도 그 두려움을 감히 인정하지 못하는 경우도 종종 있다. 바로 여기에 신앙심 깊은 사람이 매우 진지하게 고려해야 할 어떤 물음이 있다. 그러면 그 사람은 계몽적인 대답을 얻게 될 것이다.

과학 지향적인 심리학은 추상적으로 나아가게 되어 있다. 달리 말하면, 그런 심리학은 연구 대상으로부터 그 대상이 겨우 보이는 지점까지 최대한 뒤로 물러선다는 뜻이다. 실험 심리학의 발견들이 그 실용적인 목적에도 불구하고 재미가 없고 형편없을 정도로 계몽적이지 못한 이유도 바로 거기에 있다. 개별적인 대상이 시야를 꽉 채울수록, 거기서 나온 지식은 더욱 더 실용적이고 더욱 더 세세하고 더욱 더 살아 꿈틀거릴 것이다. 이는 곧 연구의 대상도 더욱더 복잡해지고, 개인적인 요소들의 불확실성이 그 요소들의 숫자에 비례하여 더욱 커지고, 따라서 실수의 가능성을 더욱 높인다는 것을 의미한다. 충분히 이해할 수 있듯이, 학계의 심리학은 이런 위험에 지레 겁을 먹고는 복잡하고 성가신 일을 피하는 쪽을 선호한다. 그러면서 학계의 심리학은 자연에게 던질 질문을 선택하는 자유를 철저히 누리고 있다.

반면에 의료 심리학은 이처럼 부러움을 살 만한 지위와는 거리가 아주 멀다. 의료계에서는 연구 대상이 질문을 던지지 실험 주체가 질문을 던지지 않는다. 의사는 자신이 선택하지 않은 사실들을 직면하고 있다. 그 사실들은 만약에 의사가 자유로운 위치에 있었다면 결코 선택하지 않았을 것들이다.

결정적인 질문을 던지는 쪽은 질병이나 환자이다. 달리 표현하면, 자연이 의사를 대상으로 실험을 하면서 그로부터 어떤 대답을 기대하고 있다. 개인과 그 개인이 처한 상황의 독특함이 의사의 얼굴을 뚫어져라 응시하면서 어떤 대답을 요구한다. 의사로서의 의무가 의사로 하여금 불확실한 요소들로 가득한 상황을 헤쳐 나가도록 강요한다. 그러면 먼저 의사는 일반적인 경험에 근거한 원리들을 적용할 것이다. 그러나 곧 이런 종류의 원리들이 사실들을 적절히 표현하지 못하고 있으며 그 병의 본질과 맞아떨어지지 않는다는 사실이 드러날 것이다.

의사의 이해가 깊어질수록, 일반적인 원리들은 의미를 더욱 잃어갈 것이다. 그러나 객관적인 지식의 토대를 이루고 또 객관적인 지식을 측정하는 잣대가 되는 것은 여전히 이런 원리들이다.

환자와 의사가 똑같이 "이해"의 폭을 더욱 넓혀감에 따라, 상황은 점점 더 '주관화'될 것이다. 그러면 당초 강점이었던 것이 위험스런 단점으로 바뀔 수 있다. 주관화(전문적인 용어로는 전이와 역(逆)전이) 가 되면 환경으로부터의 분리가 일어난다. 말하자면 이해가 우세해져서 더 이상 지식에 의한 균형이 가능하지 않게 될 때, 어느 쪽도 바라지 않지만 불가피하게 어떤 사회적 한계가 시작되는 것이다.

이해가 깊어질수록, 그 이해는 지식으로부터 더욱 멀어지게 된다. 그러다 이상적인 이해의 상태에 도달하면, 각 당사자는 종국적으로 별 생각 없이 상대방의 경험을 받아들일 것이다. 사회적 책임을 결여하고 최대한의 주관성을 가진 채 무비판적인 수동성의 상태에 놓이는 것이다. 어떠한 경우든 이 정도까지의 이해는 불가능하다. 왜냐하면 그렇게 되려면 서로 다른 두 개인이 사실상 동일하게 되어야 하기 때문이다. 조만간에 두 개인 중 어느 한 쪽이 상대방의 개성에 동화하기 위해서는 자신의 개성을 어쩔 수 없이 희생시켜야 한다고 느끼게 되어 있다. 그러면 그 관계는 삐걱거리게 마련이다. 이런 불가피한 결과가 그 이해를 깨뜨린다. 그 이유는 이해란 것이 두 당사자의 개성을 온전히 지키는 것을 전제로 하기 때문이다. 그렇기 때문에 이해와 지식 사이에 균형이 지켜지는 선까지만 이해를 끌어올리는 것이 바람직하다. 어떠한 대가를 치르더라도 이해를 추구하겠다는 자세는 양쪽 당사자 모두에게 해롭다.

복잡하고 개인적인 상황을 이해해야 할 때마다, 이런 문제가 생긴다. 바로 이 지식과 이해를 제시하는 것이 심리학의 특별한 임무다. 그것은 또한 영혼의 치유에 열중하는 고해 신부의 임무이기도 하다. 고해 신부의 직책이 불가피하게 그로 하여금 결정적인 순간에 종파적인 편견의 잣대를 들이대도록 강요하지 않는다면 말이다. 그 결과, 한 개인이 개인 그 자체로 존재할 권리가 집단적인 편견에 의해 제약을 받고, 종종 가장 민감한 영역에서 축소된다. 이런 현상이 일어나지 않는 유일한 경우는 예수 그리스도의 모범적인 삶 같은 종교적 상징이 개인에 의해 구체적으로 이해되고 적절하다고 느껴지는 때뿐이다. 오늘날의 현실이 이와 얼마나 동떨어져 있는지에 대한 판단은 다른 사람들에게 넘기고자 한다.

여하튼, 의사는 분파적인 제한이 거의 또는 아무런 의미를 지니지 않는 환자들을 치료해야 한다. 따라서 그의 직업이 그로 하여금 선입견을 가능한 한 적게 갖도록 강요한다. 마찬가지로 의사는 형이상학적인, 말하자면 증명할 수 없는 확신과 주장을 존중하는 한편으로 그 확신이나 주장에 보편적인 유효성을 부여하지 않도록 조심해야 한다. 이런 주의가 요구되는 이유는 개인의 특성들이 외부의 자의적인 간섭에 의해 뒤틀리는 일이 절대로 일어나서는 안 되기 때문이다. 의사는 환자의 인격의 개별적 특성들을 환경의 영향으로, 그 사람 본인의 내적 발달로, 그리고 더욱 넓은 의미에서 온갖 인생사로 점철된 그의 운명으로 돌려야 한다.

많은 사람들은 이처럼 신중한 주의에 대해 지나치게 과장되었다고 생각할 것이다. 그러나 두 개인 사이에 논리적 토론이 전개되는 과정에 서로가 영향을 미치게 된다는 사실에 비춰본다면, 이 과정이 아주 빈틈없이 전개된다 할지라도 책임감 있는 의사라면 환자가 이미 굴복한 집단적인 요소에 불필요하게 새로운 것을 더 더하지 않을 것이다. 게다가 그런 의사는 환자에게 아무리 값진 교훈을 제시한다 하더라도 그것이 오히려 환자로 하여금 적대감을 노골적으로 표현하도록 만들거나 은밀히 저항하도록 만들어 치료를 위험하게 할 수 있다는 점을 잘 알고 있다.

오늘날엔 개인의 정신적 상태가 광고와 선전, 다양한 선의의 충고나 암시에 의해 지나치게 위협을 받고 있다. 그런 까닭에 환자가 의사와의 만남을 통해서 "해야 한다"거나 "하는 수밖에 없다"는 식의 불쾌한 말이 되풀이되지 않는 인간관계를 평생에 처음 경험할 수도 있다. 외부의 공격과 그 공격이 개인의 정신에 미치는 영향에 맞서면서, 의사는 스스로 상담자의 역할을 맡아야 한다고 생각한다. 이렇듯 개인의 내면과 외부에 명백한 보호 장치가 존재한다는 점을 감안한다면, 외부의 공격으로 인해 무질서한 본능이 풀려나면서 폭발할 것이라는 두려움은 지나치게 과장되었을 가능성이 있다. 무엇보다도, 대부분의 사람들에게는 도덕성은 말할 것도 없고 품위도 있고 마지막으로 형법을 생각하는 소심함도 있다.

이 두려움은 개인의 의식 안에서 개성이 처음 일어나도록 만드는 데 요구되는 엄청난 노력에 비하면 아무것도 아니다. 더구나 개인이 개성을 발휘하기까지 필요한 노력에 비하면 이 두려움은 더더욱 하찮다. 그리고 이런 개인적인 충동이 지나치게 성급하게 툭툭 튀어 나올 때, 의사는 그것이 환자의 근시안적인 견해와 무례, 냉소주의와 결합하지 않도록 막아줘야 한다.

두 개인 사이에 논리적인 논의가 전개되다 보면, 이런 개인적인 충동을 평가해야 할 때가 올 것이다. 그때가 되면, 환자는 관습을 그대로 답습하지 않고 자신의 통찰과 결정을 근거로 행동할 수 있을 만큼 판단력에 확신을 갖게 될 것이다. 비록 환자가 어쩌다 집단의 의견에 동의하는 경우가 있다 할지라도 말이다. 만약에 환자가 확고히 독립하지 못한다면, 소위 객관적인 가치들도 그에게 아무런 이로움을 주지 못한다. 그런 경우에 그 가치들이 그 사람의 성격을 대체하는 역할만을 맡으면서 그의 개성을 억누를 것이기 때문이다.

당연히 사회는 해로운 주관주의에 맞서 스스로를 지킬 권리를 갖는다. 그러나 사회 자체가 개성을 잃어버린 개인들로 이뤄져 있는 한, 그 사회는 결국엔 무례한 개인주의자들에 의해 좌지우지된다. 사회가 제 멋대로 집단과 조직으로 서로 결합하도록 내버려둔다고 가정해 보자. 그러면 사회가 한 사람의 독재자에게 아주 쉽게 굴복하도록 만드는 것이 바로 이런 결합과 그에 따른 개인적인 개성의 종식이란 사실이 확인될 것이다.

불행히도 0이 백만 개 모인다 해도 1이 되지 못한다. 종국적으로 모든 것은 개인의 자질에 달려 있다. 그러나 우리 시대의 극히 근시안적인 관습은 무엇이든 큰 숫자와 집단적인 조직으로만 생각하게 만든다. 규범을 잘 따르는 군중이 단 한 사람의 광인의 손아귀에 휘둘리며 어떤 짓을 할 수 있는지를 지금까지 인류 역사를 통해 필요 이상으로 많이 보아왔으면서도 말이다. 정말 불행하게도 이 깨달음은 많은 사람들에게까지 전파되지는 않는 것 같다. 이 점에서 보면, 우리 인간이 맹목적이라는 사실은 매우 위험하다. 사람들은 기꺼이 조직화를 계속하고 대중 행위의 힘을 지속적으로 믿는다. 아주 막강한 조직도 지도자들의 극단적인 무례와 천박한 슬로건에 의해서만 유지될 수 있다는 사실에 대해서는 조금도 알지 못하는 가운데 말이다.

정말 신기하게도, 교회도 역시 악귀의 왕 바알세불[56]의 힘을 빌려 악마를 내쫓기 위해 대중 행위를 이용하길 원한다. 개인의 영혼을 구원하고 돌보는 곳인 교회에서 말이다. 교회는 또한 군중 심리의 기본적인 원리에 대해 들은 바가 전혀 없는 것처럼 보인다. 개인은 집단 안에서 도덕적으로나 영적으로 열등해진다는 것은 군중 심리의 기본이 아닌가. 군중 심리의 기본을 잘 모르는 까닭에, 교회는 개인이 정신의 부활을 성취하도록 돕는 진짜 임무에 그다지 열성을 보이지 않는다. 불행하게도, 만약에 개인이 정신적으로 진정한 쇄신을 이루지 못한다면 사회도 정신적 쇄신을 이루지 못한다. 왜냐하면 사회란 것은 구원을 필요로 하는 개인들의 총합이기 때문이다. 그러므로 교회들이, 분명히 현실 속에서 하고 있는 바와 같이, 개인을 사회적 조직 안으로 엮어 넣음으로써 책임감을 모르는 하나의 부품으로 전락시키려고 노력할 때, 나는 구원을 착각이라고 볼 수밖에 없다. 개인을 무신경하고 무심한 대중으로부터 끌어내어 그 사람에게 그 사람 본인이 하나의 중요한 요소라는 점을 각인시키고, 또 그렇게 함으로써 세상의 구원은 개인의 영혼의 구원에 달려 있다는 점을 깨닫도록 하는 것이 본연의 임무인데도 교회들은 오히려 반대의 모습을 보이고 있다.

대규모 집회들이 개인 앞에서 사상을 과시하면서 군중 암시의 힘을

..........
56  영어로는 'Beezebub'로 쓴다. '파리의 왕'이라는 뜻이며, 블레셋의 에그론이라는 도시에서 숭배된 파리의 신이다. '신약성경'에서는 귀신의 왕으로 불린다.

빌려 개인에게 그 사상을 각인시키려고 노력하는 것은 사실이다. 그런데 이때 달갑지 않은 결과가 나타난다. 흥분이 식고 나면, 대중 인간은 그 즉시 더욱더 뻔하고 더욱더 요란한 다른 슬로건에 넘어가게 되는 것이다. 이런 치명적인 영향력을 차단시켜주는 효과적인 방패가 될 수 있는 것이 바로 개인과 신 사이의 개인적 관계이다. 예수 그리스도가 집단 모임에서 제자들을 자신에게로 부른 적이 있었는가? 베드로라는 이름의 '반석'(盤石)마저 동요하는 조짐을 보일 때, 그리스도가 그 전에 5,000명에게 음식을 먹였던 일이 추종자들로 하여금 예수 그리스도를 향해 나머지 사람들과 함께 "십자가에 못 박아라!"라고 외치지 못하도록 막았는가? 그리고 예수 그리스도와 바오로라면 자신의 내면적 경험을 믿으면서 대중의 의견을 무시하고 각자의 길을 걸은 인간들의 원형이 아닌가?

이런 논쟁이 우리로 하여금 오늘날 교회가 직면하고 있는 상황을 간과하도록 만들어서는 안 된다. 교회가 암시의 도움을 받아 개인들을 신자 공동체로 결합시킴으로써 형태가 없는 대중에게 형태를 부여하고 그런 조직을 하나로 뭉치려고 노력할 때, 교회는 위대한 어떤 '사회적' 봉사를 수행하고 있을 뿐만 아니라 개인에게 의미 있는 삶이라는 은혜를 베풀고 있다. 하지만 이런 것들은 대체로 어떤 경향을 더욱 강화하는 은혜이지 그 경향을 변화시키는 은혜는 아니다.

불행한 일이지만, 경험을 통해 알 수 있듯이, 영혼은 아무리 많은 공동체를 갖고 있더라도 변하지 않은 채 남는다. 영혼이 스스로 노력과 고통을 통해서만 얻을 수 있는 것을 환경이 선물로 줄 수는 없다. 호의적인 환경은 의도와는 정반대로 단지 모든 것이 외부에서 비롯된다고 생각하는 위험한 성향을 더욱 강화시킬 뿐이다. 심지어 외적 현실이 제시하지 못하는 변화, 말하자면 오늘날의 대중 현상과 미래에 나타날 인구 증가라는 보다 큰 문제의 측면에서 보면 훨씬 더 긴급한 영혼의 변화까지도 외부에 기대하게 될 것이다.

지금은 우리가 대중 조직 안에서 한 덩어리로 묶고자 하는 것이 과연 무엇이며, 개별적인 인간 존재, 즉 통계적인 인간이 아닌 진짜 인간 존재의 본질을 이루고 있는 것은 과연 무엇인지를 우리 자신에게 물어야 할 때이다. 영혼의 변화는 자기 반성의 새로운 과정을 통하지 않고는 거의 불가능하다.

누구나 쉽게 예상할 수 있듯이, 모든 대중 운동은 큰 숫자를 내세우며 사람들을 쉽게 조종한다. 사람들은 대체로 이런 식으로 생각한다. 다수가 모인 곳에는 안전이 있다. 다수가 믿는 것은 당연히 진리임에 틀림없다. 많은 사람이 원하는 것은 분명 추구할 가치가 있고 또 필요하며, 그렇기 때문에 선한 것임에 틀림없다. 다수의 외침에는 개인의 소망 성취를 강제로 빼앗을 권력이 들어 있다. 그러나 그 모든 것들 중에서 가장 달콤한 것은 어린 시절의 왕국으로, 부모의 보살핌이 있는 낙원으로, 태평하고 책임감이 필요 없는 세계로 아무런 고통 없이 부드럽게 돌아가는 것이다. 그런 경우에 모든 사고와 보살핌은 위에서 행해진다. 모든 질문에는 반드시 대답이 있다. 필요한 것이 있으면 즉각 조달된다.

대중적 인간의 유치한 꿈이 너무나 비현실적이기 때문에, 그 사람은 그 낙원의 비용을 누가 대는지에 대해 물어볼 생각조차 하지 않는다. 회계의 균형을 맞추는 책임은 보다 높은 정치적, 사회적 권위자에게 있다. 이 권위자는 그런 임무를 환영한다. 왜냐하면 그로 인해 권력이 더욱 커지기 때문이다. 권위자가 권력을 더 많이 가질수록, 개인은 더욱 나약하고 속수무책인 존재가 된다.

이런 유형의 사회적 조건이 광범위하게 무르익은 곳마다, 전제 정치의 길이 활짝 열리고 개인의 자유가 정신적, 육체적 노예로 바뀐다. 모든 전제 정치는 비도덕적이고 무자비하다. 그렇기 때문에 전제 정치는 통치 방법을 선택하는 문제에 있어서 개인을 고려하는 제도보다 훨씬 더 폭넓은 자유를 누린다. 개인을 고려하는 제도라 하더라도 만약에 조직화된 국가와 충돌을 빚게 된다면, 그 제도는 자체의 도덕성이 오히려 불리하다는 사실을 깨닫게 될 것이고, 그러면 상대방과 똑같은 방법을 동원하지 않을 수 없다고 느낄 것이다. 이런 식으로, 악이 불가피하게 퍼지게 된다.

직접적 전염을 피한다 하더라도 악의 전파는 불가피하다. 서유럽 곳곳에서 보듯이, 다수와 통계적 가치들에 결정적 중요성이 부여되는 곳에선 그 전염의 위험이 더욱 커진다. 질식시킬 듯한 대중의 힘이 매일 신문을 통해 이런저런 형태로 우리 눈앞에 펼쳐지고 있으며, 개인의 무가치가 개인의 내면 안에 너무나 깊이 스며든 탓에 사람들은 너나없이 자신의 목소리를 전하려는 희망을 완전히 잃어버렸다. 자유와 평등, 박애라는 옛날의 케케묵은 이상들은 개인에게 아무런 도움을 주지 못한다. 이유는 개인이 자신의 사형 집행관이나 다름없는 집단의 대변인에게만 직접 호소할 수 있기때문이다.

조직화된 집단에 저항하는 것은 개성이 집단 자체 만큼 잘 조직된 사람에 의해서만 가능하다. 오늘날의 사람들에겐 이 주장이 거의 터무늬없는 말로 들릴 것임에 틀림없다. 도움이 될 만한 중세의 관점, 즉 사람은 커다란 우주를 작게 축소한 하나의 소우주라는 관점은 오래 전에 사람들로부터 멀어졌다. 세상을 두루 포용하고 세상을 좌우할 수 있는 인간의 정신이 그 사람을 더 훌륭하게 가르칠 수 있었을 텐데도 말이다. 하나의 정신적 존재로서 개인에겐 대우주의 이미지가 각인되어 있을 뿐만 아니라, 개인 스스로도 그 이미지를 점점 더 크게 창조해 나가기도 한다. 개인은 한편으론 깊이 숙고하는 의식을 통해서, 다른 한편으론 유전적으로 내려오는 본능의 원형적인 본질 덕분에 자신의 내면에 우주적인 요소를 간직하고 있다. 이 본능이 개인을 환경에 속박시킨다.

그러나 개인의 본능은 그 개인을 대우주와 결합시킬 뿐만 아니라 어떤 의미에서 보면 그를 대우주로부터 떼어놓기도 한다. 왜냐하면 개인의 욕망이 그를 다른 방향으로 잡아끌기 때문이다. 이런 식으로, 개인은 자기 자신과 끊임없이 갈등을 빚는다. 개인이 자신의 삶에 분산되지 않은 어떤 목표를 제시하는 데 성공하는 경우는 극히 드물다. 분산되지 않은 목표를 추구하려면 대체로 그 사람은 자신의 본성의 다른 측면을 억누르는 대가를 치러야 한다. 그런 상황에 처하면 사람은 자신에게 질문을 던져야 한다. 이 일방성이 과연 강요할 만한 가치가 있는가, 하고 말이다. 인간 정신의 자연적 상태가 정신의 구성 요소들이 동시에 서로 밀치고 또 그 요소들의 움직임이 서로 모순을 보이는, 말하자면 어느 정도 분열된 상태라는 점을 고려한다면, 그런 물음이 불가피하다. 불교에서는 이를 '만물에 대한 집착'이라고 부른다. 그런 조건은 질서와 통합을 큰 소리로 요구한다.

모두가 서로에게 좌절하게 되어 있는 군중의 혼란스런 행동이 어떤 독재자의 의지에 의해 일정한 방향으로 밀어붙여지는 것과 똑같이, 분열된 상태의 개인도 방향과 질서를 잡아줄 어떤 원칙을 필요로 한다. '자아의식'[57]이 이 역할을 맡기를 원하지만 그런 의도를 방해하는 막강한 무의식적 요소들을 간과하고 있다. 만약에 통합의 목표를 달성하길 원한다면, 우선 자아의식은 무의식적 요소들의 본질부터 알아야 한다. 또 자아의식은 이 요소들을 경험해야 한다. 그렇지 않을 경우에 자아의식은 그 무의식적 요소들을 표현하고 통합을 끌어낼 수 있는 신비적인 상징을 갖고 있어야만 한다. 현대인의 내면에서 표현될 길을 찾고 있는 것들을 두루 뚜렷하게 나타낼 어떤 종교적 상징이 이 일을 해낼 수 있다. 하지만 기독교 상징에 대한 우리의 인식은 이 날까지 그런 일을 하지 못했다. 그와 반대로, 세계를 둘로 나누는 선(線)은 정확히 기독교를 믿는 백인들의 영역을 가로지르고 있다. 그리고 우리 기독교인들의 인생관은 공산주의 같은 케케묵은 사회 질서의 재발을 막는 데 무력하다는 것이 입증되었다.

그렇다고 기독교가 끝났다는 뜻은 아니다. 정반대로, 현재의 세계적 상황에서 시대에 뒤처진 것은 기독교가 아니라 기독교에 대한 우리의 인식과 해석이라고 나는 확신한다. 기독교의 상징은 더욱 발전할 씨앗을 품고 있는 하나의 생물이다. 그것은 계속 발전할 수 있다. 우리가 다시 묵상을 하기로 결정할 것인지의 여부는 순전히 우리에게, 더 구체적으로 말하면 기독교의 전제에 달려 있다. 이는 개인에 대하여, 그

..........
57  칼 융은 의식은 언제나 자아의식이라고 했다. 나 자신을 의식하기 위해선 나 자신과 타인들 사이에 구분이 이뤄져야 한다는 뜻이다.

리고 '자기'라는 소우주에 대하여 지금까지 우리가 보여 왔던 것과는 매우 다른 태도를 요구한다. 인간에게 어떤 접근법이 열려 있는지, 인간이 어떤 내면적 경험을 할 수 있는지, 그리고 종교적 신화의 밑바닥에 어떤 정신적 사실들이 잠재해 있는지를 아무도 모르는 이유도 바로 그 때문이다. 그 위로 암흑이 넓게 펴져 있기 때문에, 어느 누구도 자신이 왜 관심을 가져야 하는지 아니면 자신이 어떤 목적에 이바지할 수 있는지에 대해 알지 못한다. 이 문제 앞에 우리는 속수무책으로 서 있다.

이는 놀라운 일이 아니다. 이유는 사실상 모든 으뜸패들이 적들의 수중에 있기 때문이다. 그들은 대규모 군대와 그 군대의 압도적인 파워에 기댈 수 있다. 정치와 과학과 기술도 그들의 편이다. 과학의 인상적인 주장들은 지금까지 인간 정신이 성취한 지적 확실성을 최고의 수준으로 보여주고 있다. 과거 시대의 퇴보와 암흑과 미신에 관하여 백배나 더 계몽된 오늘날의 사람들에게는 적어도 그렇게 보인다. 그들의 선생들이 똑같은 표준으로는 결코 잴 수 없는 것들을 엉터리로 서로 비교함으로써 심각할 정도로 길을 잃고 말았다는 생각 따위는 그들의 머리에 절대로 떠오르지 않는다. 그 사람들의 질문을 받는 지적 엘리트들 사이에 오늘날의 과학이 불가능한 것으로 여기는 것들은 다른 시대에도 마찬가지로 불가능했다는 데 의견 일치가 거의 이뤄지고 있기 때문에 그런 현상이 더욱더 강하다.

무엇보다도, 사람들에게 우주적 관점을 가질 기회를 줄 수 있는 신앙의 사실들이 똑같은 맥락에서 과학의 사실들로 취급당하고 있다. 그런 까닭에 사람들이 개인의 영혼의 치유를 맡는다는 교회와 그 대변자들에게 질문을 던지면, 종교적 믿음을 갖기 위해선 먼저 세속적인 기관일 게 틀림없는 교회의 구성원이 되는 것이 의례상 꼭 필요하다는 대답이 돌아온다. 또 개인들에게 의문스럽게 들렸던 신앙의 사실들이 구체적인 역사적 사건이며, 어떤 의식적인 행위들이 기적의 효과를 낳았고, 예수 그리스도가 대신 받은 고통이 개인들을 죄와 죄의 결과, 즉 영원한 파멸로부터 구해주었다는 식의 대답도 나온다. 만약에 개인이 제한적인 수단을 가진 가운데 이런 것들에 대해 곰곰 생각하기 시작한다면, 그 사람은 자신이 그런 것들을 전혀 이해하지 못하기 때문에 자신에겐 두 가지 가능성밖에 없다고, 즉 맹목적으로 믿든가 아니면 그런 말을 이해하지 못하겠다며 부정하는 방법밖에 없다고 고백해야 할 것이다.

오늘날의 개인은 국가가 제시하는 모든 "진실"에 대해 쉽게 생각하고 쉽게 이해할 수 있다. 그런 반면에 종교에 대한 이해는 설명이 부족한 관계로 상당히 더 힘들다. ("지금 읽으시는 것을 아시겠습니까?" 이 물음에 그는 "누가 나에게 설명해 주어야 알지 어떻게 알겠습니까?" 하고 대답했다.('사도행전' 8장 30절)) 만약에 이런 현실에도 불구하고 개인이 자신의 모든 종교적 확신을 버리지 않았다면, 그것은 종교적 충동이 본능적인 바탕에 근거하고 있는 까닭에 특별히 인간적인 것이기 때문이다.

당신은 어떤 사람의 신을 빼앗을 수는 있지만 결국엔 그 사람에게 다른 신을 내놓아야 한다. 대중 국가의 지도자들은 자신이 신격화되는 것을 피하지 못한다. 이런 종류의 조잡한 조치가 아직 강제로 취해지지 않은 곳마다, 거기엔 그것 대신에 악마적 힘이 실린 강박적인 요소들이 일어난다. 예를 들면 돈이나 일, 정치적 영향이 그런 요소들이다.

어떠한 것이 되었든 자연적인 인간적 기능이 제 길을 잃게 되면, 다시 말해 의식적으로 표현되는 것을 거부당하게 되면, 그 결과로 전반적인 소요가 일어나게 된다. 그렇기 때문에 '이성(理性)의 여신'의 승리로 인해 현대인들 사이에 신경증 증세가 전반적으로 퍼지는 것은, 다시 말해 오늘날 철의 장막에 의해 세계가 찢어진 것과 비슷한 성격 분열이 일어나는 것은 지극히 자연스럽다. 가시 철조망을 두른 이 경계선은 어느 쪽에 살든 현대인의 정신을 관통하고 있다. 그리고 전형적인 신경증 환자가 자신의 그림자[58]를 알지 못하듯이, 정상적인 개인도 신경증 환자처럼 자신이 아닌 이웃이나 경계선 너머의 사람에게서 자신의 그림자를 본다. 심지어 이쪽에선 저쪽의 공산주의를, 저쪽에선 이쪽의 자본주의를 무시무시한 악마로 부르는 것이 정치적, 사회적 의무가 되었다. 이는 외부로 향하는 눈을 현혹시켜 그 눈이 안으로 개인적인 삶을 보지 못하도록 막기 위함이다. 그러나 신경증 환자가 자신의 다른 반쪽을 모름에도 불구하고 모든 것이 자신의 정신과 그다지 조화를 이루지 못한다는 사실을 어렴풋이 예감하는 것과 똑같이, 서유럽의 사람도 자신의 정신과 "심리"에 본능적인 관심을 발달시켰다.

이리하여 심리학자가 좋든 싫든 무대에 등장하라는 요구를 받기에 이르렀고, 그에게 가장 내밀하고 가장 깊이 숨겨진 개인의 삶과 관련 있는 질문들이 주로 던져진다. 그런데 그 질문들을 분석해 보면 종국적으로 시대정신의 직접적인 산물인 것으로 드러난다. 숨겨진 삶에 관한

..........
58 칼 융은 모든 사람의 내면에 그림자 같은 이중 인격이 있다고 주장한다. 그림자는 대체로 폭력적이다. 그럼에도 대부분의 사람들은 자신의 그림자를 모르거나 억누르며 살아간다.

것은 흔히 그 개인적인 징후 때문에 신경증으로 여겨진다. 그도 그럴 것이 그것이 유치한 공상들로 이뤄져 있기 때문이다. 그런데 이 공상들은 성인(成人)의 정신적 내용물과 조화를 이루지 못하고 또 그런 까닭에 그것이 의식에 닿기라도 하면 우리의 도덕적 판단에 의해 억눌러진다.

당연히, 이런 종류의 공상 대부분은 어떤 형태로 의식에 닿지 않는다. 그리고 얼핏 보아도 그 공상들이 의식적이었던 적이 있거나 의식적으로 억눌러진 것 같지 않다. 그보다 그 공상들은 언제나 거기에 존재하거나 아니면 어쨌든 무의식적으로 일어나서, 심리학자가 간섭하여 의식의 문턱을 넘어설 수 있게 될 때까지 무의식의 영역에 남아 있는 것 같다. 무의식적 공상들의 활성화는 의식이 스스로 위험한 상황에 처했다는 사실을 깨달을 때 일어나는 과정이다. 그런 식으로 일어나지 않는다면, 공상들은 정상적으로 나타날 것이며 신경증적 장애를 전혀 수반하지 않을 것이다.

실은 이런 종류의 공상들은 어린 시절의 세계에 속하며, 의식적인 삶의 비정상적인 조건에 의해 터무니없이 강화될 때에만 정신적 장애를 낳는다. 부모들이 바람직하지 않은 영향력을 행사하면서 주변 환경을 불안하게 만들고 아이의 정신적 균형을 깨뜨릴 갈등을 일으킬 때, 이런 현상이 특별히 더 자주 나타나는 것 같다.

성인에게 신경증 증세가 나타날 때, 어린 시절의 공상의 세계가 다시 나타난다. 그러면 그 성인은 자신의 신경증을 유치한 공상들이 나타난 탓으로 돌리고 싶은 유혹을 받게 된다. 그러나 이는 그 공상들이 그 전에는 어떠한 심리적 영향도 끼치지 않은 이유를 설명하지 못한다. 이런 심리적 영향은 오직 그 개인이 자신의 의식적인 수단으로는 도저히 극복하지 못하는 상황에 직면할 때 나타난다. 그런 상황의 결과로 성격의 발달이 정지하게 되면 유아 시절의 공상들이 들어올 문이 활짝 열리게 된다.

물론 이 공상들은 누구에게나 잠재해 있다. 그러나 의식적인 성격이 별다른 방해를 받지 않고 제 길을 계속 걸을 수 있을 때엔 이 공상들은 어떠한 활동도 보이지 않는다. 이 공상들은 어느 수준의 강도를 얻게 되면 의식을 뚫고 들어와 갈등 상황을 만들기 시작하며 따라서 환자 본인에게도 지각되기에 이른다. 그러면 환자는 각각 다른 성격을 가진 두 개의 인격으로 분열된다. 그러나 그 분열은 사용되지 않아서 의식에서 흘러넘친 에너지가 무의식적 성격의 부정적인 특징들을, 특히 유아적인 특징들을 강화하기 오래 전부터 이미 무의식 속에서 준비되고 있었다.

어린이의 정상적인 공상들은 기본적으로 본능적인 충동에서 나온 상상에 지나지 않으며, 따라서 미래의 의식의 활동을 사전에 연습하는 것으로 여겨질 수 있다. 그렇듯이 신경증 환자의 공상도 비록 본능적 에너지의 퇴행 때문에 병적으로 뒤틀려 있고 곡해되어 있을지라도 분명 정상적인 본능의 어떤 골자를 담고 있으며, 그것을 뒷받침하는 증거는 그 공상의 적절성에 있다.

신경증은 언제나 정상적인 본능적 에너지와 그에 고유한 "상상"이 부적절하게 왜곡되고 곡해되고 있다는 것을 암시한다. 그러나 본능은 그 에너지와 형태에 있어서 매우 보수적이고 극도로 케케묵었다. 본능이 정신에 모습을 드러낼 때는 하나의 이미지로 나타나는데 이 이미지는 그 본능적인 충동의 성격을 그림처럼 시각적으로, 또 구체적으로 표현한다.

예를 들어 유카나방의 정신을 들여다볼 수 있다면, 우리는 그 안에서 어떤 생각의 패턴을, 신비하고 매력적인 어떤 패턴을 발견할 것이다. 이 생각의 패턴이 그 나방으로 하여금 유카라는 식물에 붙어서 그 식물이 수분 행위를 수행하도록 할 뿐만 아니라 전체 상황을 "인식하도록" 돕는다. 본능이라고 해서 맹목적이고 불명확한 충동은 절대로 아니다. 왜냐하면 그것이 구체적인 외적 상황과 조화를 이루고 적절한 것으로 입증되기 때문이다. 이 구체적인 외적 상황이 본능으로 하여금 독특하고 더 이상 바꿀 수 없는 어떤 형태를 띠도록 한다. 본능이 독창적이고 유전적인 것과 똑같이, 그 본능의 형태 또한 오랜 세월을 거친, 말하자면 원형적인 것이다. 본능은 심지어 육체의 형태보다도 역사가 더 깊고 더 보수적이다.

이러한 생물학적 이해는 당연히 의식과 의지와 이성을 소유하고 있음에도 불구하고 여전히 일반 생물학의 틀 안에 남아 있는 인간에게도 그대로 적용된다. 의식의 작용이 본능에 뿌리를 내리고 있고 또 본능으로부터 생각의 기본적인 특징들뿐만 아니라 그 동력까지 끌어내고 있다는 사실은 동물 왕국의 다른 모든 구성원들뿐만 아니라 인간의 심리에도 똑같은 의미를 지닌다. 인간의 지식은 기본적으로 우리들에게 선험적으로 주어진 관념의 원시적 패턴들을 끊임없이 새롭게 적용하는 데에 있다. 이 패턴은 변화를 요구한다. 이유는 그 패턴이 원래의 형태로는 과거의 삶의 유형에는 적절하지만 본질적으로 확 달라진 환경에는 부합하지 않기 때문이다. 우리의 존재에 반드시 필요한 본능적인 에너지가 우리의 삶 속으로 계속 흘러들어오게 하려면, 이런 원형적인 형태들을 현재의 도전에 적절한 사상으로 다시 다듬는 작업이 반드시 필요하다.

## 5. 삶에 대한 철학적 및 심리학적 접근

그러나 우리의 사상은 전체 상황에 나타나는 변화보다 뒤처지는 경향을 보인다. 이는 불행하지만 불가피한 현상이다. 우리의 사상이 뒤처지지 않는 것은 거의 불가능한 일이다. 왜냐하면 세상에서 아무것도 변하지 않는 한에서만 사상이 어느 정도 적응을 끝내고 만족스러울 만큼 기능을 할 수 있게 되기 때문이다. 그렇다면 사상이 먼저 변하고 적응할 이유가 하나도 없다.

조건이 극적으로 변하여 우리의 외적 상황과 우리의 사상 사이에 묵인할 수 없는 괴리가 생기고 따라서 우리의 사상이 케케묵은 것이 될 때, 우리의 '세계관', 즉 삶의 철학에 총체적인 문제가 일어난다. 그와 함께, 본능적인 에너지를 계속 분출하고 있는 원초적인 이미지들을 어떻게 다시 적응시킬 것인가 하는 문제도 발생한다.

이 원초적인 이미지들은 간단히 새로운 합리적인 형상들로 대체되지 않는다. 왜냐하면 이 새로운 형상들이 인간의 생물학적 필요보다는 외적 상황에 지나치게 좌우될 것이기 때문이다. 더욱이 이 형상들은 인간의 본래 모습에 닿을 수 있는 다리를 하나도 건설하지 못할 뿐만 아니라 오히려 거기에 접근하는 길을 모두 차단하고 나설 것이다. 이것은, 마치 신인 것처럼 인간을 국가의 이미지에 따라 형성하길 원하는 마르크스주의자의 교육 목표와 일치한다.

오늘날엔 우리의 기본적인 확신들이 더욱더 합리적인 쪽으로 바뀌었다. 우리의 철학은 옛날과 달리 더 이상 삶의 방식을 논하지 않는다. 철학은 지적이고 학구적인 문제를 다루는 학문으로 완전히 바뀌었다. 종파적인 우리의 종교들은 케케묵은 의례와 인식을 그대로 유지한 채 중세였다면 큰 문제를 일으키지 않았을 세계관을 표현하고 있다. 그러나 그 종교들은 오늘날의 사람들에게는 이상하고 이해할 수 없는 것이 되어버렸다.

현대의 과학적 견해와 이런 충돌을 빚음에도 불구하고, 어떤 깊은 본능은 엄격히 말하면 지난 500년 동안에 일어난 정신적 발전에 대해 현대인에게 전혀 아무런 설명을 내놓지 못하고 있는 사상들에 매달리라고 강요하고 있다. 그 본능이 그런 식으로 강요하면서 추구하는 뚜렷한 목표는 현대인이 허무주의적인 절망의 나락으로 떨어지지 않도록 막아주는 것이다. 그러나 합리주의자로서 우리는 동시대의 종교가 지나치게 텍스트에 얽매이고 있고 편협하고 진부하다는 식으로 비판해야 한다고 느낄 때조차도 그 교리들이 어떤 원리를 선언하고 있다는 사실을 잊어서는 안 된다. 그 원리를 나타내는 상징들은 비록 그 해석에 있어서는 논란이 있음에도 불구하고 그 원형적인 성격 때문에 자체적으로 생명력을 갖고 있다. 따라서 모든 경우에 두루 지적인 이해가 반드시 필요한 것은 아니며, 지적인 이해가 요구되는 때는 감정과 직관을 통한 평가가 충분하지 않을 때뿐이다. 말하자면, 지성을 확신의 주요 파워로 여기는 사람들을 다룰 때에만 지적 이해가 요구된다는 뜻이다.

이 점에서 보면 신앙과 지식 사이에 가로 놓여 있는 심연보다 더 특징적이고 더 징후적인 것은 없다. 둘 사이의 대비가 너무나 두드러진 탓에 누구나 이 두 가지 카테고리와 그 세계관을 동일한 잣대로 재어서는 안 되는 것이 아닌가, 하는 부담을 느낀다. 그럼에도 신앙과 지식은 우리가 살고 있는 똑같은 경험적 세상에 관심을 갖고 있다. 심지어 신학자들까지도 신앙이 우리의 세계에서 역사적인 것으로 받아들여지는 사실들의 뒷받침을 받는다는 식으로 말하고 있으니까. 예를 들면, 예수 그리스도가 진짜 인간 존재로 태어나 많은 기적을 행하며 자신의 운명을 힘들게 살다가 폰티우스 필라투스(Pontius Pilate) 로마 총독의 지배 하에 죽어서 육체를 가진 상태에서 승천했다는 이야기를 들려주고 있다.

신학은 초기의 기록에 담긴 내용을 글로 쓰인 신화로 받아들이는 것을, 따라서 그 내용을 상징적으로 이해하려 하는 경향을 부정한다. 그런데 분명 "지식"에 대한 양보로 나온 움직임일 테지만, 최근에 자신의 신앙의 대상에서 "신화성을 제거하려고" 노력한 사람들이 바로 신학자들이었다. 비록 결정적인 문제에 있어서는 상당히 자의적으로 정리하는 모습을 보이긴 했지만 말이다. 그러나 비판적인 지식인이 볼 때 신화는 모든 종교들에 없어서는 안 되는 요소이며, 또 그런 까닭에 신앙에 대한 주장에서 신화를 배제할 경우에 반드시 종교가 훼손되게 되어 있다는 사실이 너무나 명백하게 보인다.

신앙과 지식 사이의 단절은 우리 시대의 정신적 장애의 두드러진 특징인 '분열된 의식'의 한 징후이다. 그것은 마치 두 명의 서로 다른 사람이 똑같은 것을 놓고 각자의 관점에서 글을 쓰거나, 아니면 한 사람이 두 가지 서로 다른 마음의 틀에서 자신의 경험을 그림으로 그리고 있는 것과 비슷하다. 여기서 "사람"을 "현대 사회"로 대체하면, 현대 사회가 어떤 정신적 분열을, 말하자면 어떤 신경증적 장애를 앓고 있다는 것이 명백해진다. 이 관점에서 볼 때, 한쪽은 고집스럽게 오른쪽으로 끌어당기고 다른 한쪽은 왼쪽으로 끌어당기는 현상은 사태 해결에 도움을 주지 못한다. 신경증을 앓고 있는 모든 정신에 지금 일어나고 있는 것이 바로 그런 현상이다. 이런 고통 때문에 환자가 의사를 찾고 있는 것이다.

앞에서 아주 짧게 요약했듯이, 의사는 자기 환자의 성격을 이루고 있는 두 개의 반쪽 모두와 관계를 확고히 다져야 한다. 이유는 의사가 다른 반쪽을 억압하는 하나의 반쪽을 통해서가 아니라 두 개의 반쪽 모두를 통해서만 온전하고 완전한 한 사람의 인간을 꿰어 맞출 수 있기 때문이다. 그 환자가 지금까지 해 왔던 것은 하나의 반쪽을 통해서 인간의 모습을 그리는 것이었다. 왜냐하면 현대의 세계관이 그에게 그 외의 다른 안내를 전혀 제시하지 않기 때문이다. 그의 개인적 상황은 집단적 상황과 원칙적으로 똑같다. 그는 전체 사회를 매우 작은 규모로 반영하고 있는 하나의 사회적인 소우주이거나, 반대로 집단 분열을 낳고 있는 사회적 최소 단위일 것이다. 그런데 후자일 가능성이 더 크다. 삶을 직접적으로 영위하는 유일한 것이 바로 개인의 인격이기 때문이다. 반면에 사회와 국가는 인습적인 개념이며 특정한 수의 개인들로 대표되는 한에서만 그 실체를 주장할 수 있다.

이 사회에 반(反)종교적인 요소들이 많음에도 불구하고, 우리 시대가 기독교 시대의 특별한 어떤 성취를 대대로 물려받았다는 사실은 터무니없을만큼 관심을 끌지 못하고 있다. 그 성취란 바로 기독교 신앙의 핵심적인 특징을 이루는 말, 즉 하느님의 말씀의 권위이다. 하느님의 말씀은 글자 그대로 우리의 신이 되었으며, 심지어 우리가 그냥 풍문으로 들어 기독교에 대해 알게 되었을 때조차도 말씀은 그대로 신이다. "사회"와 "국가" 같은 말은 매우 구체화되었기 때문에 이제 거의 인격까지 부여받기에 이르렀다. 길을 오가는 보통 사람들의 의견에 비춰보면, 국가는 재화를 역사 속의 그 어떤 왕보다도 더 줄기차게 공급하는 주체다. 또 국가는 국민들의 호소를 끊임없이 듣고 있으며, 또한 책임을 지고, 불평의 대상이 되기도 한다. 사회는 최고의 도덕적 원리의 반열에까지 올랐다. 정말로, 국가는 창조의 능력까지 부여받고 있다.

역사 발전의 어느 단계에서 반드시 필요한 말에 대한 숭배가 위험하고 부정적인 측면을 갖고 있다는 사실에는 아무도 관심을 두지 않는 것 같다. 말하자면 수 세기에 걸친 교육의 결과로 말이 보편적 타당성을 얻게 되는 순간에, 말에 대한 숭배가 그만 원래 말과 신성한 존재 사이에 형성되었던 연결을 끊어버린다. 그렇게 되면 인격화된 교회가 존재하게 되고, 인격화된 국가가 존재하게 된다. 말에 대한 믿음은 맹신이 되고, 말 자체는 어떠한 기만이든 저지를 수 있는 악독한 슬로건이 되어 버린다. 맹신과 더불어 정치적 부정과 타협으로 시민들을 속일 선전과 광고가 자연스레 나타나며, 그런 거짓말은 인류 역사에 유례가 없을 만큼 널리 퍼져나가고 있다.

따라서 원래 그 위대한 '사람'의 형상으로 만들어진 모든 인간들의 통합과 단결을 선언했던 말이 우리 시대에 와서는 모든 사람이 서로 맞서게 하는 의심과 불신의 원천이 되어 버렸다. 맹신은 우리의 최악의 적 중 하나이지만, 그것은 신경증 환자가 내면에 있는 회의(懷疑)를 누르거나 없애기 위해 기대는 임시변통에 지나지 않는다.

사람들은 의사가 환자에게 스스로 옳은 길로 들어서기 위해 해야 할 것을 말해주기만 하면 된다고 생각한다. 그러나 그 사람이 의사가 말한 내용을 실천에 옮기는지 여부는 또 하나의 문제이다. 그래서 심리학자는 말로 설득하거나, 훈계하거나, 훌륭한 조언을 제시함으로써 성취할 수 있는 것은 아무것도 없다고 생각한다. 심리학자는 환자의 정신 안에 들어 있는 것들의 목록을 정확히, 또 세세하게 파악해야만 한다. 심리학자는 고통 받는 환자의 문제를 그 사람의 개성과 관련시켜 설명할 수 있어야 하고 또 환자의 마음을 구석구석 다 더듬을 수 있어야 한다. 선생의 능력, 아니 의식의 감독관의 능력 그 이상으로 환자의 마음을 잘 알아야 한다.

어떠한 것도 배제하지 않는 심리학자의 과학적 객관성은 그로 하여금 환자를 하나의 인간 존재로만 아니라 동물처럼 자신의 육체에 속박되어 있는 인간 이하의 존재로도 보도록 한다. 과학 발달의 덕분에 심리학자의 관심은 이제 의식적인 인격을 벗어나서 성 아우구스티누스가 제시한 쌍둥이 도덕 개념, 즉 정욕과 오만에 해당하는 성욕과 권력욕(또는 자기 주장)의 지배를 받는 무의식적 본능의 세계로까지 나아갈 수 있게 되었다. 이 두 가지 근본적인 본능, 즉 종의 보존과 자기 보존의 충돌이 수많은 갈등의 원천이다. 그러므로 이 본능들은 도덕적 판단의 중요한 대상이며, 도덕적 판단의 목적은 가능한 한 본능의 충돌을 막는 것이다.

앞에서 설명한 바와 같이, 본능에는 두 가지 중요한 측면이 있다. 하나는 활력 또는 동인의 측면이고, 다른 하나는 구체적인 의미와 의도의 측면이다. 동물들에게 명백하게 드러나듯이, 모든 사람의 정신적 기능은 본능적 바탕을 갖고 있을 가능성이 매우 크다. 동물들을 살펴보면 모든 행동에서 본능이 '정신적 안내자'의 역할을 하고 있다는 사실이 쉽게 확인된다. 고등 원숭이들과 인간의 경우에 학습 능력이 개발되기 시작할 때에만 이 관찰이 제대로 통하지 않을 뿐이다. 동물들을 보면 학습 능력의 결과로 본능이 수많은 변형과 분화를 거치는 것으로 확인된다. 개화된 인간의 경우에 본능이 매우 세밀하게 분화되기 때문에 기본적인 본능 중에서 원래의 형태 그대로 남아 있다고 자신 있게 말할 수 있는 것은 극소수에 불과하다.

가장 중요한 것은 두 가지 근본적인 본능과 그 파생 본능들이다. 지금까지 의료 심리학의 관심을 독점적으로 받아온 것이 바로 이 본능들이다. 그러나 연구원들은 이 본능들의 가지들을 추적하다 보면 어느 카테고리로도 확실히 분류할 수 없는 것들과 마주치게 된다는 것을 알았다.

한 가지 예만 보도록 하자. 권력 본능을 발견한 전문가는 겉보기에 성적 본능의 표현임이 확실한 것이 권력과 관련 있는 본능으로 더 잘 설명되지 않는가 하는 의문을 품었다. 그리고 프로이트 본인도 가장 중요한 성적 본능 외에 자기 보존 본능의 존재를 인정해야 한다는 것을 느꼈다. 이는 알프레드 아들러(Alfred Adler)[59]의 관점을 인정하는 것이다. 이런 불확실성에 비춰본다면, 대부분의 경우에 신경증적인 징후들이 프로이트와 아들러 중 어느 한 사람의 이론으로도 아무런 모

..........
59 오스트리아의 심리학자(1870-1939)로 개인 심리학을 창시했다.

순 없이 설명될 수 있다는 것은 그다지 놀라운 일이 아니다.

이런 혼란스런 모습을 보인다고 해서 이 관점이나 저 관점, 아니면 두 가지 관점 모두가 틀렸다는 의미는 아니다. 그보다는 그 관점들은 상대적으로 유효하며, 또 일방적이고 독단적인 이론들과는 달리, 다른 본능들의 존재와 그 경쟁을 인정하고 있다. 내가 말한 바와 같이, 비록 인간 본능의 문제가 단순함과는 거리가 한참 멀다 하더라도, 거의 유일하게 인간에게만 있는 한 가지 자질인 학습 능력이 동물들에게서 발견되는 모방 본능에 바탕을 두고 있다고 단정해도 아마 틀리지 않을 것이다. 다른 본능적인 행동을 간섭하여 결국 그 행동을 바꿔놓는 것은 이 학습 능력의 본질에 속한다. 예를 들어 새들이 울다가 가락을 바꿀 때, 그 새들의 지저귐에서도 그런 현상이 관찰된다.

인간의 본능 중에서 학습 능력만큼 인간을 본래의 모습으로부터 멀리 벗어나도록 만드는 것은 없다. 이 학습 능력이 인간의 행동 양식을 점진적으로 변화시킨 원동력인 것으로 드러난다. 인간이라는 존재의 조건을 크게 바꿔놓은 것도 바로 이 학습 능력이다.

학습 능력은 또 인간이 자신의 본능적 토대로부터 점진적으로 멀어짐에 따라, 다시 말해 무의식을 희생시키면서 의식에 관심을 집중함으로써 자신에 관한 의식적인 지식과 자기 자신을 동일시함에 따라 생겨나게 된 무수한 정신적 장애와 어려움의 원천이기도 하다. 그 결과, 현대인은 자신을 자각하는 범위 안에서만 자기 자신에 대해 알 수 있게 되었다. 자신을 아는 능력은 환경적 조건과 지식에 대한 욕망에 크게 좌우되며, 그 능력에 대한 통제는 현대인이 본래 지녔던 본능적 성향을 변화시키게 되어 있다. 따라서 현대인의 의식은 주로 자신을 둘러싼 세상을 관찰하고 조사함으로써 스스로 방향을 바꿔 나가며, 현대인은 그 의식의 특성에 자신의 정신적 자원과 기술적 자원을 적응시킨다.

이 일이 매우 힘들긴 하지만 성취에 따르는 이점이 매우 크기 때문에, 현대인은 그 과정에서 자신을 망각해버린다. 자신의 본능적 본성을 제대로 보지 않고, 자신의 진정한 존재 대신에 자신에 대한 개념을 앞세우는 것이다. 이런 식으로, 현대인은 자기도 모르는 사이에 슬그머니 개념의 세계로 미끄러져 들어가는데, 개념의 세계에선 그의 의식적 활동의 산물이 현실을 점진적으로 대체하게 된다.

본능적인 본성으로부터 분리될 경우에, 교양 있는 현대인은 불가피하게 의식과 무의식, 시대정신과 천성, 지식과 신앙 간의 충돌을 겪게 되어 있으며, 그러다가 그의 의식이 본능적인 측면을 더 이상 무시하거나 억누를 수 없는 상황에 이를 때 이 분열이 병적인 모습을 띠게 된다. 이처럼 위험한 상황에 처한 개인들이 더 늘어나게 되면, 억압 받는 자들을 옹호한다고 주장하는 어떤 대중 운동이 일어난다. 모든 문제의 원인을 외부 세계에서 찾으려 드는 의식의 두드러진 성향에 맞춰, 정치적, 사회적 변화를 요구하는 외침도 더욱 커진다. 이때는 정치적, 사회적 변화만 이루면 정신분열증에 따른 훨씬 더 깊은 문제들이 저절로 해결될 것처럼 생각된다. 그런데 이 요구가 충족될 때마다, 똑같은 문제가 변형된 형태로 다시 나타날 수 있는 정치적, 사회적 조건이 조성된다. 이때 일어나는 일은 단순히 정반대다. 맨 아래에 있던 것이 맨 위에 가고, 그림자가 빛의 자리를 차지한다. 맨 아래에 있는 것들과 그림자는 언제나 무질서하고 난폭하기 때문에, "해방된" 약자의 자유가 가혹할 정도로 축소된다. 이 모든 것은 불가피하다. 이유는 악의 뿌리는 전혀 건드리지 않고 그대로 놓아둔 채 오직 해독제에만 관심을 집중하기 때문이다.

공산주의 혁명은 인간의 품위를 민주주의의 집단 심리보다 더 심하게 떨어뜨렸다. 이유는 공산주의 혁명이 인간에게서 사회적 의미의 자유뿐만 아니라 도덕적, 정신적 의미의 자유를 박탈했기 때문이다. 서유럽은 정치적 곤경 외에도 중대한 심리적 손상을 겪었다. 나치 독일의 시대에도 불쾌하게 느꼈던 그런 심리적 손상이었다. 독재자라는 존재가 있기에, 지금 우리는 그림자를 손가락으로 분명히 가리킬 수 있다. 그림자는 틀림없이 정치 전선의 반대쪽에 서 있고, 우리는 선한 쪽에 서서 올바른 이상을 품고 있다는 식의 사고가 팽배한 것이다.

널리 알려진 어느 정치인이 최근에 "악은 상상조차 해보지 않았다"고 고백하지 않았는가? 그때 그는 서유럽 사람이 자신의 그림자를 완전히 잃어버렸고, 가공의 인격과 자기 자신을 동일시하며, 이 세상을 과학적 합리주의가 그리는 추상적인 그림과 동일시하는 위험에 처해 있다는 사실을 다수의 이름으로 표현한 것이나 마찬가지다. 그의 정신적, 도덕적 반대자도 그 정치인만큼이나 진정한 존재임에도 불구하고 그의 가슴 안에는 더 이상 존재하지 않으며 언제나 지리적 구분선 그 너머에만 존재한다. 그런데 이 구분선은 이제 더 이상 외적인 정치적 장벽을 대표하지 않으며 인간의 내면에 있는 의식적인 인격과 무의식적인 인격을 무섭게 갈라놓고 있다. 사고와 감정이 인간의 내면에서 그 양극성(兩極性)을 잃고 있으며, 종교적 성향이 약해진 곳에선 신(神)조차도 고삐 풀린 정신적 기능들의 영향을 견제하지 못한다.

이성적인 철학은 경멸적인 뜻으로 "그림자"로 묘사되는, 우리 안의 또 다른 인격이 우리의 의식적인 계획과 의도와 조화를 이루는가 하는 문제로 귀찮아하고 싶어 하지 않는다. 분명히 말하지만, 우리의 철학은 우리의 본능적 본성에 존재의 뿌리를 내리고 있는 진정한 그림자가 우리 각자의 내면에 하나씩 존재하고 있다는 것을 모르고 있다. 본능의 에너지와 이미지들이 함께 어우러져 작용하면서 어떤 선입견을 형성하는데, 이를 무시하는 사람은 반드시 큰 위험을 겪게 된다. 본능을 방해하거나 무시하게 되면 생리적 본성과 심리적 본성에 나쁜 영향이 나타나는데, 그 영향을 제거하기 위해선 무엇보다 의료적 도움이 요구된다.

50년 이상 동안, 우리는 무의식에 의식의 평형추 역할을 하는 기능이 있다는 것을 알았거나 알 수 있는 위치에 있었다. 의료 심리학이 이를 증명하는 데 필요한 모든 경험적, 실험적 증거들을 제시했다. 의식과 그 내용물에 뚜렷이 영향을 미치는 어떤 무의식적인 정신적 실체가 있다. 이 모든 것들은 이미 알려져 있다. 그러나 그런 것들로부터 끌어낸 실용적인 결론은 아직 전혀 없다.

우리는 지금도 여전히 옛날처럼 생각하며 행동하고 있다. 마치 우리가 이중적이지 않고 단일한 존재인 것처럼 말이다. 따라서 우리는 스스로에 대해 해롭지 않고, 이성적이고, 인간적인 존재라고 상상한다. 우리는 자신의 동기에 대해 의심을 품지도 않고 또 자신이 외부 세계에서 하는 일에 대해 자신의 영혼이 어떻게 느낄 것인지에 대해 생각도 하지 않는다. 그러나 실제로 보면 우리가 무의식의 반응과 관점을 무시하는 것은 정신적으로도 건강하지 않을 뿐만 아니라 천박하고, 피상적이고, 분별없는 짓이기도 하다.

사람이 자신의 위나 심장에 대해 중요하지 않거나 경멸해도 좋은 것으로 여길 수 있다. 그러나 그렇게 생각한다고 해서 과식이나 과로가 그 사람의 몸과 마음에 영향을 미치지 않도록 막지 못한다. 그런데도 우리는 정신적 실수와 그에 따른 영향을 단순한 말로 제거할 수 있다고 생각한다. 그렇게 생각하는 이유는 "정신"이란 것이 대부분의 사람들에게 공기보다 덜 중요한 것으로 여겨지기 때문이다.

그럼에도 정신이 없으면 세상이란 것이 절대로 존재하지 않을 것이라는 점은 누구도 부정하지 못한다. 그런데 하물며 정신이 없이 어떻게 인간 세상이 존재하겠는가. 거의 모든 것이 인간의 영혼과 그 기능에 의존하고 있다. 인간의 정신은 우리가 쏟을 수 있는 최대한의 관심을 받아야 할 만큼 가치가 아주 크다. 모든 사람이 미래의 행복과 불행은 야생 동물의 공격에 의해서도 아니고, 자연 재앙에 의해서도 아니고, 세계적 전염병의 위험에 의해서도 아니고, 바로 인간의 내면에서 일어나는 정신의 변화에 의해서만 결정될 것이라는 점을 인정하고 있는 오늘날엔 인간의 정신에 관심을 특히 더 많이 쏟아야 한다.

이 세상을 피와 불과 방사능의 지옥 속으로 몰아넣는 데는 우리의 통치자들 몇 명의 머릿속에서 거의 지각되지 않을 만큼 균형이 살짝 어긋나는 것만으로도 충분하다. 이에 필요한 기술적 수단은 이미 양쪽 진영에서 다 갖추고 있다. 그리고 내면의 반대자에 의해 통제되지 않는 가운데 의식적인 숙고만 하는 경우에 사람들은 어떤 일에 매우 쉽게 빠져들 수 있다. 어느 "지도자"의 예를 통해 우리는 이미 그런 현상을 잘 보지 않았는가.

우리의 세계에서 의식이 황폐해진 이유는 주로 본능의 상실 때문이다. 이런 현상이 일어나는 이유는 과거의 아득한 세월 동안에 이뤄진 인간 정신의 발달 안에 있다. 인간이 자연에 대해 파워를 더 많이 행사할수록, 더욱더 많은 인간의 지식과 기술이 인간의 머리로 옮겨감과 동시에 자연적이고 우연적인 것에 대한 경멸의 정도도 더 심해졌다.

의식이 주관적인 것과 대조적으로, 무의식은 객관적이다. 무의식은 주로 모순적인 감정과 공상, 정서, 충동과 꿈의 형태로 모습을 드러낸다. 이것들 중에서 그 어느 것도 그 사람 본인이 지어내는 것이 아니며, 모두가 그 사람에게 객관적으로 나타난다. 오늘날까지도 여전히 심리학은 가능한 한 집단적인 기준으로 측정되는 의식적인 내용물을 다루는 과학으로 남아 있다. 그러다 보니 개인의 정신은 단지 하나의 우연에, 하나의 "무작위적" 현상에 지나지 않게 되었다. 그러는 사이에 "불합리하게 주어진", 진정한 인간 존재 안에 나타나는 무의식은 깡그리 무시되었다. 이것은 부주의나 지식의 결여로 인해 생긴 결과가 아니라 자아 외에 제2의 정신적 권위가 있을 가능성에 대해 노골적으로 저항한 결과였다. 자아의 입장에서 보면, 독점적 지배가 의심 받을 수 있다는 것이 커다란 위험처럼 보인다. 그런 한편, 신앙심 깊은 사람은 자신의 집 안에서 자신이 유일한 주인이 아니라는 생각에 익숙하다. 그는 자기 자신이 아니라 신이 최종적으로 결정을 내린다고 믿는다. 그렇지만 우리들 중에서 신의 의지가 결정을 내리도록 가만히 내버려 둘 수 있는 사람이 과연 얼마나 되며, 또 그 결정이 신에게서 나왔다고 말해야 하는 상황에 처할 때 당혹감을 느끼지 않을 수 있는 사람이 과연 얼마나 되겠는가?

신앙심 깊은 사람은 스스로 판단할 수 있는 한에서는 무의식의 반응의 영향을 직접적으로 받는다. 대체로 그 사람은 이것을 양심의 작용이라고 부른다. 그러나 똑같은 정신적 배경이 도덕적 반응 외의 다른 반응도 낳기 때문에, 그 신자는 전통적인 도덕적 기준에 의해, 따라서 집단적 가치에 의해 자신의 양심을 측정하고 있다. 이런 노력을 펴면서 신자는 교회의 지지를 열렬히 받는다.

개인이 자신의 전통적 믿음을 강력히 지킬 수 있는 한, 그리고 시대적 환경이 개인의 자율을 더욱 강하게 요구하지 않는 한, 그 사람은 상황에 대체로 만족할 수 있다. 그러나 외적인 요소들을 지향하다가 종교적 믿음을 잃은 세속적인 인간들이 무더기로 나타난다면, 상황은 근본적으로 변하게 된다. 오늘날 벌어지고 있는 현상이 꼭 그렇다. 그러면 신자는 어쩔 수 없이 방어 자세를 취하게 되고 자신의 믿음의 바탕에 대해 회의를 품지 않을 수 없다. 그는 더 이상 '보편적 동의'라는 엄청난 암시적인 힘의 지지를 받지 못하고 교회의 약화와 그 독단적인 가정들의 불확실성을 예리하게 자각하게 된다.

이에 맞서기 위해 교회는 더 독실한 신앙을 권고한다. 마치 은총이라는 선물이 사람의 호의와 즐거움에 좌우되는 것처럼. 그러나 신앙의 자리는 의식이 아니라 자발적인 종교적 경험이며, 이 경험은 개인의 신앙을 신과의 직접적 관계로 승화시킨다.

여기서 우리는 이런 질문을 던져야 한다. 나는 과연 한 사람의 개인으로서 나 자신이 군중 속에 용해되지 않도록 지켜줄 그런 확신을 품게 하는 종교적 경험을 한 적이 있는가? 또 그런 확신을 품게 할 만큼 신과 직접적 관계를 맺은 적이 있는가?

## 6. 자기 인식

앞의 질문에 대한 대답은 개인이 엄격한 자기 반성과 자기 인식이 요구하는 것을 성실히 수행하겠다는 의지를 가질 때에만 확실히 나올 수 있다. 만약에 사람이 자신의 의지를 끝까지 다 실천한다면, 그 사람은 자기 자신에 대한 중요한 진실을 몇 가지 발견할 뿐만 아니라 심리적 이점까지 누리게 될 것이다. 그 사람이 자기 자신에 대해, 주의와 관심을 진지하게 기울일 가치가 충분한 존재라고 생각하게 되는 것이다. 말하자면 그 사람은 자신의 인간적인 존엄을 강조하기 시작할 것이고, 아울러 자신의 의식의 토대를 향한, 말하자면 종교적 경험의 원천 중에서 유일하게 접근 가능한 원천인 무의식을 향한 첫걸음을 내딛게 될 것이다.

분명히 말하지만, 우리가 무의식이라고 부르고 있는 것이 신과 동일하다거나 신의 자리를 대신 차지하고 있다는 말은 절대로 아니다. 우리가 무의식이라고 부르는 것은 종교적 경험이 나오는 것처럼 보이는 매개체이다. 그 경험의 더 깊은 원천이 무엇인가 하는 문제라면, 그에 대한 대답은 인간 지식의 범위 밖에 있다. 신에 대한 지식은 초월적인 문제이다.

우리 시대 위로 하나의 위협처럼 매달려 있는 그 중요한 질문의 답을 찾는 데 있어서는 신앙심 깊은 사람이 엄청난 이점을 누린다. 그런 사람이라면 자신의 주관적인 존재가 어떤 식으로 "신"과의 관계에 근거를 두고 있는지에 대해 분명히 알고 있기 때문이다. 여기서 내가 신이라는 단어를 인용 부호 속에 넣은 이유는 우리가 의인화된 어떤 관념을, 그 동력과 상징이 무의식적 정신이라는 매개체를 통과하는 어떤 관념을 다루고 있다는 뜻을 전하기 위해서다.

신을 믿는지 여부와 관계없이 누구나 원하기만 하면 적어도 그런 경험의 원천에 가까이 다가갈 수는 있다. 이런 접근이 불가능하다면, 우리가 사도 바오로의 다마스쿠스 경험 같은 기적적인 개종을 목격할 수 있는 예는 무척 드물 것이다. 종교적 경험이 존재한다는 것은 더 이상의 증거를 필요로 하지 않는다. 그러나 형이상학과 신학에서 신과 신들이라고 부르는 것이 이런 경험의 진정한 바탕인지 여부는 언제나 의문의 여지를 남긴다. 실제로 보면, 이 물음은 무의미하며, 이 질문은 주관적으로 더할 나위 없이 압도적인 그 경험의 신성함으로 해서 제 스스로 대답을 하고 있다. 그런 경험을 한 사람은 누구나 그 경험에 전율을 느끼게 마련이고, 그런 까닭에 헛된 형이상학적 또는 인식론적인 생각에 함몰되지 않는다. 절대적인 확신은 그 자체에 증거를 담고 있으며 인간 세계에서 말하는 증거 같은 것은 전혀 필요하지 않다.

심리학을 무시하는 일반적인 정서와 편향을 고려한다면, 개인적 존재를 이해하게 하는 바로 그 경험이 모든 사람의 편견을 불러일으킬 게 틀림없는 어느 매개체에 기원을 두고 있는 것처럼 보이는 것은 불행이 아닐 수 없다. 다시 한 번 의심에 찬 소리가 들린다. "나자렛에서 어떤 선한 것이 나올 수 있겠어?" 무의식은 노골적으로 의식의 아래에 있는 쓰레기통으로 여겨지지는 않는다 하더라도 어쨌든 "단순히 동물적인 성격"을 지닌 것으로 비치게 되어 있다.

그러나 실제로도 그렇고 정의상으로도 그렇고, 무의식은 그 범위와 구조가 불확실하다. 그렇기 때문에 무의식에 대한 과대평가니 과소평가니 하는 말은 근거가 없는 것이며 단순히 편견으로 치부해도 좋다.

여하튼 그런 식의 판단이 기독교인의 입에서 나온다면 매우 기이하게 들린다. 그들이 모시는 예수 그리스도 본인조차도 밀짚이 깔린 외양간 의 가축들 틈에서 태어나지 않았는가. 만일 그가 사원에서 태어났더라면, 그 같은 사실이 다수의 취향에 더 잘 어울렸을 것이다. 마찬가지로, 세속적인 대중적 인간은 집단적 모임에서 개인의 영혼과는 비교도 안될 정도로 압도적인 배경을 제시할 신비한 경험을 찾고 있다. 교회의 기독교인들까지도 이런 해로운 망상을 공유하고 있다.

종교적 경험에 무의식적 정신 과정이 중요하다는 심리학의 주장은 거의 관심을 끌지 못하고 있다. 정치적 좌파뿐만 아니라 정치적 우파 도 그런 주장에 거의 관심을 기울이지 않는다. 정치적 우파의 입장에 서 보면 결정적으로 중요한 요소는 외부에서 인간 앞에 나타나는 역 사적 계시이다. 좌파에게 그런 주장은 그저 터무니없는 헛소리일 뿐이 며, 갑작스럽게 매우 격렬한 신앙이 요구될 때 인간에겐 당의 정책에 대한 믿음을 제외하고는 그 어떤 종교적 활동도 있을 수 없다. 게다가 다양한 신념까지 매우 다양한 것들을 주장하고 있으며, 저마다 절대적 진리를 담고 있다는 점을 강조한다.

그럼에도 오늘날 우리는 통합된 세계에 살고 있다. 이 세계에서는 거리가 시간 단위로 계산되며 더 이상 주나 달로 계산되지 않는다. 색 다른 인종도 더 이상 인종 박물관에 구경거리로 전시되지 않는다. 그 들도 우리의 이웃이 되었으며, 어제 인종학자의 특권이었던 것이 오늘 은 정치적, 사회적, 심리학적으로 문제가 되고 있다.

이미 이데올로기의 영역들은 서로 접촉하고 침투하기 시작했다. 이 분야에서 상호 이해의 문제가 심각해질 날도 그리 멀지 않았을 것이다. 상대방의 관점을 충분히 이해하지 않은 가운데 상대방에게 자기 자신을 이해시키는 것은 분명 불가능한 일이다. 자신을 상대방에게 이해시키는 데 필요한 통찰이 양측에 영향을 미치게 될 것이다. 두말할 필요도 없이, 역사는 이런 식의 불가피한 전개에 저항하는 것을 사명으로 여기는 사람들을 간과할 것이다. 우리 자신의 전통에 중요하고 선한 것에 집착하는 것이 제아무리 바람직하고 심리적으로 필요할지라도 말이다.

온갖 차이에도 불구하고, 인류의 일치가 저항할 수 없을 만큼 강조될 것이다. 마르크스주의자는 인류의 일치라는 수단에 모든 것을 걸고 있다. 그런 반면, 서유럽은 기술과 경제적 원조로 그럭저럭 상황을 헤쳐 나갈 수 있기를 희망하고 있다. 공산주의는 이데올로기적인 요소의 엄청난 중요성과 기본적인 원리들의 보편성을 간과하지 않았다. 심리적 요인을 과소평가했다가는 호되게 당할 가능성이 있다. 그러므로 이 문제에서 우리 자신을 잘 이해해야 할 때가 되었다. 지금으로서는 우리 자신을 이해하는 것은 실현 가능성이 아주 낮은 희망사항으로 남아 있다. 왜냐하면 자기 인식이 극히 인기가 없을 뿐만 아니라, 터무니없을 정도로 이상적인 목표처럼 보이고, 도덕의 냄새를 풍기고, 심리적 그림자에 몰두하는 것처럼 보이기 때문이다. 이 중에서 심리적 그림자는 거론될 때마다 부정당하거나 논의의 대상에조차 오르지 못하고 있다.

우리 시대가 직면하고 있는 과업은 정말로 완수가 불가능할 만큼 어려운 일이다. 만약에 '지식인의 배반'이라는 죄를 한 번 더 짓기를 원하지 않는다면, 우리는 그 과업의 완수에 책임감을 강하게 느껴야 한다. 우리의 세계가 처한 상황을 이해하는 데 필요한 지성을 갖춘, 지도층의 영향력 있는 인물들이 그 임무를 떠안아야 한다. 사람들은 그런 인물들이 자신의 양심에 비춰가며 행동하기를 원한다. 그러나 그것이 지적 이해의 문제만이 아니라 도덕적 결론의 문제이기 때문에, 불행하게도 낙관할 근거가 전혀 없다. 잘 아는 바와 같이, 자연은 혜택을 베푸는 데 그다지 후하지 않다. 그래서 자연은 높은 지성에다가 감성까지 선물로 주지는 않는다. 대체로 보면 이것이 있으면 저것이 없고, 한 가지 능력이 완벽할 정도로 뛰어나면 그것은 대체로 다른 것들의 희생으로 얻어지는 것이다. 지성과 감성의 불일치는 인간 정신의 역사에서 특별히 고통스런 장(章)이다.

우리 시대가 도덕적 요구 사항 같은 것으로서 우리에게 강요하고 있는 과제를 명확히 공식화하는 것은 무분별한 짓이다. 기껏해야 우리는 심리 세계의 상황을 분명하게 밝혀서 근시안적인 사람까지도 제대로 보도록 만들고, 말과 사상을 청각 장애인들까지도 들을 수 있도록 할 수 있을 뿐이다. 우리는 이해력 있는 사람들과 선의의 사람들이 나타날 것이라고 기대할 수도 있으며, 따라서 필요한 사상과 통찰을 반복적으로 강조하는 일에 결코 싫증을 내서는 안 된다. 최종적으로, 항간의 거짓말만 아니라 진리도 전파될 수 있으니까.

이런 글을 통해 나는 독자 여러분들이 중요한 문제로 관심을 돌리도록 만들고 싶다. 독재 국가들이 최근에 인류에게 안겨준 공포는 그리 멀지 않은 과거에 우리 조상들이 저지른 그 모든 포악성의 정점에 지나지 않는다. 유럽의 전체 역사를 통해 기독교 국가들이 자행한 야만과 대량 살상과 별도로, 유럽인은 또한 식민지화 과정에 검은 피부의 사람들에게 저지른 모든 범죄에 대해서도 대답해야 한다.

이 점에서 보면, 백인들은 정말로 무거운 짐을 지고 있다. 그것은 우리들에게 인간의 공통적인 그림자가 어떤 것인지를 그림처럼 생생하게 보여주고 있다. 더 이상 검을 수 없는 그림이다. 인간의 내면에 거주하고 있는 것으로 드러나는 악은 무서울 정도로 크다. 그러기에 교회가 원죄에 대해 이야기하며 그 뿌리를 아담이 이브와 함께 저지른 비교적 사소한 잘못으로까지 거슬러 올라가는 것은 완곡한 표현에 지나지 않는다. 인간의 내면에 있는 악은 그보다 훨씬 더 중대하며, 대단히 과소평가되어 있다.

사람은 대체로 자기 자신에 대해 의식이 자신에 대해 생각하고 있는 바와 같다고 믿고 있다. 그래서 사람은 스스로를 무해한 존재라고 여기며, 또 그렇게 생각함으로써 죄악에다가 어리석음의 잘못까지 저지르고 있다. 사람은 예전에 가공할 만한 일이 일어났고 또 지금도 여전히 일어나고 있다는 것을 부정하지 않는다. 그러나 그런 가공할 만한 짓을 저지르는 자는 언제나 "타인"이다. 그리고 그런 행위가 가까운 과거나 먼 과거의 일일 때, 그 행위들은 재빨리 망각의 바다로 흘러들어가 버린다. 그러면 우리가 "정상"이라고 묘사하는 만성적인 정신 혼란의 상태가 돌아온다. 그렇게 되면 종국적으로 사라지는 것도 하나도 없고 선해지는 것도 하나도 없다. 가공할 만한 짓이 저질러졌다는 사실에 비춰 본다면, 이 같은 결과는 충격적이지 않을 수 없다. 우리가 보려고만 들면 악과 죄의식, 양심의 가책, 불길한 예감은 우리의 눈앞에 그대로 있다.

인간이 이런 짓들을 저질렀다. 나도 한 사람의 인간이다. 인간 본성을 갖고 있는 인간인 것이다. 그러므로 나도 죄의식을 느끼고 있으며, 나의 내면에 그런 짓들을 언제든 다시 저지를 수 있는 능력과 성향이 있다. 법학적으로 말하면, 비록 우리가 범죄의 종범(從犯)은 아니었다 할지라도, 우리는 인간 본성 때문에 언제나 잠재적 범죄자들이다. 다만 비인간적인 난투에 끌려들어갈 적절한 기회를 갖지 않았을 뿐이다.

우리들 중에서 인간의 시커먼 집단적인 그림자 밖에 있는 사람은 아무도 없다. 그 범죄가 여러 세대 전에 일어났건 아니면 오늘 일어났건, 그것은 언제 어디에나 있는 어떤 성향의 징후이다. 따라서 사람은 "악을 상상하는" 성향을 갖고 있다고 보는 것이 합당하다. 오직 어리석은 자만이 타고난 본성의 조건을 영원히 무시할 수 있을 테니까. 사실은 이런 무관심이 사람을 악의 도구로 만드는 가장 확실한 수단이다. 콜레라 환자와 그 환자의 근처에 있는 사람들이 그 질병의 전염성을 모르는 것이 결코 도움이 되지 않는 것과 똑같이, 순진함과 소박함도 도움이 되지 않는다. 정반대로, 순진함과 소박함은 그 사람으로 하여금 악의 원인으로 자기 자신을 지목하지 않고 오히려 그 악을 "타인"에게 투사하도록 만든다. 이것은 반대자의 입장을 아주 효율적으로 강화한다. 왜냐하면 그 투사(投射)[60]가 우리가 자신의 악에 대해 무의식적으로 은밀히 느끼는 두려움을 반대편으로 넘김으로써 반대자의 위협을 더욱 크게 키우기 때문이다. 설상가상으로, 우리의 통찰력 결여가 우리로부터 악을 다룰 능력까지 빼앗아 버린다.

물론 여기서 우리는 기독교 전통의 중요한 편견 하나를 마주한다. 악은 나쁜 조짐이고, 금기시되고, 공포의 대상이기 때문에 가급적 삼

..........

60  자신의 숨겨진 욕망이나 충동을 다른 사람에게서 찾는 것을 말한다.

갈 것이며, 악은 가능하다면 건드리지도 말고 언급하지도 말아야 한다는 가르침의 소리가 들린다. 이런 식으로 악을 피하거나 우회하려 드는 태도는 우리 안에 있는 어떤 원초적 경향을, 말하자면 악에 대해 눈을 감고, 악을 광야로 옮기는 '구약성경'의 그 희생양처럼 악을 다른 곳으로 넘기려 드는 경향을 만족시키고 있다.

그러나 만약에 사람이 자신의 선택과 상관없이 악이란 것이 인간의 본성 안에 포함되어 있다는 깨달음을 더 이상 피하지 않게 된다면, 그때엔 악이 선과 반대되는 동격의 파트너로서 심리의 무대에 등장할 것이다. 이 깨달음은 곧 심리적 이원론으로 이어질 것이다. 이미 심리적 이원론은 정치적 세계의 대립에 무의식적으로 나타나고 있으며, 심지어 현대인의 내면에서 일어나는 무의식적 분열에도 나타나고 있다. 이원론은 이런 깨달음에서 오는 것이 아니다. 우리 인간은 원래부터 분열된 조건에 처해 있다. 우리가 그렇게 많은 죄에 대해 개인적으로 책임을 져야 한다는 생각은 받아들이기가 어려울 것이다. 그래서 우리는 악을 개별적인 죄인이나 죄인들의 집단에만 있는 것이라고 생각한다. 그런 식으로 우리는 순결로 손을 씻으며 모두가 공통적으로 갖고 있는 악의 성향을 무시한다.

이런 식으로 선한 척 구는 태도는 장기적으로 고수될 수 없다. 왜냐하면 경험이 보여주듯이 악이 인간의 내면에 도사리고 있기 때문이다. 악이 원래부터 인간의 내면에 있다는 관점을 받아들이는 경우에 누릴 수 있는 중요한 이점은 인간의 양심에게 지워진 매우 무거운 책임을 내려놓게 되는 한편 악에게 그 책임의 일부를 떠넘길 수 있다는 점이다. 인간이 자신의 정신을 창조한 존재이기보다 자신의 정신적 구조의 희생자라는 사실을 심리학적으로 제대로 인정하면서 말이다. 우리 시대의 악이 지금까지 인류를 괴롭혀온 모든 것을 깊디깊은 곳에 넣고 있다는 점을 고려하면서, 사람들은 스스로에게 이런 질문을 던져야 한다. 정의의 구현과 의학, 기술에서 성취한 그 모든 발전에도 불구하고, 그리고 생명과 건강에 관한 그 지대한 관심에도 불구하고, 인간을 일순간에 멸종시킬 수 있는 무서운 파괴력을 지닌 무기들이 어떻게 발명될 수 있었는가?

인간 천재성의 특별한 꽃인 수소 폭탄을 갖게 된 것이 핵물리학자들의 노력 때문이라는 이유로, 핵물리학자들이 범죄자들의 집단이라고 주장하는 사람은 하나도 없을 것이다. 핵물리학의 발달에 투입된 어마어마한 양의 지적 노력은 자기 희생의 정신에서 자신의 과업에 헌신한 사람들에게서 나왔다. 그런 만큼 이들이 도덕적인 방향으로 관심을 돌렸다면 인류에게 유익하고 이로운 것을 쉽게 발견할 수 있었을 것이다.

그러나 어떤 중요한 발명을 향한 첫 걸음이 의식적인 결정의 산물이라 할지라도, 다른 모든 곳에서처럼 여기서도 자동적으로 일어나는 생각, 즉 예감이나 직관이 중요한 역할을 한다. 달리 말하면, 무의식도 그 결정에 공조하고 있으며 때론 결정적인 기여를 하고 있다는 뜻이다. 그렇기 때문에 그 결실을 낳은 것은 의식적인 노력만이 아니다. 어딘가에서 무의식이 사람들에게 거의 감지되지 않을 목표와 의도를 갖고 그 일에 간섭하고 있는 것이다. 만약에 무의식이 당신의 손에 무기를 쥐어준다면, 그것은 어떤 종류의 폭력을 목표로 잡고 있다.

과학의 지고한 목표는 진리에 관한 지식이다. 만약에 빛을 간절히 추구하는 과정에 어쩌다 가공할 만한 위험에 봉착하게 된다면, 그 사람은 미리 생각했던 계획보다는 그 치사성(致死性)에 더 강한 인상을 받는다. 이는 현대인이 고대나 원시 시대의 사람들보다 악을 더 많이 저지를 능력을 갖고 있다는 뜻이 아니다. 단지 악의 성향을 현실로 실현할 수 있는 현대인들의 수단이 옛날과 비교도 안 될 정도로 커졌다는 뜻일 뿐이다. 현대인의 의식이 확장하고 달라진 그만큼, 도덕적 본성이 뒤로 처지게 되었다. 이것이 오늘날 우리 앞에 놓여 있는 중대한 문제이다. 이성만으로는 절대로 충분하지 않다.

이론적으로 보면, 핵융합 같은 무시무시한 영역의 실험을 단념하는 것이 그 위험성 때문에라도 이성적으로 옳다. 그러나 사람이 자신의 가슴 안에서 보지 못하고 언제나 다른 사람의 가슴 안에서 보는 그 악에 대한 두려움이 매번 이성을 마비시켜 놓는다. 사람들이 그 무기의 사용은 곧 우리 인간 세계의 종말을 의미한다는 사실을 알고 있는데도 그런 현상이 일어나고 있다.

인간 세계 전반의 파괴에 대한 두려움이 최악의 사태만은 피하게 할 것이다. 그럼에도, 이 세상 전반에 걸쳐 나타나고 있는 정신적, 정치적 분열을 뛰어넘을 다리가 발견되지 않는 한, 그런 파괴의 가능성은 먹구름처럼 언제나 우리의 머리 위에 걸려 있을 것이다.

만약에 모든 구분과 적대가 정신 안에서 일어나고 있는 상반된 것들의 분열 때문이라는 인식이 널리 퍼진다면, 사람은 공격해야 할 곳이 어딘지를 알게 될 것이다. 그러나 개별적인 영혼의 아주 작은 동요마저도 지금까지 그랬던 것과 똑같이 인정을 받지 못한 가운데 무의식에 남게 된다면, 그 동요는 축적을 거듭하면서 이성적 통제가 불가능하거나 좋은 목적으로 돌릴 수 없는 거대한 집단과 운동을 낳을 것이다. 그때엔 그런 동요를 통제하거나 좋은 목적으로 돌리려는 직접적인 노력은 모두 상대가 앞에 있다고 상상하면서 혼자 하는 복싱에 지나지 않는다. 그때 그 같은 착각에 가장 심취하고 있는 자는 바로 복서 본인일 것이다.

문제의 핵심은 인간 자신의 이중성이다. 인간은 이 이중성에 대해 어떻게 해야 할지 그 방법을 전혀 모르고 있다. 세계사에 최근에 일어난 사건들을 통해서 이 심연이 별안간 개인들 앞에 입을 쫙 벌리고 나타났다. 인류가 어떤 유일신이 자신의 형상대로 하나의 작은 개체로 인간을 창조했다는 편안한 믿음 속에서 수많은 세기를 살아온 뒤에 벌어진 일이다. 오늘날에도 대부분의 사람들은 모든 개인이 다양한 국제적 조직체들을 이루는 하나의 세포이며, 그런 까닭에 국제적 조직의 투쟁에 연루되어 있다는 사실을 알지 못하고 있다. 사람들은 모두 개인적인 존재로서 자신이 다소 무의미한 존재라는 사실을 깨닫고는 자신에 대해 통제 불가능한 어떤 힘의 희생자라고 느끼고 있다. 그런 한편, 사람들의 내면에는 위험한 반대자인 그림자가 하나 숨어 있는데, 이 그림자가 눈에 보이지 않는 조력자로서 정치적 괴물의 불온한 음모에 개입하고 있다. 언제나 반대편 집단에서 악을 보는 것은 정치 단체들의 본성에 속한다. 이것은 개인이 자신에 대해 모르거나 알고 싶지 않은 것이 있으면 그것을 다른 사람에게 떠넘김으로써 외면하려 하는, 근절 불가능한 성향을 갖고 있는 것과 똑같다.

사회에 이 같은 도덕적 자기 만족과 책임감의 결여보다 분열적인 영향을 더 강하게 미치는 것은 없다. 또 상대방에 대한 투사(投射)를 거뒤들이는 것 이상으로 이해와 화해를 증진시키는 것은 없다. 지금 우리들에게 긴급히 필요한 교정은 자기비판을 요구한다. 그 이유는 A라는 사람이 B라는 사람에게 그저 투사를 하지 말라고 요구할 수는 없는 노릇이기 때문이다. 이때 B가 자신의 투사를 현실 그대로 인정하지 못하는 것은 A가 투사를 인정하지 않는 것과 똑같다. 우리가 자신의 편견과 착각을 인정할 수 있는 때는 오직 자기 자신과 타인에 대한 심리학적 지식의 폭을 크게 넓히고, 또 각자 품고 있는 가정의 절대적 정당성을 의심하며 그 가정과 객관적 사실을 조심스럽게, 또 양심적으로 비교할 준비가 되어 있을 때뿐이다.

기묘하게도, "자기비판"은 마르크스주의 국가들에서 대단히 인기 있는 개념이다. 그러나 그런 나라에서는 자기비판이 이데올로기에 종속되고 국가에 봉사하는 것이지 인간들의 관계에서 진리와 정의에 이바지하는 것이 아니다. 대중 국가는 개인 대 개인의 상호 이해와 관계를 증진시킬 뜻을 전혀 갖고 있지 않다. 그보다는 개인의 원자화와 정신적 고립을 추구한다. 개인들의 상호 관계가 적을수록, 국가는 더욱더 통합된다. 바꿔 말하면 국가의 통합이 강화되면 개인들의 상호 관계가 더욱 약해진다.

민주주의 국가들에서도 사람과 사람 사이의 거리가 공공복리와 개인들의 정신적 건강에 유익한 그 이상으로 멀어졌다는 데는 의심의 여지가 없다. 정말로, 사람들의 이상주의와 열정, 도덕적 양심에 호소함으로써 사회적 차이를 해소하려는 시도가 다양하게 행해지고 있다. 그러나 놀랍게도 사람들은 '누가 이상주의적인 요구를 하고 있는가?'라는 질문에 대답하기 위해서 그에 필요한 자기비판을 하는 것을 잊어버린다. 어쩌면 저 사람은 그림자의 부재 증명을 약속하는 어떤 이상주의적인 프로그램에 몸을 던지기 위해서 자신의 그림자를 무시하는 그런 부류의 사람이 아닌가? 저기서 거론되고 있는 훌륭한 태도나 도덕성은 혹시 그것과 매우 다른 내면의 어두운 세계를 위장색으로 가리고 있는 것이 아닌가?

대체로 사람들은 이상을 논하는 사람을 만나면 우선 그 사람 자체가 이상적이라는 인상을 받는다. 그래서 그의 말과 행동이 실제 이상의 의미로 다가온다. 이상적인 존재가 되는 것은 불가능한 일이고, 따라서 이상적인 존재는 성취될 수 없는 가정으로 남는다. 이 문제에 있어서 우리는 대체로 예리한 식별력을 갖고 있다. 그렇기 때문에 우리 앞에 제시되거나 주창되는 이상주의의 대부분이 공허하게 들리고, 따라서 이상주의는 반대가 공개적으로 허용될 때에만 받아들여지게 된다. 반대라는 평형추가 없으면, 그 이상은 인간의 능력 밖에 있고, 인간적인 구석이 없는 까닭에 믿을 수 없는 것이 되며 좋은 의도에도 불구하고 속임수로 전락하게 된다. 속임수는 사람들을 억누르는 부당한 방법이며 선(善)을 조금도 창조해내지 못한다.

한편, 그림자를 받아들인다면 우리는 자신이 불완전한 존재임을 인정하는 데 필요한 겸손을 얻게 된다. 인간적인 관계가 확고해야 하는 곳에서 반드시 필요한 것이 바로 이런 식의 의식적인 인정과 고려이다. 인간적인 관계는 그 바탕을 분화와 완벽에 두고 있지 않다. 왜냐하면 분화와 완벽은 오직 차이를 강조하거나 정반대의 것을 불러내기 때문이다. 인간적 관계는 그보다는 결함에, 말하자면 약하고 무력하고 지지가 필요한 것에 바탕을 두고 있다. 완벽은 다른 것을 필요로 하지 않는다. 그러나 허약은 다른 것을 필요로 한다. 허약의 경우에 지지를 추구하며 파트너를 열등한 지위로 떨어뜨리거나 굴욕감을 느끼게 할 일을 갖고 파트너에게 맞서지 않는다. 이상주의가 지나치게 큰 역할을 맡을 때에만, 굴욕감을 안겨주는 일이 다반사로 일어날 것이다.

이런 식의 반성을 불필요한 감상으로 여겨서는 안 된다. 인간관계의 문제와 우리 사회의 내부 응집력의 문제는 억압된 대중적 인간의 원자화에 비춰볼 때 아주 긴급한 문제다. 대중적 인간의 개인적 인간관계가 전반적인 불신으로 인해 훼손되고 있다. 정의가 자리잡지 못하고 경찰의 감시와 공포가 만연한 곳이면 어디서나 인간 존재들은 고립 상태에 빠진다. 물론, 독재 국가의 목표가 바로 그런 고립이다. 독재 국가의 경우에 무력해진 사회적 단위들의 거대한 축적에 그 바탕을 두고 있기 때문이다. 이런 위험을 물리치기 위해, 자유 사회에는 정서적인 성격이 강한 어떤 끈이 필요하다. 기독교인들의 이웃 사랑, 즉 '카리타스' 같은 원리가 필요하다는 뜻이다.

그러나 투사(投射)로 야기된 이해의 부족으로 가장 크게 훼손되는 것이 바로 동료를 향한 이런 사랑이다. 그러므로 심리학적 관점에서 인간관계의 문제를 생각해 보는 것이 자유 사회에 크게 이로울 것이다. 왜냐하면 사회의 진정한 결합과 거기에 수반될 힘이 바로 이 인간관계에 있기 때문이다. 사랑이 멈추는 바로 거기서 권력이 시작하고 폭력과 공포가 시작한다.

이런 반성은 이상주의에 호소하기 위한 것이 아니다. 다만 심리적 상황에 대한 자각을 높이기 위한 것이다. 나는 이상주의와 대중의 통찰력 중 어느 것이 더 약한지 잘 모른다. 나는 다만 오래 지속될 어떤 정신적 변화를 초래하기 위해선 시간이 필요하다는 사실만을 알 뿐이다. 내가 볼 때 서서히 생겨나는 통찰이 변덕스런 이상주의보다 영향력을 더 오래 발휘할 것 같다. 원래 이상주의는 오랫동안 지속될 가능성이 크지 않다.

## 7. 자기 인식의 의미

우리 시대가 정신의 "그림자"이자 열등한 부분으로 여기고 있는 그것은 단순히 부정적인 그 이상의 것을 포함하고 있다. 우리가 자기 인식을 통해서, 다시 말해 자신의 영혼을 탐구함으로써 본능과 본능의 이미지의 세계를 만날 수 있다는 사실은 우리의 정신 안에서 잠자고 있는 힘들을 어느 정도 설명할 수 있어야 한다. 그런데 모든 일이 제대로 돌아가는 한, 우리는 이 힘들을 거의 자각하지 않는다. 이 힘들은 급격한 변화를 불러일으킬 잠재력을 갖고 있으며, 이 힘들과 그것들과 연결된 이미지와 관념들의 분출이 건설적인 방향으로 향하느냐 파멸적인 방향으로 향하느냐 하는 문제는 전적으로 의식적인 정신의 준비 상태와 태도에 달려 있다.

경험을 통해서 현대인의 정신적 준비 상태가 대단히 불확실하다는 것을 아는 유일한 부류는 심리학자들이다. 왜냐하면 인간이 어둠과 위험을 돌파할 올바른 길을 거듭 발견하게 한 유익한 힘과 사상을 그 인간의 본성에서 찾아야 한다고 느끼는 유일한 존재가 바로 심리학자들이기 때문이다. 이 힘든 과업을 위해, 심리학자들은 인내심을 최대한 발휘할 필요가 있다. 심리학자들은 전통적으로 내려오는 "반드시 해야 할 것들"에 의존하지 않을 것이다. 그러면서 상대방이 스스로 최대한 노력을 기울이도록 하며, 심리학자 자신은 조언자와 훈계자라는 쉬운 역할을 맡는 것으로 만족할 것이다.

바람직한 것들에 관한 설교는 그다지 효과를 발휘하지 못한다는 점은 누구나 다 잘 알고 있는 사실이다. 그럼에도 지금 상황에 무력감이 전반적으로 팽배해 있고 또 어떤 조치가 매우 긴급하게 필요하기 때문에, 심리학자는 주관적인 어떤 문제를 놓고 머리를 싸매느니 차라리 지금까지 해오던 실수를 되풀이하는 쪽을 택하고 있다. 게다가, 어떤 사람이 떠안는 어려움이 외적으로 아주 인상적인 결과를 낳을 것은 언제나 1만 명의 사람을 다루는 것이 아니라 단 한 사람의 개인을 다룰 때이다. 개인이 변화하지 않으면, 아무런 일이 일어날 수 없다는 것을 누구나 반드시 알고 있어야 한다.

모든 개인에게 변화의 효과가 나타나기를 바라겠지만, 그런 일은 수백 년 안에는 일어나지 않을 것이다. 왜냐하면 인간의 정신적 변화는 여러 세기에 걸쳐 느린 과정을 밟으며 일어나는 것이지 반성이라는 이성적인 과정을 통해 급히 이뤄지거나 쉽게 이뤄지는 것이 아니기 때문이다. 따라서 한 세대 안에 정신의 결실을 기대하는 것은 말이 되지 않는다.

그러나 각 개인들이 저마다 내면적 변화를 이루는 것은 가능하다. 그런 변화가 우리의 능력의 범위 안에 있는 것이다. 그 변화가 각 개인이 알고 지내는 많은 사람들에게 영향을 미칠 수 있다. 여기서 말하는 영향을 미친다는 표현은 설교를 하거나 설득을 한다는 뜻이 아니다. 그보다는, 자신의 행위의 본질을 잘 파악하고 있는 가운데 자신의 무의식에 접근할 수 있는 사람들은 자기도 모르는 사이에 주변 환경에 영향력을 행사하게 된다는 뜻이다. 자신의 의식을 더욱 깊고 더욱 넓게 가꾸려고 노력하는 사람은 원시인들이 "마나"(mana: 초자연적인 힘)라고 부르는 것과 비슷한 종류의 권위를 불러일으킬 수 있다. 그것은 의도하지 않은 가운데 다른 사람들의 무의식에 미치게 되는 영향이자 일종의 무의식적 위신이며, 그 효과는 의식이 의도적으로 방해하지 않는 한 계속된다.

우리 모두가 함께 자기 인식을 얻기 위해 펼치는 노력이 성공을 거둘 전망이 전혀 없는 것은 아니다. 왜냐하면 아무런 관심을 끌지 않으면서도 우리의 기대를 반쯤 만족시키는 어떤 요소가 존재하고 있기 때문이다. 바로 무의식적인 시대정신이다. 시대정신은 의식적인 정신의 태도를 보완하면서 변화가 일어나기를 기대하고 있다. 그 탁월한 예가 바로 현대 예술이다. 현대 예술은 겉보기엔 미학적인 문제를 다루고 있는 것처럼 보이지만 실제로는 대중에게 심리학적 교육을 하는 작품을 창작하고 있다. 과거에 형식과 내용 면에서 아름답고 의미 있는 것으로 여겨졌던 것을 파괴함으로써 그런 교육적인 효과를 발휘하고 있는 것이다.

예술 작품 자체의 아름다움이 극히 주관적인 성격의 추상 관념으로 대체되고 있다. 이로써 감각적인 면에서 순수하고 낭만적인 즐거움을 추구하고 또한 대상에 대한 사랑을 의무적으로 강조하던 분위기가 일순간에 사라지게 되었다. 이는 예술의 예언자적 정신이 낡은 대상 관계(object-relationship)를 멀리하고 당분간 주관주의의 어두운 카오스 쪽으로 옮겨가고 있다는 것을 쉽고 보편적인 언어로 말해주고 있다. 우리가 판단할 수 있는 범위 안에서 보면, 예술은 이 어둠 속에서 모든 인간을 하나로 뭉치게 하고 또 그들의 정신적 '완전성'을 추구하게 할 무엇인가를 아직 찾아내지 못했다. 이 목적의 달성에는 깊은 반성이 필요하기 때문에 정신적 완전성의 발견은 다른 분야의 몫이 되어야 할 것 같다.

지금까지 위대한 예술은 언제나 신화에서, 상징화의 무의식적 과정에서 그 결실을 끌어냈다. 이 무의식적 과정은 시대를 내려오면서 계속되고 있고 또 미래에도 인간 정신의 원초적인 바탕으로서 모든 창조의 뿌리가 될 것이다. 겉보기에 분열을 추구하는 듯한 허무주의적 성향을 보이는 현대 예술은 우리 시대의 특징인, 세상의 파괴와 세상의 소생을 추구하는 분위기의 징후이자 상징으로 이해되어야 한다. 어디를 가나 정치적으로나 사회적으로, 철학적으로 분열의 분위기가 느껴지고 있다.

우리는 지금 그리스인들이 "신들의 변태(變態)"가 일어날 때라고 믿은 바로 그런 시대에 살고 있다. 말하자면 근본적인 원리들과 상징들에 변화가 일어나야 할 때란 뜻이다. 우리가 의식적으로 선택하지 않은 게 분명한 우리 시대의 특성은 우리의 내면에서 변화하고 있는 무의식적인 인간이 겉으로 드러난 것이다. 만약에 인류가 기술과 과학의 힘으로 스스로를 파괴하지 않으려면, 미래 세대들은 이런 중요한 변화를 고려해야 할 것이다.

서기(西紀)가 시작할 때처럼, 오늘날 또 다시 인류는 도덕적 퇴보의 문제에 직면하고 있다. 도덕성이 우리의 과학적, 기술적, 사회적 발전을 따라잡지 못하고 있는 것이다. 현재 매우 많은 것들이 위태로운 지경이고, 또 매우 많은 것들이 현대인의 심리적 본질에 달려 있다. 현대인은 세상을 불바다로 만드는 목적에 자신의 파워를 사용하고 싶은 유혹에 과연 저항할 수 있을까? 현대인은 자신이 지금 밟고 있는 길이 어떤 길인지를 잘 알고 있을까? 현대인은 또 현재의 세계 상황과 심리적 상황으로부터 도출해야 할 결론이 어떤 것인지 잘 알고 있을까? 현대인은 지금 기독교 신앙이 인간을 위해 간직해온, 개인의 영혼이 생명을 지킨다는 신화를 잃어 버릴 상황에 처해 있다는 사실을 알고 있을까? 현대인은 그런 재앙이 닥칠 경우에 앞으로 어떤 일이 벌어질 것인지에 대해 알고 있을까? 그리고 마지막으로, 개인은 자신이 바로 저울의 균형을 깨뜨릴 수 있는 추라는 사실을 알고 있을까?

행복과 만족, 영혼의 평안, 삶의 의미 등등. 이런 것들은 오직 개인에 의해서만 경험된다. 국가에 의해서는 결코 경험될 수 없다. 국가는 한편으로 보면 독립적인 개인들의 집합에 불과하고, 또 한편으로 보면 개인을 마비시키고 억압하겠다고 지속적으로 협박하고 있다. 영혼의 안녕에 필요한 조건에 대해 가장 잘 아는 한 부류가 바로 정신과 의사이다. 개인의 영혼의 안녕에 좌우되는 것들이 상상을 초월할 정도로 많다. 그 시대의 사회적, 정치적 환경도 틀림없이 매우 큰 의미를 지니지만, 사회적, 정치적 환경이 개인의 행복이나 불행에 미치는 영향이 터무니없이 과장되어 왔다. 사회적, 정치적 환경이 개인의 행복과 불행을 결정하는 유일한 요소로 여겨지고 있다는 점에서 보면 그렇다. 이런 측면에서 보면 우리의 모든 사회적 목표는 정작 그 대상으로 삼고 있는 개인의 심리를 간과하고 오직 개인의 착각만 강화하는 실수를 저지르고 있다.

따라서 나는 정신적 장애의 원인과 영향을 밝히는 데 평생을 헌신한

한 정신과 의사에게 오늘날 세계의 상황이 제기하는 물음들에 대한 의견을 한 사람의 개인으로서 최대한 정직하게 발표할 기회가 주어질 수 있기를 바란다. 나는 지나친 낙관론에도 흥분하지 않고 또한 고매한 이상도 사랑하지 않으며 단지 개인적인 인간 존재의 운명에 관심을 두고 있다. 개인이라는 아주 작은 단위가 이 세상의 바탕을 이루고 있으며, 이 세상은 바로 그런 개인에 의존하고 있다. 그리스도의 메시지의 의미를 제대로 읽으면, 신(神)도 각 개인의 내면에서 자신의 목표를 추구하고 있는 것이 확인된다.

7장

# 미국인 심리의 복잡성

순진한 유럽인들에게 평균적인 미국인의 심리가 특별히 복잡하고 정교하다는 생각은 절대로 떠오르지 않을 것이다.[61] 정반대로, 순진한 유럽인은 오히려 미국인의 사고와 태도가 단순하고 솔직하다는 인상을 강하게 받을 것이다. 유럽인은 미국인에 대해, 매우 능동적이고, 사업적이고, 놀랄 정도로 효율적이고, 한 가지 목표(즉, 황금색 신(神))에 집중하는 사람들로, 또 일부 영국 잡지들이 "아메리카나"(Americana)라고 부르는 것, 즉 약한 광기의 경계선에 있는 그 무엇 때문에 약간의 장애를 일으키고 있는 사람들로 보기를 좋아한다. 영국 잡지에 "미국 식민지 사람들은 남아프리카에 사는 사촌들처럼 약간 이상하다는 사실을 당신은 알고 있는가?"라는 식의 표현이 자주 등장하고 있다.

..........

61  이 글은 1930년에 'Your Negroid and Indian Behavior'라는 제목으로 영어로 쓰였다.

그래서 내가 미국인들과 그들의 특이한 심리에 대해 진지하게 말해야 할 때, 유럽인 청중은 충격까지 받지는 않지만 다소 어리둥절해 하며 나의 견해에 동의하지 않으려는 경향을 보인다. 미국인들이 나의 의견에 대해 어떻게 생각하는지는 아직 두고 봐야 하는 상황이다.

　내가 미국을 처음 짧게 방문한 것은 1909년이었다. 전반적인 미국인들에 대한 나의 첫인상은 그때 형성되었다. 그 전까지 나는 미국인 개인들만을 알고 지냈다. 당시에 나는 버펄로 거리를 걷다가 공장을 빠져나오는 근로자 수 백 명을 보았다. 순진한 유럽인 여행객이었던 나는 그때 동행하던 미국인에게 이렇게 말하지 않을 수 없었다. "당신 나라 사람들에게 인디언의 피가 이렇게 많이 섞여 있을 것이라곤 상상도 못했어요." 이 말에 미국인 동행은 이렇게 말했다. "뭐라고 그랬죠? 인디언 피라고 그랬어요? 장담하건대, 이 많은 사람들에게 인디언 피는 한 방울도 섞이지 않았을 겁니다." 그래서 나는 이렇게 대답했다. "하지만 그들의 얼굴을 봤어요? 유럽인보다는 인디언을 더 많이 닮았어요." 이어서 나는 그 근로자들 대부분이 아마 인디언의 피가 하나도 섞이지 않은 아일랜드나 스코틀랜드, 독일 가문 출신일 것이라는 소리를 들었다. 믿기 어려운 일이었다. 나는 도무지 이해가 되지 않았다. 나의 짐작이 얼마나 터무니없이 틀렸을 것인지, 창피하다는 생각까지 들기도 했다.

　그럼에도 불구하고, 그들의 얼굴 표정이 인디언과 유사하다는 인상은 그대로 남았으며, 시간이 갈수록 그 인상은 더욱 굳어졌다. 보아스(Franz Uri Boas) 교수[62]가 강조하듯이, 많은 미국 이민자들에게 해부

..........
62　미국의 문화인류학자로 현대 인류학의 선구자이다.

학적 변화도 두드러지게 나타나고 있다. 이 변화는 이민 2세에서 이미 분명하게 드러난다. 그러나 보아스의 발견은 다른 권위자들에게 받아들여지지 않고 있다.

나는 뉴욕에 사는 어느 독일 이민자 가정을 기억하고 있다. 이 가정의 아이들 중 셋은 독일에서 태어났고 넷은 미국에서 태어났다. 미국에서 태어난 아이들은 틀림없이 미국인이고, 독일에서 태어난 아이들은 틀림없이 독일인이었다. 예리한 유럽인의 눈으로 볼 때, 미국에서 태어난 사람의 전반적인 모습에서, 그 사람을 유럽에서 태어난 사람과 달라 보이게 만드는, 명확하지 않지만 부정할 수 없는 무엇인가가 보인다. 그 차이는 해부학적 특징보다는 전반적인 육체적, 정신적 행태에 있다. 언어와 몸짓, 사고방식, 육체의 움직임, 그리고 그보다 더 섬세한 것들에서 차이가 나타나는 것이다.

미국에서 돌아왔을 때, 나는 뭔가 요점을 놓친 사람이 느낄 법한 불만을 느끼지 않을 수 없었다. 나는 "그 차이를 제대로 평가할 수 없었다"는 사실을 고백해야 했다. 나는 단지 미국인과 유럽인 사이에 미묘한 어떤 차이가 있다는 것만을 알았다. 호주 사람과 남아프리카 사람 사이에 차이가 있는 것처럼 말이다. 그 차이에 대해 당신도 재치 있거나 현명한 말을 할 수 있지만, 그럼에도 당신은 요점을 다소 놓치고 있다. 그러나 나의 머리에 또 다른 인상이 깊이 남아 있었다. 나는 그 인상을 처음에는 알아차리지 못했지만, 그 인상은 어떤 중요성을 지니고 있음에도 아직 이해되지 못하고 있는 모든 것들처럼 끊임없이 나의 머리에 떠올랐다.

나는 한때 꽤 격식을 갖추고 경건한 편이었던 뉴잉글랜드 가족의 손

님으로 지냈던 적이 있다. 무서울 만큼 존경스러운 가족이었다. 그 가족은 거의 나의 집처럼 느껴졌다. (스위스에도 매우 보수적이고 매우 존경할 만한 사람들이 있다. 스위스 사람들은 이 점에서 미국인을 능가한다.) 식탁에는 시중을 드는 흑인 하인들이 있었다. 처음에 나는 원형 극장 같은 곳에서 점심을 먹는 것 같은 느낌을 받았다. 나는 나 자신이 검은 손가락들의 지문을 찾으면서 남몰래 접시들을 살피고 있다는 사실을 깨달았다. 식사 시간 내내 엄숙한 분위기가 짓눌렀는데, 나는 그런 분위기가 지배하게 된 이유를 알 수 없었으며 단지 그 엄숙함이 대단한 미덕의 엄숙함이나 평온함이거나 방 안 전체에 진동하고 있는 그 무엇이라고만 짐작했다. 아무튼 아무도 웃지 않았다. 모두가 그냥 너무나 친절하고 너무나 공손했다. 결국 나는 그런 분위기를 더 이상 참지 못하게 되어 좋든 나쁘든 농담을 하기 시작했다. 나의 농담에 그 가족은 빈정거리는 듯한 미소를 지어 보였다. 말하자면, 내가 사랑하고 존경하는 그런 미국인 특유의 관대한 미소를 끌어내는 데 실패했던 것이다. 그래서 나는 생각했다. "글쎄, 무표정한 얼굴에 인디언의 피가 흐르는 같기도 하고 몽골인 같기도 한 이 사람들에게 중국적인 것을 한번 시도해 보면 어떨까?" 그래서 나는 비장의 무기를 끄집어냈다. 정말 멋진 이야기였다. 내가 말을 끝내자마자, 나의 의자 바로 뒤에서 엄청난 웃음이 터져 나왔다. 웃음의 주인공은 흑인 하인이었다. 진정한 미국인의 웃음이었다. 치아와 혀, 입천장을 다 드러낸, 당당하고 거리낌 없고 소탈한 웃음이었다. 그때 아프리카가 고향인 그 하인이 얼마나 사랑스럽게 느껴졌는지 모른다.

나는 이것이 다소 바보스런 이야기라는 점을 인정한다. 당시에 그 일이 나의 마음에 끈적끈적 달라붙어야 했던 이유를 보지 못했기 때문에 더욱더 그렇다. 나는 한참 시간이 지난 뒤에야 겨우 이 일의 의미와 내가 버펄로에서 받았던 인상의 의미를 깨달을 수 있었다.

우리가 품고 있는 확신의 기원이 아주 하찮은 경우가 종종 있다. 그래서 나는 독자들에게 미국인의 심리에 관한 나의 생각이 어떤 식으로 시작하게 되었는지에 대해 정확히 들려주는 데 조금도 주저하지 않는다. 너무나 하찮은 그런 인상들 안에 내가 그 후 25년 동안 미국인 환자들을 다루면서 배우게 된 것들이 모두 들어 있었다.

미국인의 웃음은 대단히 인상적이다. 웃음은 매우 중요한 감정 표현이다. 사람이 웃는 방식을 주의 깊게 관찰하면, 그 사람의 성격을 말해주는 정보가 많이 나온다. 불완전한 웃음으로 힘들어 하는 사람도 있다. 그런 사람들이 웃는 모습을 보거나 새된 웃음소리를 듣는 것은 고통스런 일이다. 미국은 하나의 국가로서 웃을 수 있으며, 그것은 많은 것을 의미한다. 미국에는 아직도 아이 같은 면이 있고, 감정의 건전함이 있으며, 동료 존재들과 즉시적인 관계를 형성할 수 있다.

이런 웃음은 표현의 생생함과 용이함과 직결된다. 미국인들은 말을 많이 하는 사람들이다. 가십과 잡담이 주요 일간지에까지 흘러넘친다. 미국인에게 "훌륭한" 글쓰기 스타일은 대화 스타일이다. 그런 글쓰기가 지나치게 시시하지만 않다면, 그 스타일도 유럽인들에게는 미국인의 웃음만큼 상큼하고 명랑하게 다가올 수 있다. 그러나 애석하게도 단순히 잡담으로 흐르는 경우가, 이를테면 커다란 개밋둑의 소음으로 끝나는 경우가 종종 있다.

미국 언어의 가장 큰 강점 중 하나가 바로 속어(俗語)다. 나는 미국인의 속어를 절대로 비웃지 않는다. 정반대로, 나는 미국인의 속어를 대단히 좋아한다. 속어는 생성 중에 있는 언어를, 생생하게 살아 있는 어떤 것을 의미한다. 속어의 이미지는 낡고 닳아빠진 비유가 아니며, 땅에서 기원한 온갖 생명력으로 넘치는 형상이다. 속어는 새로운 나라의 편견 없는 낯선 토양에 고유한 지방의 정취를 물씬 풍긴다. 영어라는 낡은 언어에서 이상한 생명의 새로운 흐름이 느껴진다. 그 생명력이 어디서 오는지 궁금하다. 그것이 새로운 나라여서만 그럴까? 나는 그렇지 않을 것이라고 생각한다.

미국인이 움직이는 방식은 태연한 경향을 강하게 보인다. 미국인이 걷는 방식이나 모자를 쓰는 방식, 담배를 무는 방식, 말하는 방식을 분석하면, 태연하게 아랑곳하지 않는 경향이 두드러진다는 것이 확인된다. 주위에서 오가는 대화를 보면 억제되지 않은 목소리가 자주 들린다. 사람들이 앉는 방식에도 억제가 없고, 간혹 가구에 앉기도 한다. 아니면 일요일에 거리의 집들을 보면 창 틀 위로 올라온 발이 가끔 보인다. 움직이는 모습도 이완된 관절로, 최소한의 신경 감응으로 움직이는 것처럼 보인다. 말을 할 때에도, 연구개(軟口蓋)를 충분히 자극하지 않는 데서 이런 태연함이 보인다. 그래서 미국인들 사이에 비음이 아주 많다. 원시인에게서, 특히 흑인 여자들에게서 관찰되는, 엉덩이를 흔드는 걸음걸이가 미국 여자들에게서 자주 확인된다. 남자의 경우에 비틀거리는 걸음걸이가 꽤 흔하다.

미국인의 삶 중에서 가장 두드러진 특징은 무한한 선전이다. 모두가 모두를 만나야 하며, 미국인들은 심지어 이런 거대한 영향을 즐기는 것처럼 보인다. 나 같은 중부 유럽인에게, 미국인의 삶의 공개성은 모두 불쾌함을 안겨주는 그 이상이며 아주 끔찍하다. 구체적으로 예를 들자면, 사람들 사이의 거리의 결여, 울타리 없는 정원, 대중성에 대한 강한 믿음, 신문의 가십 칼럼, 주택의 열린 문(길을 걷는 사람은 거실과 침실을 통해서 뒤뜰과 그 너머까지 볼 수 있다), 언론의 공습에 대한 개인의 무방비 상태 등이 있다. 그런 것은 정말로 끔찍한 일이다. 그런 분위기에서 유럽인은 온갖 것을 집어삼키는 뜨거운 욕망의 파도와 감정적 무절제에 즉시 삼켜져 버린다. 당신은 단순히 집단 속의 분자 하나로 전락하고, 그러면 당신은 흥분한 집단의 가공의 목표들 외에 다른 희망이나 기대를 품지 못한다. 당신은 단지 생명을 위해 헤엄을 칠 뿐이다. 그것이 전부다. 당신은 자유로움을 느낀다. 그런데 그 자유란 것이 기이하기 짝이 없다. 집단적인 운동이 유럽 토양의 오래된 옹이투성이 뿌리들보다도 더 빨리 당신을 사로잡는다. 심지어 당신의 머리까지도 집단적인 운동에 잠겨 버린다. 미국인 집단의 감정에는 특이하게 자제가 보이지 않는다. 유럽인은 미국인들의 일상적 열망과 서두름에서, 온갖 종류의 열정에서, 공개적인 찬양과 비난의 격함에서 그런 자제의 결여를 본다. 집단적인 감정의 압도적인 영향은 모든 곳으로 스며든다. 가능하다면, 모든 것이 집단적으로 행해질 것이다. 왜냐하면 집단적인 영향에 대한 저항이 놀랄 만큼 약하기 때문이다.

집단적인 행동이 언제나 개인적인 시도보다 덜 힘드는 것은 사실이다. 집단적인 행동의 추진력은 개인의 집중적인 노력보다 훨씬 더 멀리 나아간다. 이유는 집단적인 행동의 추진력이 사람들로 하여금 자기자신을 자각하지 않게 만들고 위험에 신경을 쓰지 않도록 만들기 때문이다. 한편, 집단적인 행동의 추진력은 쉽게 너무 멀리까지 나아가면서 사람들을, 개인이라면 신중함 때문에 좀처럼 선택하지 않을 그런 조건으로 이끈다. 집단적인 행동의 추진력은 사람들의 심리를 결정적일 만큼 평준화시킨다.

유럽인은 특히 미국인들의 섹스 문제에서 이 점을 확인할 수 있다. 섹스 문제가 세계 대전 이후에 발달했기 때문이다. 미국인들의 섹스 문제에 방탕의 경향이 뚜렷하다. 이런 경향은 이혼율에도 나타날 뿐만 아니라, 젊은 세대들 사이에 두드러진, 성적 편견으로부터의 특이한 해방에도 나타난다. 그에 따른 불가피한 결과로, 남녀 성별 사이의 개인적 관계가 고통을 겪을 것이다. 쉬운 접근은 절대로 성격의 가치들을 끌어내지 못하고, 따라서 성격의 가치들을 발달시키지 못한다. 동시에 쉬운 접근은 보다 깊은 상호 이해에 대단히 심각한 장애이다.

진정한 사랑에 반드시 필요한 상호 이해는 남녀 사이의 심리적 차이 때문에 야기된 모든 문제들을 극복할 수 있을 때에만 이뤄질 수 있다. 방탕은 손쉬운 탈출의 기회를 제공함으로써 이 모든 노력을 마비시켜 버린다. 그러면 개인적인 관계는 꽤 피상적인 관계가 된다. 그러나 소위 편견 없는 자유와 손쉬운 방탕이 팽배할수록, 사랑은 더욱 시시해지고 일시적인 성적 막간극으로 전락한다. 성 윤리에서 가장 최근에 일어난 현상은 성적 원시성을 보이는 경향이다. 이것은 원시적인 사람들의 도덕적 습관이 불안정한 것과 비슷하다. 성적 원시성이 두드러진 상태에서는 집단적인 감정의 영향으로 인해 모든 성적 터부들이 일순간에 사라져 버린다.

미국인의 모든 삶은 큰 정착촌의 삶처럼 보인다. 진정한 도회지 생활을 추구하려는 경향을 보인다는 뜻이다. 아주 작은 정착촌마저도 촌

락이 되는 것을 거부하고 도시가 되려는 경향을 보인다. 시골에서도 도회지가 전반적인 삶의 양식을 지배한다. 모든 것이 집단적이고 표준화된 것처럼 보인다. 소위 시골의 삶을 사는 야영지를 방문한 적이 있는데, 그때 나와 함께 여행하던 유럽인 친구는 조용할 때 나에게 이렇게 속삭였다. "이 사람들에겐 틀림없이 야영하는 방법에 관한 교과서도 있을 거야." 그런데 정말로 서가에 빨간색과 금색으로 반짝이는 그런 교과서가 있는 게 아닌가!

시골은 경이롭다 못해 신성하기까지 하며, 대기에는 역사가 시작되기 전의 영원의 향기가 은은히 흐르고 있다. 곤충들은 아직 인간을 겁내지 않는다. 곤충들은 일부 나바호 원주민들처럼 자신들이 아메리카에 살고 있다는 것을 모른다. 그리고 황소개구리들은 밤에 선사 시대의 우렁찬 목소리로 대화한다. 밤은 아름답고 웅장하며, 낮은 햇살로 축복을 받는다. 거기에 진정한 시골이 있으며, 아무도 그런 곳에 어울리지 않는 것 같다. 부산하게 움직이고 시끄럽게 잡담을 늘어놓고 자동차를 달리는 도시 사람들은 확실히 어울리지 않는다. 그런 사람들은 인디언들과 달리 시골을 가슴으로 끌어안지 않는다. 인디언들과 함께 있으면 마음이 편안해진다. 이는 인디언들이 자신이 살고 있는 지역의 마법 위에 있지 않고 마법 아래에 있기 때문이다. 그래서 거기엔 마침내 신의 평화가 존재한다.

나는 북 아메리카의 모국들에 대해 꽤 잘 알고 있다. 그러나 유전 이론에만 근거할 경우에, 나는 그런 나라들에서 온 미국인들이 놀라운 특성들을 습득한 과정을 설명하는 문제 앞에서 속수무책이다. 그 특성들 중 일부는 옛날의 개척자의 태도에서 나온 것으로 볼 수 있다. 그러나 나는 앞에서 언급한 특별한 성격들이 농부였던 초기의 식민지 개척자의 성격과 어떤 식으로 연결되는지 알아내지 못했다. 미국인 기질의 특성을 훨씬 더 잘 설명하는 훌륭한 가설이 있다. 그 가설은 대단히 두드러지고 암시적인 존재인 흑인이 주(州)들 속으로 스며들었다는 것이다. 일부 주들은 특별히 검다. 이것은 미국을 백인의 나라로 생각하는 순진한 유럽인에게 놀랍게 다가오는 사실이다. 뜻밖이라 여겨질지 모르지만, 미국은 완전히 하얗지 않고 혼합되어 있다. 정말 그렇다.

다소 원시적인 사람들과 나란히 사는 것보다 더 전염성 강한 것이 있을까? 아프리카에 가서 어떤 일이 벌어지고 있는지 한번 보도록 하라. 그런 전염성을 분명히 보게 되는 경우에, 당신은 그것을 "흑화"(黑化)라고 부른다. 그러나 그다지 명백하지 않은 경우에 그것은 "태양" 때문인 것으로 설명된다. 인도에서 그 원인은 언제나 태양이다. 그러나 실제로 보면 그것은 특별히 엄격한 인습 존중에 의해 균형이 맞춰지고 있는, 약화된 흑화이다. 이런 인습 존중이라는 압력 아래에서, 사람들은 그 책임을 태양으로 돌리는 가운데서도 그냥 말라간다.

비도덕적이거나 다소 느슨한 존재가 되는 것은 유럽인들에게 훨씬 더 쉬운 일이다. 왜냐하면 유럽인이 원시적인 생명이 아래로 끌어당기는 힘에 맞서 도덕적 기준을 지켜야 할 필요성을 느끼지 않기 때문이다. 열등한 인간이 끌어당기는 힘은 아주 강하다. 이유는 열등한 인간이 우리 정신의 열등한 층을, 말하자면 짐작할 수 없을 만큼 긴 세월 동안 비슷한 조건에서 살아온 정신의 층을 세게 잡아당기기 때문이다.

열등한 인간은 우리에게 어린 시절뿐만 아니라 우리의 선사 시대까지 상기시킨다. 이 상기 과정은 의식적인 정신보다는 무의식적인 정신에서 일어난다. 이 선사 시대는 게르만 민족의 경우에 고작 1,200년 전으로 데리고 갈 것이다. 우리 안에 있는 야만인은 여전히 놀라울 만큼 강하고, 그 야만인은 젊은 시절의 기억의 유혹에 쉽게 넘어간다. 따라서 그 야만인은 매우 확실한 방어를 필요로 한다. 역사가 더 깊은 라틴계 민족들은 그런 식으로 자신을 강하게 방어할 필요가 없으며, 따라서 라틴계 민족이 유색 인종에게 접근하는 방식은 다르다.

그러나 게르만인의 방어는 의식이 닿는 범위 안에서 끝난다. 의식의 문턱 아래에서, 전염은 대단히 약한 저항을 만난다. 유색인은 당신의 도시 안과 심지어 당신의 집 안에서 살고 있으며, 따라서 당신의 피부 아래에서도 잠재의식적으로 살고 있다. 당연히 영향은 쌍방향으로 작용하게 되어 있다. 모든 유대인이 그리스도 콤플렉스를 갖고 있듯이, 모든 흑인은 백인 콤플렉스를, 모든 미국인은 흑인 콤플렉스를 갖고 있다. 대체로 유색인은 자신의 피부를 바꿀 수 있다면 무엇이든 내놓으려 할 것이며, 백인은 자신이 흑인의 영향을 받고 있다는 점을 인정하길 꺼릴 것이다.

이제 현실 속에 나타나는 사실들을 보자. 미국인의 웃음은 어떤가? 매우 요란한 사회성은 어떤가? 온갖 종류의 활동과 묘기에서 즐거움을 누리려는 성향은 어떤가? 관절이 헐거운듯한 걸음걸이, 흑색 인종의 춤과 음악은?

재즈의 리듬은 아프리카 댄스 '응고마'(n'goma)와 똑같다. 펄쩍펄쩍 뛰며 몸을 들썩이고 어깨와 엉덩이를 흔드는 아프리카 중부의 응고마를 미국 재즈에 맞춰 출 수 있다. 미국 음악은 아프리카 리듬과 아프리카 멜로디의 영향을 강하게 받고 있다.

원시적인 운동성과 표현력 풍부한 감정성, 어린애 같은 솔직성, 음악과 리듬감, 재미있고 다채로운 언어를 갖고 있는 유색인이 미국인의 "행동"에 영향을 미쳤다는 사실을 보지 않기가 오히려 더 어렵다. 모든 심리학자와 의사가 알고 있듯이, 틱증(tick), 말더듬기, 무도병(舞蹈病)[63]의 움직임, 감정 표현, 무엇보다 웃음과 말투보다 전염성이 더 강한 것은 없다. 당신의 정신과 가슴이 다른 곳에 있더라도, 또 당신이 외국어로 오가는 농담을 알아듣지 못하더라도, 그 자리에 있는 모든 사람이 웃을 때 당신도 웃지 않을 수 없게 된다. 말더듬은 전염성이 아주 강하다. 그렇기 때문에 당신은 자기도 모르게 그것을 모방하지 않을 수 없게 된다. 멜로디와 리듬은 대단히 교활하다. 그런 것들은 당신을 며칠 동안 사로잡을 수 있다. 언어에 대해 말하자면, 비유와 다양한 발음 방식이 당신에게 영향을 미치는 방식은 대단히 불쾌하다. 이유는 당신이 그 영향과 관련해서 할 수 있는 것이 아무것도 없기 때문이다.

백인은 흑인에게 대단히 끔찍한 문제이며, 당신이 누군가에게 아주 깊게 영향을 미칠 때마다, 정말 이상하게도 그 누군가로부터도 무엇인가가 당신에게 돌아온다. 흑인은 단순히 거기에 있다는 한 가지 이유만으로도 기질적, 모방적 전염의 원인이 된다. 이 점을 유럽인은 보지 못할 수가 없다. 원시인의 수가 백인의 수를 능가하는 곳에서, 인종적 전염은 가장 심각한 정신적, 도덕적 문제가 된다. 미국은 이 문제를 비교적 약하게 느끼고 있다. 백인의 숫자가 유색인의 숫자를 월등히 앞서기 때문이다. 분명히 미국인은 위험 부담을 거의 지지 않고 원시적인 영향을 동화시킬 수 있다. 유색 인구가 상당히 증가하게 되면 어떤

..........
63  얼굴, 손, 발 등 근육이 의지와 관계없이 움직이는 증상을 말한다.

일이 벌어질 것인가 하는 문제는 별개의 문제다.

미국인의 특성들 중 일부는 유색인으로 직접 거슬러 올라가고 다른 특성은 유색인의 느슨함에 맞서는 보상적인 방어의 결과라고 나는 꽤 강하게 확신한다. 그 특성들은 미국인의 성격의 속살을 건드리지 않은 채 표면에 남지만, "흑화"라고 불리는 것은 그렇지 않다. 나는 행동주의 심리학자가 아니기 때문에 외람되게도 어떤 사람의 행동을 관찰하는 것만으로는 그 사람을 온전히 파악하지 못한다고 주장한다. 나는 행동을, 살아 있는 내용물을 안에 숨기고 있는 껍질로 여긴다. 따라서 나는 백인을, 그 사람이 약간 갖고 있는 흑인의 버릇을 바탕으로 충분히 구분할 수 있다. 그러면 나의 질문은 이것이다. 미국 백인은 순수한 백인인가, 혹은 미국 백인은 유럽의 백인 대표와 어느 정도 다른가? 나는 미국 백인과 유럽 백인 사이에 외적으로만 아니라 내적으로도 명백한 차이가 있다고 믿는다. 유럽 잡지들은 최근에 유명한 미국인들이 인디언의 머리장식을 한 모습과 유럽 복장을 한 인디언들의 모습을 서로 마주보도록 게재하면서 '누가 인디언일까?'라는 질문을 던졌다.

이건 절대로 농담이 아니다. 거기엔 부정할 수 없는 무엇인가가 있다. 그것은 신비하고 믿기지 않지만, 다른 나라에서도 마찬가지로 관찰되는 하나의 사실이다. 사람은 나라에 동화될 수 있다. 어느 나라의 대기와 토양엔 x와 y 같은 것이 있다. 이것들이 서서히 사람에게 스며들면서 그 사람을 동화시켜 원래의 거주자 유형으로 바꿔놓는다. 심한 경우에 그 사람의 육체적 특성까지 약간 바꿔놓기도 한다. 이런 사실은 간혹 아주 분명하게 드러나지만 그것을 정확한 수치로 나타내는 것은 대단히 어려운 일이라는 점을 나는 인정한다. 그러나 분명하고 의심할 수 없는 성격을 지녔음에도 불구하고 정확히 과학적으로 검증하기 어려운 것은 그것 말고도 많다. 눈과 몸짓, 억양 등에 나타나는 표현의 미묘한 차이를 고려해 보라. 현실 속에서 모든 사람이 그런 표현들을 보며, 또 어떤 바보도 그것을 오해하지 않는다. 그럼에도 그런 표현의 차이에 대해 과학적으로 설명해야 하는 상황에 처하면, 그 과제는 누구에게나 엄청나게 까다로운 문제가 된다. 나는 다양한 나라에 사는 유대인들의 사진을 보고 그들이 사는 나라를 정확히 알아맞히는 사람을 알고 있다. 이 사람은 폴란드에 사는 유대인이고, 저 사람은 독일에 사는 유대인이라는 식으로.

틀림없이, 인간에겐 이런 미묘한 암시들이 있다. 이 암시들은 어떤 때엔 얼굴의 주름에 숨어 있고 어떤 때는 제스처에 숨어 있으며, 얼굴 표정이나 시선, 정신에도 숨어 있다. 사람의 정신에 숨어 있는 암시들은 그 사람의 몸의 투명한 장막을 뚫고 빛을 발한다.

어쨌든, 어떤 사람이 어느 나라에서 태어났는지를 알아맞히는 것은 종종 가능하다. 순수한 유럽인을 부모로 둔 아이들이 동양에서 태어난 예를 여럿 알고 있는데, 이 아이들은 생김새나 정신적 구성 중 어느 하나 또는 둘 모두에서 미세한 차이를 보이면서 출생지를 뚜렷이 드러낸다. 그 차이가 전체적으로 뚜렷하기 때문에, 나뿐만 아니라 그 상황에 대해 전혀 아무것도 모르는 사람들도 그런 차이를 알아차릴 수 있다. 외국은 어쨌든 거기서 태어난 사람들의 살갗 밑으로 파고든다. 매우 원시적인 어떤 부족들은 외국 영토를 빼앗는 것이 가능하지 않다고 확신하고 있다. 거기서 태어난 아이가 그 나라의 나무와 바위, 물에 사는 엉터리 조상의 정신을 물려받게 된다는 이유에서다. 이런 원시적인 직관에도 미묘한 진리가 어느 정도 담겨 있는 것 같다.

그것은 인디언의 정신이 안팎으로 미국인에게 닿는다는 것을 의미한다. 정말이지, 미국인 얼굴의 외형은 인디언의 외형과 놀라울 만큼 닮았다. 여자들의 얼굴보다 남자들의 얼굴에서 닮은 점이 더 많이 보인다. 그러나 여자들은 현대성을 두드러지게 선호함에도 불구하고 언제나 남자보다 더 보수적이다. 그것은 분명히 하나의 역설이지만, 어쨌든 그런 것이 인간의 본성이다.

어느 나라의 특성에 외적으로 동화되는 것은 쉽게 예상할 수 있는 일이다. 거기엔 놀랄 것이 하나도 없다. 그러나 외적 유사성은, 눈에 드러나지 않지만 정신에 강력한 영향을 미치고 있는 것들과 비교하면 미약하다. 이를 근거로 한다면, 정신은 육체보다 무한히 더 민감하고 암시에 약한 매개체라고 할 수 있다. 육체가 반응하기 오래 전에 이미 정신은 아마 상당한 변화를 겪었을 수 있다. 그때 변화는 그 개인 자신이나 주변 사람들에게는 명백하지 않고 오직 아웃사이더에게만 분명하게 느껴진다. 그래서 나는 유럽에서 몇 년을 살아보지 않은 평균적인 미국인이 자신의 정신적 태도가 유럽인의 정신적 태도와 다르다는 점을 알 것이라고 기대하지 않는다. 마찬가지로, 나는 평균적인 유럽인이 자신의 정신적 태도가 미국인의 정신적 태도와 다르다는 점을 깨달을 것이라고 기대하지 않는다. 그것이 어떤 나라의 진정한 특징을 이루고 있는 많은 것이 이상하거나 우스꽝스러워 보이는 이유이다. 그것들이 그렇게 보이는 이유는 그것들이 생겨난 조건이 알려지지 않았거나 이해되지 않기 때문이다. 이 조건만 알게 되면, 그 특징들은 이상하거나 터무니없어 보이지 않고 오히려 완벽하게 이해되고 논리적인 것으로 여겨질 것이다.

위대한 나라들은 거의 예외 없이 국민정신이라 부를 수 있는 그 나라만의 집단적인 태도를 갖고 있다. 그런 집단적 태도는 분명하게 드러나는 경우도 있고 분명하게 드러나지 않는 경우도 있다. 그럼에도 불구하고 집단적인 태도는 말로 표현할 수 없는 상태로 분명히 존재하고 있으며, 그런 집단적 태도는 사람들의 표정과 언어, 행동, 의상, 후각, 관심, 이상, 정치, 철학, 예술, 심지어 종교까지, 모든 것들 속으로 스며드는 일종의 대기 같다. 프랑스처럼 확실한 역사적 배경을 가진 명확한 문명에서, 프랑스인의 정신의 기본적 경향이 쉽게 발견된다. 그것은 아주 우스꽝스러운 형태에서만 아니라 아주 고귀한 형태에서도 매우 두드러지게 나타나는 체면 심리인 "영광"이다. 프랑스인의 말과 몸짓, 믿음, 모든 것의 스타일, 정치, 심지어 과학에서도 그런 정신이 발견된다.

독일의 경우에 모든 사람에 의해서 구체화되고 있는 것은 "관념"이다. 일반적인 인간 존재는 전혀 없다. 모두가 "Herr(영어 Mr.에 해당한다/옮긴이) Professor(교수)"이거나 "Herr Geheimrat(궁중 고문관)"이거나 "Herr Oberrechnungsrat(고위 행정관)"이다. 독일인의 관념은 간혹 옳고 간혹 틀리지만, 더없이 고고한 철학에 속하는 것이든 단순히 어리석은 편향에 지나지 않는 것이든, 독일인에게 관념이 없었던 적은 한 번도 없었다. 독일에서는 죽을 때조차도 사람들이 단순히 인간적인 슬픔 속에서 죽지 않고, "Hausbesitzersgattin(주택을 소유한 아내)"라는 이상적인 형태 또는 그런 종류의 무엇인가로 죽는다.

영국의 가장 깊은 진실임과 동시에 영국이 인류의 자산을 풍요롭게 가꾼 가장 소중한 기여는 바로 "신사도"(紳士道)이다. 중세 초기의 모호한 기사도로부터 해방된 "신사도"는 오늘날 현대 영국 생활의 온 곳으로 침투하고 있다. 신사도는 신념을 수반하는 하나의 종국적 원리이다. 또 신사도는 영혼과 육체 양쪽으로 모두 완벽한 기사(騎士)의 빛나는 갑옷과, 비참한 자연적인 감정들을 담은 관(棺)을 갖고 다니는 것을 결코 잊지 않는 원리이다.

그러나 이탈리아와 오스트리아, 스페인, 네덜란드, 스위스 같은 나라들의 특성도 그처럼 쉽게 "파악할" 수 있을까? 이 나라들도 매우 특징적인 나라들이지만, 그럼에도 이 나라들의 정신을 파악하는 것은 보다 어렵다. 한 단어로 파악되지 않고, 적어도 몇 개의 문장이 필요하다. 미국도 그 정신이 한 마디로 요약되지 않는 나라에 속한다.

유럽인의 편견은 미국인의 특징에 대해 돈이라고 말할 것이다. 그러나 돈이 미국인들에게 의미하는 바를 전혀 알지 못하는 사람들만이 그런 식으로 생각할 수 있다. 그런 사람들이 미국인이라면, 미국이라는 나라의 특징이 돈이라는 말로 압축될 수 있다. 그러나 미국은 절대로 그렇게 간단한 나라가 아니다. 물론, 미국에도 다른 곳과 마찬가지로 보통 정도의 물질주의가 있지만, 동시에 대단히 존경할 만한 이상주의가 있다. 세계 어딜 가도 이상주의가 미국만큼 많이 발견되지 않는다. 유럽인에게 돈은 여전히 옛날의 터부 같은 마법을 어느 정도 갖고 있다. 금융 또는 고리대금 같은 돈 장사가 불성실한 업종으로 여겨지던 때부터 내려오는 터부다. 역사가 깊은 나라들에서 금융은 금지된 쾌락 같은 요소를 갖는 것으로 여겨진다. 그것이 유럽인의 경우에 돈 문제에 관한 한 목소리를 낮추는 것이 훌륭한 처신으로 받아들여지는 이유다. 역사적 조건의 부담이 전혀 없는 미국인들은 돈을 벌어서 가치 있는 일에 쓸 수 있다. 미국인들은 특이하게 돈의 마법으로부터 자유로우면서도 돈을 많이 번다. 유럽인은 이 수수께끼를 어떻게 이해할 수 있을까?

미국은 어떤 원칙이나 사상, 태도를 갖고 있지만, 그것은 확실히 돈은 아니다. 나의 미국인 환자와 제자들의 의식적 정신과 무의식적 정신을 꼼꼼히 파고들면서, 나는 종종 일종의 '영웅적인 이상(理想)'이라고 부를 수밖에 없는 무엇인가를 발견했다. 당신의 가장 이상적인 노력은 모든 사람에게서 최고의 것을 끌어내는 것과 관계있으며, 사람들은 훌륭한 사람을 발견하면 당연히 그 사람을 지원하면서 계속 앞으로 나아가도록 격려한다. 그러다 보면 그 사람은 최종적으로 순수한 노력과 성공, 승리로 인해 쓰러지기 쉽다. 모든 가정에서 이런 일이 일어나고 있다. 야심적인 어머니들은 아들에게 어떤 부류든 영웅이 되어야 한다는 생각을 불어넣는다. 공장에서도 마찬가지다. 전체 시스템이 가장 훌륭한 사람이 가장 좋은 자리에 올라갈 수 있도록 노력한다. 학교도 예외가 아니다. 모든 아이가 멋지고, 용감하고, 유능한 사람이 되고 "훌륭한 동료"가 되도록, 한마디로 말해 한 사람의 영웅이 되도록 훈련을 받는다. 사람이 깨뜨리지 못하는 기록은 절대로 있을 수 없다. 아주 터무니없는 일도 예외가 아니다. 영화는 온갖 종류의 영웅으로 넘쳐난다. 미국인의 칭찬은 세계 기록을 갖고 있다. "위대한" 사람과 "유명한" 사람은 분야를 가리지 않고 열광하는 군중들에게 둘러싸인다. 발렌티노(Rudolph Valentino)[64]도 자신의 몫을 충분히 누렸다.
..........
64  이탈리아 태생의 미국 미남 배우(1895-1926).

독일에서라면 타이틀이 2야드 정도 나열할 만큼 많아야만 위대한 사람이 될 수 있다. 영국에서도 마찬가지로 타이틀이 그 정도는 되어야 젠틀맨이 될 수 있으며, 프랑스에서는 나라의 위신을 높이면 위대한 사람이 될 수 있다. 작은 나라들의 경우에 대체로 일들이 작을 필요가 있기 때문에 사람이 살아생전에 위대한 사람이 된다는 보장이 없으며, 따라서 위대하다는 평가는 주로 사후에 이뤄진다. 미국은 "위대성"에 제한이 없는 유일한 나라이다. 이유는 위대성이 그 나라 국민의 가장 근본적인 희망과 욕망, 야망, 확신을 표현하고 있기 때문이다.

미국인에겐 이런 것들이 꽤 자연스럽게 여겨질 것이지만 유럽인에겐 그렇지 않다는 점을 나는 인정한다. 미국을 접하고 미국의 영웅적인 이상을 만날 때 열등감에 전염되는 유럽인이 많다. 대체로 유럽인들은 그 점을 인정하지 않으며, 따라서 유럽인은 유럽에 대해 그만큼 더 크게 자랑하거나 비판의 여지가 있는 미국의 많은 것들, 예를 들면 난폭성이나 잔인성, 원시성 같은 것을 조롱하기 시작한다.

종종 유럽인들은 미국 세관에서 처음으로 결정적인 충격을 받으며, 그래서 미국의 나머지에 대한 욕구가 훼손된다. 영웅적인 태도에 일종의 원시성이 수반되는 것은 불가피하다. 왜냐하면 영웅적인 태도가 언제나 다소 발랄하고 원시적인 사회의 이상이기 때문이다. 그리고 이것이 인디언의 진정한 역사적 정신이 게임 속으로 들어가는 곳이다. 유럽인의 스포츠를 보라! 거기에 비하면, 미국인들이야말로 세상에서 가장 거칠고, 가장 무모하고, 가장 효율적이다. 단순한 놀이라는 개념은 거의 완전히 사라진 반면에, 세상의 다른 지역에서는 놀이라는 개념이 직업적인 스포츠라는 개념보다 더 팽배하다. 미국의 스포츠는 잔인할 정도의 훈련과 비인간적일 정도의 몰두를 요구한다. 미국의 스포츠맨은 검투사나 다름없으며, 관람객들의 흥분은 피에 굶주린 것과 비슷한 고대의 본능들에서 기인한다. 미국의 학생들은 입교식을 거쳐, 야만적인 부족들 중 최고의 존재들처럼 비밀 결사를 조직한다. KKK(Ku Klux Klan)에서부터 '콜럼버스 기사단'(Knights of Columbus)까지 온갖 종류의 비밀 결사가 미국 전역에서 결성되고 있으며, 그들의 의식(儀式)은 원시적인 신비 종교의 의식과 비슷하다. 미국은 심령술의 귀신을 다시 살려냈으며, 과학보다는 샤먼의 정신적 치료와 관계가 더 깊은 크리스천 사이언스로 질병을 치료하고 있다. 게다가 크리스천 사이언스의 치료는 꽤 치료 효과가 있는 것으로 드러나고 있다. 샤먼의 치료가 효과가 있었던 것처럼 말이다.

역사 깊은 유럽의 전통은 이런 활기찬 원시적인 영향과 비교하면 오히려 창백해 보인다. 뉴욕을 비롯한 미국 대도시의 스카이라인과 타오스 부족 같은 푸에블로 인디언의 주거지와 비교해 본 적이 있는가? 그리고 그 집들이 어떤 식으로 가운데를 향해 탑을 쌓듯 점점 높아지는지를 보았는가? 미국인은 의식적 모방 없이 무의식적으로 인디언의 정신과 기질의 흐릿한 윤곽을 채우고 있다.

이것과 관련해선 놀랄 만한 것이 하나도 없다. 늘 그래 왔다. 정복자들은 옛날의 거주자들을 육체적으로 정복하지만, 그들의 정신에 굴복하고 만다. 권력의 정점에 달했을 당시에 로마는 영역 안에 동양의 온갖 신비 숭배를 두루 포함했다. 그럼에도 그 숭배 중에서 가장 초라했던 어느 유대인 신비 결사의 정신이 가장 위대한 도시의 위에서 아래까지 모든 것을 바꿔놓았다. 정복자는 엉터리 조상의 정신을 물려받는다고 원시인들은 말하곤 한다. 나는 원시인의 이 같은 표현을 아주 좋아한다. 그 말은 뜻이 아주 깊고 다양한 암시를 담고 있다.

 사람들은 좀처럼 어떤 사물을 놓고 그것이 본래 어떤 것이었는지 알고 싶어 하지 않는다. 사람들은 그것이 유익한지 불리한지, 권할 만한지 나쁜지를 알기를 원한다. 마치 의심의 여지없이 좋거나 나쁜 것이 있는 것처럼. 사물들은 우리가 그것을 받아들이기에 달려 있다. 더욱이, 움직이는 모든 것은 하나의 위험이다. 한 예로, 형성 중인 나라는 당연히 다른 나라뿐만 아니라 그 나라에도 큰 위험이다. 예언가의 역할을 하거나 국가들에게 터무니없는 조언을 하는 것은 분명히 나의 임무가 아니다. 사실들은 그 자체로 유익하지도 않고 불리하지도 않으며, 단지 흥미로울 뿐이다. 그리고 모든 사실들 중에서 가장 흥미로운 것은 유치하고 충동적이고 "순진한" 미국이 모든 나라들 중에서 가장 복잡한 심리를 갖고 있다는 점이다.

8장

# 심리학과 민족 문제

심리학과 민족 문제라는 주제[65]는 다소 시사적인 문제이다. 그러나 세계 대전 전이었다면 제기되지 않았을 질문이다. 세계 대전 전에 사람들은 대체로 유럽의 정신적 분위기에 일어나고 있는 장애를 자각하지 못하고 있었다. 심리학적인 비판가나 고대 스타일의 철학자라면 할 말이 충분히 많았을 텐데도 말이다. 당시 세계는 번영하던 중이었으며, 눈으로 보고 귀로 듣는 것을 믿고 합리주의와 철학적 실증주의가 하는 말을 믿던 그런 세계였다.

역사적 증거에도 불구하고, 대(大)전쟁의 가능성은 합리적으로 아주 멀고 인위적인 악몽처럼 보였으며 정치인들과 신문들이 특별히 다룰 거리가 없을 때 간혹 떠올리는 이론적인 허깨비에 불과했다. 사람

..........
65  칼 융이 미국 여행에서 돌아온 직후인 1936년 10월 14일 런던의 의학 심리학 연구소에서 행한 강연의 주제이며 이 글은 그 강연 내용을 옮긴 것이다.

들은 국제적, 재정적, 상업적, 산업적 관계가 국가들 사이에 너무나 촘촘하게 얽혀 있기 때문에 전쟁 가능성은 배제된다고 확신하고 있었다. '아가디르' 사건[66]과 그 비슷한 조치들은 정신이 온전하지 않은 한 군주의 단순한 장난처럼 보였으며, 그렇지 않았다면 세계 금융 네트워크에 확실히 걸렸을 것이며, 이 네트워크의 막대한 비중이 심각한 군사적 성격을 가진 어떠한 시도도 배제할 것으로 여겨졌다. 더욱이 과학의 눈부신 발전과 유럽의 대부분 국가에서 실시되고 있는 수준 높은 공교육, 역사에 유례가 없을 만큼 조직화된 여론 등은 유럽인들이 인간의 의식적 성취를, 즉 인간의 이성과 지성, 의지력을 믿도록 만들었다. 마치 인간과 인간의 이상들이 지구를 소유한 가운데 모든 사람들의 행복을 위해 현명하게 통치할 것처럼 보였다.

세계 대전은 이런 꿈을 박살냈으며, 그 전 시대의 이상들 대부분을 짓밟아 버렸다. 전후의 이런 분위기에서 회의(懷疑)가 생겨났다. 인간 정신이 과연 정상인가? 인간 정신의 건전성에 대해 의문을 표시하기 시작한 것이다. 왜냐하면 생각이 깊은 사람들이 인간이 할 수 있는 모든 일에 대해 점점 더 놀라게 되었기 때문이다. 인류의 편의를 위해 너무나 놀라운 결실을 거둔 과학이라는 호의적인 신(神)이 시키면 얼굴을 드러냈다. 과학 신은 독가스를 포함한, 악랄하기 그지없는 전쟁 무기들을 만들어 냈으며, 인간의 이성은 이상하고 부조리한 사상들에 의해 더욱 흐려졌다. 국제 관계는 대단히 과장된 민족주의로 변했고, 이 땅의 신, 즉 세속적인 모든 것들의 최종 수단인 돈은 이전에 상상조차

..........
66  모로코 아가디르 항에 1911년에 독일 전함이 입항한 것을 말한다. 이 사건은 국제적 위기를 야기했다.

하지 못했던 허구적인 성격을 발달시켰다. 금본위제도의 보장뿐만 아니라 조약을 비롯한 국제적 합의의 보장도 이미 전쟁에 의해 심각하게 깨어졌으며, 예전 상태로 복구하기는커녕 점점 더 약화되고 있다. 무기 감축과 국제 금융 시장의 안정을 꾀하려는 중요한 노력은 거의 실패로 돌아갔다. 인류가 유례없는 최악의 도덕적 위기에 빠져 옴짝달싹 못하고 있다는 생각이 사람들에게 서서히 들었다.

많은 영역에서 인간의 정신이 변하지 않았는가 하는 의문이 생겨나고 있는 것은 너무나 자연스럽다. 이런 식으로 혼란이 일어나는 데엔 특이한 심리적 이유들이 있을 것이라고 가정하는 것이 더 이상 터무니없어 보이지 않는다. 심리적인 이유 외에는 달리 그 같은 전개를 설명할 길이 없으니 말이다. 많은 사람들은 심리학이 세계의 상황에 대해 무슨 말이든 해야 하는 것이 아닌가 하고 생각했다. 그런 질문들이 사실 나에게 종종 제기되었으며, 나는 그럴 때마다 불편한 감정을 느꼈을 뿐만 아니라 만족스런 대답을 제시할 만한 능력이 없다는 사실을 절감해야 했다.

그 주제는 정말 복잡하다. 위기의 직접적인 원인들은 경제적, 정치적 본질을 가진 요인들이다. 이 요인들은 인간 정신의 작용이기 때문에 당연히 어떤 심리적 법칙을 따르게 되어 있다. 그러나 경제적 요인들은 특히 그 성격상 완전히 심리적이지는 않다. 그 요인들은 심리학과 거의 연결되지 않는 조건에도 크게 좌우된다.

한편, 정치의 경우엔 심리학이 지배하는 것처럼 보이지만, 거기엔 숫자와 순수한 힘과 폭력이라는 중요한 요인이 있다. 이 요인은 인간의 심리보다는 동굴인의 심리나 동물의 심리와 부합한다. 거기엔 심리학은 전혀 없지만, 경제학 또는 정치학 같은 대단히 복잡한 문제들이 있다. 비(非)심리학적인 요인들 때문에 사건들에 심리학을 적용하는 것이 가능한지 여부를 둘러싸고 여전히 의문이 제기되고 있다. 나는 나 자신이 세계 위기의 최종적 의미를 다룰 능력을 갖추고 있다고 생각하지 않는다. 그러나 세계의 위기에는 분명히 심리적인 측면이 있다. 바로 이 측면이 나에게 세계 위기에 대해 논할 기회를 주고 있다. 적어도 어떤 관점을 제시하는 것은 동시대의 심리학의 능력 안에 포함되는 것 같다.

이 주제로 들어가기 전에, 전반적인 심리에 대해 간단히 한 마디만 하고 싶다. 심리는 3개의 층으로 이뤄져 있다. 의식과 잠재의식, 집단 무의식이 그 층들이다.

내가 이해하고 있는 심리의 구성 요소에 대해 아주 짧게 설명했으니, 이제 우리의 주제로 돌아갈 생각이다. 무엇보다 먼저, 부정적인 진술부터 해야 한다. 나는 현재의 사건들 중에서 엄격히 경제적이고 정치적인 측면은 심리학적 고려에서 배제할 것이다. 그런 식으로 접근하는 이유는 경제적이거나 정치적인 측면이 적어도 부분적으로는 전혀 심리적이지 않기 때문이다. 대전쟁의 심리적 원인들이 무엇이 되었든, 그 원인들은 나의 심리학적 능력을 능가한다. 나는 주로 대전쟁으로 야기된 심리적 상황에 관심을 쏟을 것이다. 소위 어떤 심리적인 상황이 있다는 것은 우리가 증후라고 부를 수밖에 없는 현상들이 다수 있다는 사실에 의해 뒷받침된다. 어떤 현상이 어떤 목적에 이바지하는 논리적인 수단으로서의 기능을 하지 못하고 목적성을 전혀 갖지 않은 상태에서 주로 인과적인 조건의 단순한 결과로서만 두드러지게 나타날 때, 그 현상을 증후라고 부른다. 한 예로, 황달의 경우에 피부의 노란색은 목적성이 전혀 없는 현상이며, 그래서 우리는 그것을, 인디언들이 전쟁을 벌이러 나갈 때 몸에 칠하는 물감과 달리 증후라고 부른다. 인디언의 물감은 전쟁 의식(儀式)의 한 부분으로서 목적을 지니고 있다. 혹은 어떤 남자가 벽에 못을 박고 있을 때 우리가 그 사람에게 못질을 하는 이유를 묻는다고 가정하자. 만약에 그 사람이 코트를 걸기 위해서라고 대답한다면, 그가 하는 행위는 이치에 닿기 때문에 합목적적이다. 그러나 만약에 그 사람이 어쩌다 망치와 못을 손에 들었기 때문이라는 식으로 대답한다면, 그의 행위는 하나의 증후이거나 적어도 그 사람은 그런 식으로 비치길 원하고 있다.

마찬가지로 우리는 로마식 경례나 수행원 집단, 스와스티카(역(逆)만자), 신(新)이교 사상 등을 비롯한 온갖 불필요한 것들을 갖지 않은 집단 조직도 상상 가능하다. 여기서 불필요한 것이라고 말하는 이유는 스탠더드 오일이나 더치 셸뿐만 아니라 정당들도 그런 것 없이 활동할 수 있기 때문이다. 따라서 우리에겐 마치 그런 특성들이 주로 정신의 어떤 특별한 인과적인 조건을 말해주는 증후처럼 보인다. 한편, 우리는 상징들과 의식(儀式)들은 주로 특이한 정신적 상태를 이루는 것이 중요한 종교적 조직들에서 일어난다는 것을 알고 있다. 물론, 당신자신이 그런 정신의 틀 안에 있다면, 당신은 그것을 놓고 증후 운운하지 않을 것이다. 정반대로, 당신은 그런 특성들을 합목적적이고 의미있는 것으로 볼 것이다. 왜냐하면 당신에겐 그 특성들이 분명한 어떤 목적에 기여하는 것처럼 보이기 때문이다. 어떤 현상 안에 포함되어 있는 사람은 그 현상에 대해 놀라지도 않고 그 현상의 본질에 대해 궁금해 하지도 않는다. 어떤 현상에 대한 철학적 회의(懷疑)는 그 게임의 밖에 있는 사람에게만 일어날 수 있을 뿐이다.

증후들이 가장 두드러지게 나타난 국가들은 주로 실제로 전쟁에 가담한 결과 무시무시한 비참과 무질서 상태를 겪은 나라들이다. 특히 러시아와 독일, 오스트리아, 이탈리아가 그런 나라이다. 무엇이 원인이 되었든, 비참은 우울과 두려움, 절망, 불안, 걱정, 그리고 온갖 종류의 분노 같은 명백한 감정이 특징적으로 나타나는 명확한 심리적 상태이다.

경험 심리학은 전적으로 개인적인 경험에 바탕을 두고 있기 때문에, 우리의 주장은 반드시 개인에서부터 시작해야 한다. 이것이 우리로 하여금 이런 질문을 던지게 한다. 극도로 비참한 상태에 빠질 경우에 개인은 무엇을 할까? 그런 상태에 대한 반응으로, 긍정적인 것이 있고 부정적인 것이 있다.

먼저, 긍정적인 반응부터 보자. 더욱 큰 노력이 일어날 수 있다. 개인은 더 큰 힘과 의지력을 발휘할 것이고, 육체적, 지적, 도덕적 노력을 통해 장애나 비참의 원인을 극복하려 노력할 것이다. 그것은 전적으로 의식적이고 합리적인 시도일 것이며, 거기에 개인은 동원 가능한 모든 것을 투입할 것이다. 만약에 개인의 힘으로 충분하지 않으면, 그 사람은 다른 사람들의 도움을 청할 것이다. 아마 많은 수의 개인들이 고통의 원인을 제거하기 위해 어떤 종류의 조직을 형성할 것이다. 그런 최종적인 시도가 실패하거나 개인이 처음부터 너무 약해서 투지를 보여주지 못한다면, 그때엔 부정적인 반응이 일어난다.

이젠 부정적인 반응을 보자. 적절한 방어 조치나 에너지의 집중 또는 의지의 노력, 또 그런 조건에 적용할 수 있는 합리적인 방법과 조치 대신에, 감정적인 반응이 일어날 것이다. 감정적 반응은 언제나 적응이 열등한 상태라는 것을 보여준다. 그렇다고 해서 그런 반응이 적응이 비효과적이라는 것을 의미하지는 않는다. 그것은 단지 그 개인이 상황을 성공적으로 견뎌내는 경우에 그 성공이 의식적이고 의도적인 의지의 노력에 의한 것이 아니라 감정의 파도에 올라탄 채 수동적으로 떼밀렸기 때문이라는 뜻이다. 달리 말하면, 성공이 원시적이고 열등한 방식에 의해, 주로 본능적 반응에 의해 이뤄졌다는 말이다.

그러나 대개 감정적인 반응은 성공적이지 못하다. 그 반응이 너무나 원시적이고, 따라서 대단히 복잡한 상황에는 절대로 적절한 적응이 될 수 없기 때문이다. 어떤 경우든 그 개인은 수동적이며, 감정의 주체이기보다는 감정의 객체이다. 감정적 반응은 대체로 우울과 두려움, 심지어 공황으로 이뤄져 있다. 감정적 반응은 언제나 본능적인 반응을 불러일으킨다. 그러면 인간 이성이 약해지고 허물어지며, 이어서 원시적인 본능의 힘들이 침입할 문이 열린다. 감정적 반응은 언제나 퇴행을 의미한다. 퇴행의 첫 번째 효과는 대체로 유아적인 방법과 태도를 일깨우는 것이다. 두려움과 절망의 영향을 받고 있는 사람들은 종종 유치해지고, 무력해지고, 사기를 잃는다. 무력함과 공황도 집단의 형성으로 이어지거나, 군집적 안전을 위해 서로 집단으로 뭉치도록 할 수 있다.

공황 상태에서 일어나는 집단의 형성은 조직이라 불릴 수 없다. 왜냐하면 그것이 이성과 의지에 기초한 시도가 아니고 기본적으로 감정적인 운동이기 때문이다. 그것은 하나의 조직이 아니라 축적이다. 그런 집단의 형성은 모두 유아적이고 원시적인 심리의 흔적을 보여준다. 그런 집단들이 유아적인 것은 언제나 그것들이 아버지를 찾고 있기 때문이고, 그런 집단이 원시적인 것은 아버지의 이미지가 원시적인 배경에서 나타나기 때문이다. 그런 집단의 형성은 원시적인 부족의 연합으로 퇴행하는 것이 불가피해 보인다. 다시 말하면, 한편으로는 추장이나 주술사에 의해서, 다른 한편으로는 일종의 신비적인 원리인 부족의 가르침에 의해서 서로 결합하는 그런 연합으로 퇴행하게 된다는 뜻이다.

이제 그 질문으로 돌아가도록 하자. 한 민족이 심리적으로 불행한 상태에 있을 때 무엇을 하는가? 다수의 사람들, 즉 국민은 개인들의 축적에 불과하기 때문에, 그 국민의 심리도 마찬가지로 개인의 심리들의 축적이다. 그러나 개인의 정신은 개인적으로 차이가 나는 것이 특징이다. 그 차이는 부분적으로 선천적이고 부분적으로 후천적이다. 거의 모든 개인은 어떤 특별한 성취를 보이고 있으며, 이 성취는 개인의 상대적 독특성을 돋보이게 한다. 한편, 각 개인은 부분적으로 다른 사람들과 비슷하며, 이것은 인간 평등이라는 측면을 낳는 하나의 사실이다. 따라서 개인들은 다른 사람들과 다르지 않은 특징을 갖고 있다는 점에서 보면 서로 비슷하지만, 다른 사람들의 특징과 비교할 수 없는 자질과 성취를 발달시킨다는 점에서 보면 서로 다르다. 사람들이 공통적으로 가진 것은 무엇이든 집단의 형성에서 축적될 수 있지만, 그들의 개인적 성취들은 절대로 축적되지 않으며 오히려 서로를 소멸시킨다. 따라서 하나의 존재로 여겨지는 큰 집단은 모든 사람들에게 공통적인 특징들만을 드러낼 뿐 개인들의 성취는 전혀 아무것도 드러내지 않는다. 모든 사람들에게 공통적인 특징들은 주로 본능적인 자질들로 이뤄져 있다. 이 특징들은 비교적 원시적인 성격을 갖고 있으며, 집단 구성원 대부분의 정신적 수준과 비교하면 틀림없이 열등하다. 그래서 지적인 사람 100명이 모이면 한 사람의 뇌수종(腦水腫)[67] 환자가 된다.

집단의 심리는 언제나 열등하다. 집단의 가장 이상적인 사업을 실행할 때조차도 그렇다. 한 국민의 전체는 절대로 정상적인 현대인처럼 반응하지 못하며, 언제나 원시적인 집단적 존재처럼 반응한다. 따라서 집단은 매우 원시적인 차원이 아니고는 절대로 적절히 적응하지 못한다. 집단의 반응은 앞에서 제시한 두 번째 범주, 즉 부정적인 형태에 속한다. 집단 속의 인간은 언제나 비이성적이고, 무책임하고, 감정적이고, 변덕스럽고, 신뢰할 수 없다. 개인 혼자서는 절대로 저지르지 않을 범죄도 집단적인 존재에 의해서는 아무렇지도 않게 자행된다. 사교계 여자라면 저속한 의상을 입고 만찬에 나서느니 차라리 죽는 쪽을 택하겠지만, 만약에 그것이 집단 안에서 유행하는 것이라면 그녀는 더없이 기이한 옷도 조금의 망설임도 없이 입을 것이다. 서구의 옛 세대의 젊음을 장식했던 그 유명한 '퀴 드 파리'(cul de Paris)[68]를 잠시 떠올려보라. 그리고 남자라고 해서 조금도 더 낫지 않다. 조직이 커질수록, 조직의 도덕성은 더 떨어진다. 어느 큰 종교 운동의 지도자는 거짓말을 하다가 들키자 "아니, 그리스도를 위해서라면 거짓말도 할 수 있

..........
67  뇌실 안에 뇌척수액이 너무 많이 고여서 머리가 커지고 발작과 정신박약을 일으키는 질환.
68  '파리의 엉덩이'란 뜻으로, 치마를 풍성하게 보이게 하거나 땅에 끌리지 않게 착용한, 패딩 처리한 속옷을 말한다.

는 거야!"라고 했다.

　조직화된 가장 큰 집단인 국민은 심리학적 관점에서 보면 터무니없을 만큼 작은 뇌를 가진 거대한 도마뱀처럼 서투르고, 어리석으며, 도덕관념이 없는 괴물 같다. 국민은 이성적인 주장에는 먹히지 않고, 히스테리 환자처럼 암시에 약하며, 어린애처럼 변덕스럽고, 자신들의 감정에 무력하게 희생된다. 국민은 온갖 협잡에 넘어가고, 슬로건을 외치고, 터무니없을 만큼 어리석고, 탐욕스럽고, 무모하고, 맹목적일 만큼 폭력적이다. 갑자기 잠에서 깨어난 코뿔소 같다. 그들은 온갖 난센스와 감정, 분노, 편견을 견뎌내며, 말도 되지 않는 속임수에도 곧잘 넘어간다. 국민은 대부분의 시간을 꿈과 원시적인 착각 속에 사는데, 이 착각들이 "이즘"으로 미화된다. 국민은 확 트인 땅에서 전혀 아무런 방해를 받지 않고 배를 불릴 수 있는 한 조용히 지내며 주변에 피해를 주지 않을 것이다. 그러나 먹을 것이 귀해지고, 따라서 이주를 시작하면서 이웃 영토를 잠식하기 시작하면, 그들은 스스럼없이 폭력에 의존한다. 그들은 인간 존재들이 수천 년 동안 훨씬 더 나은 방법들을 발달시켰다는 점에 대해, 그리고 그 개인들이 이성과 지성을 믿었다는 점에 대해 확신을 품지 않는다.

　괴물 집단들은 자연히 지도자들에게 기대는 경향을 갖고 있다. 그러나 이 지도자는 언제나 국민 안의 어떤 집단을 의미하며, 이 집단은 자신이 이끄는 다른 집단들보다 더 탐욕스럽고 더 많이 먹는다. 그리고 탐욕스런 모든 괴물들이 질투심이 강하기 때문에, 그들은 자신의 지도자를 제거하고 새로운 조건을 민주주의라고 부른다. 이 상태에서는 누구도 지배하지 않고 누구도 지배당하지 않게 된다. 이 절차의 논리는 무인도에 고립된 사람의 이야기를 빼닮았다. 이 사람이 가장 먼저 한 것은 정치가의 행위였다. 그는 자신을 민주주의라고 부르고, 따라서 특별히 자유를 느끼고 모든 정치적 권리를 누렸다.

심지어 집단적인 존재를 영위하고 있는 사람조차도 자신이 민주주의 국가에서 살면서 "국가"라 불리는, 눈에 보이지 않는 완전히 가공적인 존재가 자유롭고 자치적인 시민에게 가하는 자유의 비지성적인 제한을 느끼지 않을 수 없다. 어느 괴물 집단이 맨 처음에 스스로를 "민주주의"라고 불렀을 때, 그 집단은 그때 권좌에서 밀려난 옛 통치자가 어떤 귀신으로 변할 것이라고는 절대로 생각하지 않았을 것이다. 그럼에도 옛 통치자는 귀신으로 변했다. 그가 국가가 된 것이다.

국가는 민주주의라는 괴물의 심리적 경상(鏡像)이다. 국민이 언제나 한 인간으로서 일어나듯이, 국가는 한 인간만큼만 선하다. 실제로 국가는 무제한적인 수단을 가진 한 인간과 꽤 비슷하며, 지금까지 존재했던 어떤 폭군보다 더 가혹하고, 극도로 탐욕스럽고, 생물학적으로 위험스럽다. 국가는 전쟁 포로들을 인구 중 낮은 계층으로 받아들이며 노예화하던 고대 로마의 카이사르와 절대로 비슷하지 않다. 국가는 영역 안에서 가장 활력적이고 가장 재능 있는 개인들로부터 세금을 짜낸다. 다시 말하면, 국가 자체의 낭비적인 장치를 위해서 훌륭한 개인들을 노예화하고 있는 것이다. 국가는 에너지란 것은 오직 축적될 때에만 작동한다는 진리를 모르고 있다. 국가의 에너지는 바로 돈이다. 국가는 신중하게 축적한 이 에너지를 모조리 쏟으며 비효율적으로 낭비한다. 그래서 국가는 무능해지고, 그로 인해 인위적이고 유용하지 않은 어떤 에너지의 흐름이 생겨난다.

"민주주의"라는 이름은 국가라는 귀신이 아주 젊은 단계에 있을 때에만 적절한 표현인 것 같다. 민주주의의 무한한 야망을 뒷받침하기 위해서, 2가지 "이즘"(ism)이 새로 발명되어야 했다. 사회주의와 공산주의이다. 사회주의와 공산주의는 민주주의의 민주적인 성격을 최대한으로 확장하고 있다. 외딴 섬에 있는 그 인간은 이제 공산주의적 사회 민주주의이다. 이런 망상들과 더불어, 또 다른 유익한 과정인 화폐의 공동화(空洞化)가 이뤄지고 있다. 이 과정은 가까운 미래에 모든 저축을 무가치하게 만들어버릴 것이고 개인의 책임에 의해 보장되는 문화적 지속성을 깨뜨릴 것이다. 국가는 개인들로부터 책임을 넘겨받는 대신에 자체의 터무니없는 계획을 위해 모든 개인을 노예로 만들고 있다. 이 모든 것이 흔히 인플레이션, 평가절하, 최근에는 "실질적 가치 저하"(dilution)라고 불리는 조치에 의해 이뤄지고 있다. "실질적 가치 저하"라는 용어를 인기 없는 단어인 "인플레이션"과 혼동해서는 안 된다. "실질적 가치 저하"가 지금 맞는 표현이며, 바보가 아니고는 이 개념과 인플레이션의 두드러진 차이를 모를 수가 없다. 화폐 가치는 국가가 보장하는 하나의 허구로 급속도로 바뀌고 있다. 화폐는 종이가 되었으며, 국가가 이 종이 쪼가리가 가치를 지닌다고 말하고 있기 때문에 모든 사람은 다른 모든 사람들에게 그 종이 조각이 가치 있는 것이라는 점을 확신시키고 있다.

나는 나 자신이 말하고 있는 내용도 허구가 아니라고 결코 확신하지 못한다. 나는 잘못된 것이 무엇인지 정확히 모르고 있다. 그러나 나는 무엇인가가 잘못되었을 뿐만 아니라 시간이 흐를수록 더욱 악화되고 있다는 불편한 감정을 아주 강하게 느끼고 있다. 나는 또 그런 기이한 감정을 경험하고 있는 사람이 나만은 아닐 것이라고 확신한다. 일들이 진행되고 있는 방향에 대한 믿음을 잃은 사람이 많은 게 분명하다. 집단적인 존재로서 우리는 모두 똑같이 안개에 갇혀 있지만, 개인으로서 우리는 정신 의학의 지식을 혼란스런 우리 시대의 특이한 증후에 적용할 수 있다.

서두에서 언급한 바와 같이, 그 증후들은 전쟁이라는 괴물에 가장 심하게 난도질당한 국가들에서 발견된다. 예를 들면, 독일이 있다. 1918년에 나는 논문[69]을 하나 발표했다. 거기서 나는 동시대인들에게 집단 무의식의 놀라운 발달에 관심을 기울일 것을 요구했다. 당시에 나는 독일인 환자들을 통해서 집단적인 꿈들을 파악할 수 있었으며, 그 꿈들은 민족적 퇴행의 시작을 알리는 내용이었다. 그것은 두려움을 느끼는 무력한 개인이 처음에 유치하게 되고, 이어서 원시적인 존재가 되는 그런 퇴행과 비슷했다. 나는 니체가 말한 "금발의 야수"가 그것이 암시하는 모든 것들과 함께 어렴풋이 나타나는 것을 보았다. 나는 기독교가 도전에 직면할 것이고 유대인들이 책임을 지게 될 것이라는 예감을 강하게 느꼈다. 그래서 나는 무의식의 폭발에 따른 불가피한 폭력을 사전에 막기 위한 논의를 시작하려고 노력했다. 물론 그 노력은 충분하지 못했지만, 그 이후에 진행된 사건들은 불행하게도 그런 폭력성을 너무나 분명하게 보여주었다. 당시에 나의 목소리가 다른 사람들에게 전혀 들리지 않았다는 사실에 대해선 말할 필요도 없을 것이다. 전쟁 심리라는 안개가 너무나 짙게 끼어 있었던 것이다.

민주주의의 귀신, 즉 국가가 일으킨 기적들을 처음 경험한 나라가

..........
69  이 책에 실린 '무의식의 역할'을 말한다.

바로 독일이었다. 독일은 자국의 돈이 신축성 있게 천문학적으로 확장하다가 모조리 증발해 버리는 것을 보았다. 독일은 다른 민주주의 귀신들이 아마 아무도 그 속임수를 이해하지 못하게 하기 위해 일종의 슬로 모션 영화처럼 서서히 이루려고 노력하고 있던 것을 단번에 모조리 경험했다. 독일은 그 벌을 호되게 받았으며, 그건 정말 장난이 아니었다. 교육을 제대로 받은 중산층이 완전히 파괴되었지만, 국가는 "-주의자"라는 루주(연지)를 전쟁 물감[70]으로 더욱더 진하게 바르면서 맨 꼭대기에 자리 잡고 있었다. 나라는 극도의 비참과 불안정 상태에 빠져 있었으며, 공포의 물결이 전 인구를 휩쓸었다. 개인의 경우라면 이것들은 분출이 임박했음을 말해주는 증후들이다. 그런 분출은 예외 없이 원시적인 자료들을, 말하자면 민족뿐만 아니라 개인과도 결합하는 그런 원형들을 끌어올릴 것이다.

그런 것에는 어떤 목적이 있다. 그것은 허약함이 지배하고 있는 곳에서 힘을 창조하고, 회의(懷疑)가 있는 곳에서 확신을 창조하고, 두려움이 있는 곳에서 용기를 창조한다. 그러나 그런 변형을 초래하는 데 필요한 에너지는 수많은 옛날의 가치들에서 나오고, 성공은 많은 대가를 치르고 이뤄진다. 그런 분출은 언제나 역사 속으로의 퇴행이며, 그것은 언제나 문명의 수준을 낮추는 것을 의미한다.

러시아에서 공산주의를 통해, 독일에서 국가 사회주의를 통해, 이탈리아에서 파시즘을 통해, 국가는 매우 막강한 존재가 되어 노예들에게 육체와 영혼을 요구했다. 민주주의는 민주주의 자체의 경상(鏡像), 말하자면 자신의 귀신이 되어 버린 한편, 귀신은 무서울 정도로 현실적

..........
70  북미 인디언들이 전쟁을 벌이러 나갈 때 얼굴과 몸에 발랐던 물감을 말한다.

인 존재가 되어 모든 것에 두루 영향력을 미치는 인격체가 되었다. 이 귀신이 지금 신정(神政)주의적이고 경건한 기독교인이 신이 차지하고 있을 것이라고 생각했던 그 권좌를 차지하고 있다. 『신국』(Civitas Dei)에 담겼던 옛날의 전체주의자의 주장을 지금 국가가 그대로 되풀이하고 있다. 양(羊)은 모두 똑같이 선량한 상태에서 군집을 이루고, 이 군집은 제복을 입은 사냥개의 보호를 받아야 한다는 것이다. 이때 군집은 자신을 민주주의라고 불렀던 외딴 섬의 그 사람이 꿈꾸었던 권리를 모두 박탈당한 상태이다. 개인에게 남은 권리는 하나도 없고, 의무만 남아 있다. 에너지와 산업, 상업, 돈, 심지어 개인적 모험의 원천까지 모두 새로운 노예 소유자인 국가에게 다 빼렸다.

그리고 어떤 새로운 기적이 일어났다. 어딘가에서 불쑥 어떤 인간들이 왔으며, 그들 각자는 마치 루이(Louis) 14세처럼, "내가 곧 국가다."라고 말했다. 그들이 새로운 지도자들이다. 국가는 갈릴리에서 온 인간들의 내면에 스스로를 구체화함으로써 그 인격적 실체를 입증했다. 갈릴리에서 온 이 인간들은 예전에 눈에 전혀 두드러지지 않은 무명의 존재들이었지만 그 위대한 정령의 목소리를 갖추고 있었으며, 이 목소리가 사람들이 말없이 복종하도록 만들었다. 그들은 제국과 왕국의 강탈자인 고대 로마의 카이사르들과 비슷하며, 모든 사람이 헌신적으로 숭배하고 믿었던, 눈에 보이지 않던 예전의 신의 화신과 비슷하다. 그들이 중세의 신정주의를 대체한 국가이다.

이런 식으로 개인을 신의 화신으로 만드는 과정은 히틀러의 경우에 특히 철저하다. 히틀러 본인은 평범한 사람으로 수줍음을 잘 타고, 예술적 감각과 재능이 있는 다정한 인간이다. 한 사람의 인간으로서 그는 해가 되지 않고 소박하며, 멋진 눈을 갖고 있다. 그러나 그는 2명의 유명한 영매인 슈나이더(Schneider) 형제[71]를 이미 배출한 브라우나우 출신이다. (해리 프라이스(Harry Price)[72]는 이 형제 중 한 사람에 대한 책을 썼다.) 히틀러는 브라우나우 출신으로 아마 세 번째이자 가장 유능한 영매일 것이다. 국가의 정령이 그를 통해 말할 때, 그는 천둥 같은 목소리를 내고, 그의 말은 너무나 강력하여 수백만 명의 군중을 가을 낙엽처럼 휩쓸어 버린다.

세상에는 이런 놀라운 힘에 저항할 수 있는 권력이 하나도 남아 있지 않다. 특히 국가가 사랑하는 "이즘" 중에 이 권력에 맞설 수 있는 것은 정말로 하나도 없다. 물론 당신은 모든 사람이 말하는 바와 같이 "그런 기적을 이해하려면 독일인이 되어야 한다."는 식으로 말할 수 있다. 맞는 말이다. 파쇼(Fascio)[73]의 신화를 이해하기 위해선 이탈리아 사람이 되어야 한다는 말만큼 맞는 말이고, 스탈린(Joseph Stalin)의 '부성'(父性) 통치의 매력을 평가하기 위해선 러시아 사람이 되어야 한다는 말만큼이나 맞는 말이다. 물론, 당신은 아직 팔에 안긴 아기나 다름없는 오스왈드 모슬리(Oswald Mosley)[74]와 프랑수아 드 라로크(François de la Rocque)[75] 같은 이상한 외국인들을 이해하지 못한다. 그러나 프랭클린 루즈벨트(Franklin D. Roosevelt) 대통령이 어

..........
71  빌리 슈나이더와 루디 슈타이더를 말한다.

72  영국의 심리 연구가이자 저술가(1881-1948)이며, 특히 사기성 짙은 영매들에 대한 조사로 유명하다.

73  이탈리아 파시스트 당을 일컫는 말.

74  1932년에 영국 파시스트 연합을 창설했다.

75  '불의 십자가'라는 프랑스 단체의 리더를 지냈다.

떤 일에 몰두하고 있는지, 그리고 유명한 미국의 경제회복국(National Recovery Administration)이 미국의 상업과 산업 분야에 어떤 의미를 지녔는지를 면밀히 검토한다면, 당신은 아메리카에 있는 그 위대한 국가가 루즈벨트의 화신에 얼마나 가까이 다가서고 있는지를 파악하게 될 것이다. 루즈벨트는 그런 특성의 소유자이며, 단지 상황이 충분히 나쁘지 않을 뿐이다.

영국은 꽤 보수적인 것으로 보이지만, 그럼에도 대저택에 거주하는 것을 불가능하게 만드는 과세 제도가 있다. 이탈리아에서 일들이 시작된 것이 꼭 그런 식이었다. 영국은 돈의 가치를 떨어뜨렸다. 이것이 두 번째 조치이다. 영국은 로마 군단이 수에즈의 병목 지역을 뽐내듯 행군하는 것을 막지 못했으며, 새뮤얼 호어(Samuel Hoare)[76]는 이탈리아가 승리를 향해 나아가는 관문을 지키고 있던 거만한 영국 함대의 장엄한 제스처에서 힘을 빼버렸다. 이것이 세 번째 단계였다. 영국은 아마 새 시대의 낙원에 너무 늦게 당도했을 뿐만 아니라, 그것도 순전히 관심이 부족했던 탓에 구(舊)세계의 가치들을 간직한 상태 그대로였다. 나 자신이 스위스인이기 때문에, 나는 이런 태도에 진정으로 공감한다. 더 나은 것이 무엇이 될 것인지 전혀 아무것도 모르는 상태에서, 스위스인들은 사건들의 꽁무니에 매달리면서 지난 600년 동안 해 오던 그대로 진창 속에 뒹굴고 있으니 말이다. 스위스 사람들은 아직 독재자를 상상하지 못하지만, 이미 불행한 다수는 우리가 철도와 금본위제를 제물로 바쳤던 그 막강한 귀신을 믿고 있다.

..........

76 영국 외무장관으로 1935년에 이탈리아의 에티오피아 침공 당시에 이탈리아를 달래려 노력했다.

국가라는 귀신의 화신은 결코 사소한 문제가 아니다. 그것은 역사 속의 유명한 다른 비슷한 것들과 경쟁을 벌이고 있다. 그것은 심지어 그것들에 도전하고 있다. 기독교가 근본적인 가르침을 상징하기 위해 십자가를 두고 있는 것과 똑같이, 히틀러는 십자가만큼이나 널리 퍼져 있고 오래된 상징인 역(逆)만자를 갖고 있다. 또 신의 화신을 선언한 것이 베들레헴의 별이었듯이, 러시아는 붉은 별을 갖고 있고 비둘기와 어린 양 대신에 망치와 낫을 두고 있으며, 성스러운 육체 대신에 최초 의 목격자의 미라가 있는 순례 장소를 두고 있다. 기독교가 로마의 지 배권에 도전하고, 야심적인 로마의 주교들을 대(大)신관으로 권좌에 앉히고, 교회와 신성 로마 제국의 신정으로 위대한 제국을 영구화했 듯이, 두체(Duce)[77]는 곧 옛날처럼 에티오피아에서부터 헤라클레스의 기둥들[78]이 있는 곳까지 이르는 지배권을 다시 한 번 보여주었다.

집단 무의식의 분출로 인해 야기된 원형적인 상징체계가 무엇인지 를 우리에게 보여주는 나라는 또 다시 독일이다. 기독교 제단 위에 히 틀러의 그림이 세워졌다. 비명(碑銘)에, 구세주가 아니라 총통을 보았 기 때문에 평화롭게 눈을 감을 수 있다고 고백한 사람들도 있다. 기독 교에 대한 맹공격이 분명하다. 300만 명을 결합시키고 있는 신(新)이 교 운동을 통한 강화는 필요하지도 않을 것이다. 이 운동은 오직 편집 성 정신분열 환자가 드러내는 원형적인 자료와 비교될 수 있을 뿐이 다. 신(新)이교주의에서 대단히 아름다운 보탄의 상징체계와 인도유 럽 어족의 고찰 등이 발견된다. 독일 북부 지방에 그리스도를 하얀 말

..........

77 이탈리아에서 파시즘이 집권할 시기의 국가 원수를 일컫는 표현이다.
78 지브롤터 해협 어귀 부분의 낭떠러지에 있는 바위를 말한다.

을 탄 존재로 숭배하는 종파가 있다. 이 종파는 열정의 파도와 무아경의 상태가 꽤 강하게 일어나는 편이지만 집단 환각의 상태까지 이르지는 않는다.

집단적인 불행의 상태에 빠진 국민들은 신경증에 걸린, 심지어 정신병에 걸린 개인처럼 행동한다. 첫째, 그런 상태에 있는 국민은 해체되거나 분리되며, 이어서 혼동과 분열의 상태에 빠진다. 그것이 개인적인 환자에게 나타나는 정신병적 분열의 문제가 아니기 때문에, 그 혼동은 주로 의식의 층과 잠재의식의 층을 건드리며 정신의 근본적인 본능적 구조인 집단 무의식을 건드리지는 않는다. 정반대로, 위층들의 혼동이 집단 무의식 안에 어떤 보상적인 반응을 낳으며, 이 반응은 강력한 본능적인 힘들을 갖춘 원시적인 인격으로 구성되어 있다.

이 새로운 연결은 처음에 철저히 무의식적으로 이뤄지지만, 작동하게 되는 경우에 이 연결은 하나의 투사로 지각된다. 투사된 이 형상의 역할을 무심코 맡게 되는 사람은 대체로 환자를 치료하고 있는 의사이다. 이 투사의 메커니즘이 바로 전이이다. 전이에 의해서, 의사가 예를 들면 아버지로 위장해 높은 권력과 지성을 상징하는 그런 인격으로, 말하자면 압도적인 위험에 맞서 보호해줄 그런 존재로 나타난다. 분열이 보다 깊은 층에 닿지 않는 한, 전이는 아버지 이미지의 투사 그 이상을 낳지 않을 것이다. 그러나 혼동이 이런 알려지지 않은 깊은 곳들을 휘젓기만 하면, 투사는 더욱 집단적인 것이 되고 신화적인 형태를 취한다. 이런 경우라면, 의사는 일종의 마법사 또는 구원자로 등장한다. 대단히 종교적인 사람들을 치료하는 경우에, 의사는 그리스도의 이미지나 눈에 보이지 않는 어떤 신의 현존으로 대체될 것이다.

신비주의 문헌을 보면 그런 경험을 묘사한 것이 많다. 윌리엄 제임스(William James)의 『종교 경험의 다양성』(Varieties of Religious Experience)에도 그런 기록이 세세하게 나온다. 그러나 만약에 그런 환자들의 꿈을 관찰한다면, 특이한 상징적 이미지들이 발견될 것이다. 환자 자신이 소위 신비적 경험을 알기 훨씬 전에 그런 상징적 이미지가 나타나는 경우도 종종 있다. 그런 이미지들은 언제나 특별한 패턴을 보인다. 원이거나 사각형이며, 십자가거나 별이며, 혹은 이런 요소들의 혼합인 것이다. 그런 도형에 내가 사용하는 전문적인 용어는 산스크리트어로 "원"을 의미하는 '만다라'이다. 이에 상응하는 중세의 라틴어 용어는 '사각의 원'(circulus quadratus)이다. 힌두 문헌에서, '파드마'(연꽃)와 차크라'라는 단어를 발견한다. 차크라는 의식이 위치하는 다양한 장소를 나타내는, 꽃 같은 센터를 의미한다.

만다라는 원형이기 때문에 둥글둥글함, 즉 완전 또는 통합을 나타낸다. 탄트라교와 라마교에서 만다라는 정신 집중의 도구로 이용된다. 다시 말하면, 개인의 의식, 즉 자아 인격과 비아(非我), 즉 무의식의 신성한 인격을 결합시키는 수단으로 이용된다는 뜻이다. 만다라는 종종 회전하는 도형의 성격을 갖고 있다. 그런 도형 하나가 바로 스와스티카이다. 그러므로 스와스티카를, 보상적인 어떤 통합된 인격을 형성시키려는 무의식적인 집단적 시도가 투사된 것으로 해석할 수 있다. 이 무의식적 시도가 국가를 전반적으로 인격화하는 작업에서 중요한 역할을 한다. 그 시도는 국가에 귀신 같은 특성을 부여하며, 따라서 국가가 인격을 가진 인간처럼 활동하는 능력을 갖추게 된다. 거의 인간이나 다름없는 국가의 권위와 능력은 어떤 의미에서 보면 의식적인 자아 인격의 뚜렷한 무능을 보상하기 위해 우월적인 어떤 본능적 인격이 무의식적으로 끌어내어진 것에 불과하다.

니체가 예언적인 걸작 『차라투스트라는 이렇게 말했다』(Thus Spake Zarathustra)를 썼을 때, 그는 자신이 개인적인 비참과 무능 속에서 창조해낸 초인(超人)이 예언적인 총통(Führer)나 두체를 예고할 것이라는 점에 대해서는 전혀 생각하지 않았다. 히틀러와 무솔리니는 다소 평범한 인간 존재들이지만, 정말 흥미롭게도. 그들은 사실상 아무도 이해하지 못하는 상황 속에서 자신은 무엇을 해야 하는지 안다고 단정한 인간들이다. 그들은 아무도 떠안으려 하지 않거나 떠안을 수 없는 책임을 어깨에 짊어지겠다고 나서는 초인적인 용기 또는 무모함을 갖고 있는 것 같다. 오직 초인 같은 존재만이 실제 상황의 어려움을 감당할 수 있는 능력을 가질 수 있었다. 그러나 우리는 원형적인 형상과의 동일시뿐만 아니라 신비적인 경험도 평범한 사람에게 거의 초인적인 힘을 부여한다는 것을 잘 알고 있다. 독일인들이 자신의 총통을 두고 "우리의 잔 다르크"라고 부르는 것도 효과를 발휘한다. 히틀러는 무의식의 영향에 활짝 열려 있는 사람이다. 나는 히틀러가 자신의 참모들이 국제 연맹을 탈퇴하지 말라고 간청할 때 사흘 밤낮을 자신의 방 안에 틀어박혀 지냈다는 말을 들었다. 다시 모습을 드러낸 그는 설명은 한마디도 하지 않고 "여러분, 독일은 국제연맹을 떠나야 한다."고만 말했다. 이 이야기는 마치 독일 정치가 인간이 엮어내는 것이 아니라 계시되고 있는 것처럼 들린다.

히틀러의 무의식은 여성적인 것 같다. 라틴 민족이고 매우 남성적인 무솔리니의 기질은 히틀러와의 비교를 허용하지 않는다. 이탈리아인으로서 무솔리니는 고대 로마의 역사에 젖어 있으며, 제스처마다 카이사르와 동일시하고 있다는 점을 드러내고 있다. 그를 둘러싸고 떠돌고 있는 소문이 그의 기질을 특징적으로 잘 보여주고 있다. 이 소문이 사실인지 나로서는 알 수 없지만, 얼마 전에 무솔리니가 어느 환영회에 고대 로마의 관복에다가 카이사르의 황금 월계관을 쓰고 나타나 사람들을 경악하게 만들었다는 것이다. 이 이야기가 단순히 헛소문에 그친다 할지라도, 그것은 사람들이 두체의 역할을 어떤 식으로 보고 있는지를 아주 아름답게 보여주고 있다.

소문은 확실히 좋지 않은 것이지만, 나는 언제나 소문이 흥미롭다는 사실을 발견한다는 점을 고백해야 한다. 이유는 소문이 공적인 인간에 관한 정보를 얻을 수 있는 유일한 수단인 경우가 종종 있기 때문이다. 소문이 진실이어야만 가치를 지니는 것은 아니다. 어떤 사람의 실제 모습을 완전히 왜곡시키는 소문이라 할지라도, 그것은 그 사람의 페르소나, 말하자면 그 사람의 공적 겉모습이 기능하는 방식을 명확하게 보여준다. 페르소나는 절대로 진정한 성격이 아니다. 거기엔 그 사람 개인의 행동과 대중이 그에게 안긴 역할이 결합되어 있다. 공적인 인물의 전기 중 대부분의 내용은 페르소나의 역사로 이뤄져 있으며 개인의 진실은 거의 담겨 있지 않을 수도 있다. 어쩌면 이것은 집중적으로 조명을 받는 인간이 감내해야 하는 불이익일 수 있다.

유럽의 거의 모든 국가에서 우익과 좌익 사이의 간극이 더욱 넓어지고 있는 것 같다. 이 나라들이 아직 파시스트가 되지 않은 상태이기 때문에 그런 현상이 나타나고 있다. 스페인은 이미 파시스트이고, 프랑스도 곧 그렇게 될 가능성이 크다. 사회주의와 공산주의는 단순히 민주주의, 다시 말해서 피통치자들 없는 통치자가 있고 통치자 없는 피통치자들이 있는 그런 헌법의 속성들을 강화하는 것에 지나지 않는다. 그렇기 때문에 사회주의와 공산주의는 오직 의회의 의미와, 정부와 화폐와 자유 시민의 권리들의 의미를 지우는 데에만 이바지할 뿐이다. 유일하게 가능한 통합은 국가라는 귀신이 최종적으로 온갖 신화적인 장치를 갖춘 초인으로 구현되는 것인 것처럼 보인다.

최근에 램지 맥도널드(Ramsay MacDonald)[79]가 매우 명확한 진술을 제시했다. 노동당에 대해 그는 이렇게 말했다. "노동당의 구성원들은 양치기는 없고 목양견만 지나치게 많이 두고 있는 양떼나 다름없다. 그런데 이 목양견들은 양떼를 가둘 우리를 놓고 서로 의견의 일치를 이루지 못하고 있다. 지금은 노동당의 정책이 현실적이어야 할 때가 아닌가? 방위와 평화라는 근본적인 이슈 앞에서 더듬거리는 모습을 보임에 따라, 노동당은 민주주의를 행할 능력을 제대로 보여주지 못하는 가운데 파시즘에 이롭게 놀아나고 있다. 현대적 삶의 문제들은 너무나 위급하기 때문에 근시안적인 파벌들의 노리개가 될 수 없다."

유럽의 국가들이 유치한 공산주의 원리의 무질서 속에 짧은 시간이나마 남아 있을 수 있을 것인지 의문스럽다. 유럽 국가들은 그보다는 어떤 유형으로, 말하자면 독재와 전제적인 과두정치에 불과한 강제적인 질서의 상태로 돌아가고 있다. 적어도 이 형태는 나태한 러시아에서 분명하게 모습을 드러냈다. 인구가 1억7천 만 명에 이르는 러시아에선 몇 백 만 명의 공산당 당원들에 의해 질서가 지켜지고 있다. 이탈리아에서는 파쇼가, 독일에서는 무장 친위대가 6,000만 원주민들이

..........
79  영국 노동당 당수로 최초로 총리가 된 인물(1866-1937).

사는 식민지를 지배하러 가는 종교 기사단 같은 무엇인가로 신속히 변하고 있다. 세계 역사에서 혼란의 와중에 부드러운 사려분별력을 갖고 질서를 찾았던 예는 전혀 없다. 카오스는 오직 강제적인 질서에만 굴복할 뿐이다.

독재자와 그의 소수 독재 정치 계급 조직 안에서 국가라는 귀신이 직접적으로 나타난다. 그럼에도 그런 정치가들은 동료 인간 존재들에게 권력을 행사하는 인간 존재들이며, 그 즉시 동료 인간 존재들은 억압당한다는 느낌을 받는다. 그러나 이 동료 인간 존재들도 자신이 민주주의자라고 불리는 한에는 지배당하고 있다는 느낌을 받지 않았다. 물론, 이 국가 노예제는 예전만큼 나쁘지만, 지금은 피통치자들이 정치적인 발언을 해야 하는 것으로 알고 있는데 입을 다물 것을 요구받고 있다. 그러면 피통치자들은 자신들에게 무슨 무서운 일이 일어난 것처럼 느낀다. 그들은 자신들이 민주주의 체제 하에서 했던 말도 지금 할 수 있는 어떤 말만큼이나 효과가 없었다는 사실을 깨닫지 못한다. 민주주의자들은 말하고, 사회주의자들은 말을 더 많이 하고, 공산주의자들은 말하는 사람들을 모두 때려잡는다는 말은 맞는 말이다. 사람들이 분열하도록 만드는 것은 바로 그런 것이며, 질서가 강요되는 상태에서 의견 개진이 갑자기 끊어지는 이유도 바로 거기에 있다.

무질서는 파괴적이다. 질서는 언제나 새장 같다. 자유는 소수의 특권이며, 그것은 언제나 타인들의 손해에 근거하고 있다. 세상에서 가장 오래된 민주주의 국가인 스위스는 스스로를 자유로운 국가라고 부른다. 왜냐하면 미국과 영국이 금본위제도를 폐지할 때까지 어느 외국인도 스위스에 피해를 주면서 자유를 누리지 않았기 때문이다. 그 이후로 스위스 사람들은 피해자처럼 느꼈다. 지금 스위스는 스위스 공채를 가진 다른 국가들에게 똑같은 속임수를 쓰고 있으며(스위스는 유럽에서 세 번째로 큰 은행업자이다), 스위스 사람은 그 때문에 아마 더 좋은 기분을 느낄 것이다. 하지만 스위스 사람은 진정으로 자유로운가? 스위스 사람은 약하고 중요하지 않으며, 스위스 사람은 오히려 그렇게 되려고 노력하고 있다. 스위스 사람의 라이프 스타일은 편협하고, 우리의 시야는 얕은 언덕의 방해도 받을 뿐만 아니라 우리의 크기보다 더 큰 모든 것과 모든 사람들에게 반대하는 편향이라는 거대한 산맥의 방해도 받고 있다. 스위스 사람들은 질서라는 새장에 갇혀서 질식하지 않을 만큼의 공기를 즐기고 있을 뿐이다. 그럼에도 스위스 사람에겐 한 가지 미덕이 있다. 소박하고, 야망이 작다는 점이다. 그것이 우리가 질서에 집착하는 이유이며, 우리가 말을 그다지 신뢰하지 않는 이유이다. 그러나 우리의 자유는 지나치게 제한적이지만, 다행히도 충분하다. 그 자유가 우리를 독재자로부터 구해줄 것이다.

　오늘날 유럽 대륙에서, 사람들이 더 많은 자유를 누리게 될 것인가, 더 적은 자유를 누리게 될 것인가 하는 것이 문제가 되지 않는 게 아닌가 하는 두려움이 생긴다. 사실, 일들이 너무 멀리 나간 탓에 곧 자유의 문제조차도 아무런 의미를 지니지 못하게 될 것이다. 문제는 그보다는 "삶이냐 죽음이냐"의 문제이다. 지금 딜레마는 카오스와 강제적 질서 사이에 있다. 내전이 벌어질 것인가, 내전을 피할 것인가? 이것이 우리가 유럽의 불길한 운명에 대해 묻는 질문이다. 이 대목에서, 나는 보다 위대한 자유를 창조하려는 희망에서 전통적인 질서를 훼손시킨 스페인 자유주의자 중 한 사람인 미겔 데 우나무노(Miguel de Unamuno)[80]의 말을 인용하고 싶다. 그의 최근 고백이다. "시대가 변했다. 더 이상 자유주의와 민주주의의 문제도 아니고, 공화제나 군주제의 문제도 아니며, 사회주의나 자본주의의 문제도 아니다. 그것은 문명과 야만의 문제다. 지금 스페인에서 문명은 프랑코(Francisco Franco) 장군의 군대에 의해 대표되고 있다."

강제적인 질서가 카오스의 공포보다 바람직한 것처럼 보이며, 어쨌든 두 가지 악 중에서는 강제적 질서가 그래도 약하다. 침묵 속에서 명령 소리만 들리는 것은 아닌지 심히 걱정된다. 더 이상 말을 하지 못하게 되는 상황을 가장 심각한 문제로 받아들이는 사람들이 아주 많다.

우리가 독재자들과 카이사르들, 그리고 인간의 모습을 한 국가들의 시대로 접어들고 있다면, 2,000년에 걸친 순환이 마무리되고, 뱀은 다시 자신의 꼬리를 만나게 된다. 그러면 우리 시대는 카이사르가 곧 국가이고 하나의 신이던 때, 말하자면 신들의 신전이 허물어지고 신성한 제물이 카이사르에게 바쳐지던 기원후 몇 세기 때의 복제에 가까울 것이다. 그 시대에 수많은 사람들이 공포와 혐오가 가득한 세상을 멀리하며 자신들의 영혼을 치료할 어떤 철학을 채택했다. 역사는 되풀이되고, 진화의 나선형은 처음 출발했던 지점으로 다시 돌아오고 있는 것처럼 보이기 때문에, 인류가 어떤 시대에, 말하자면 우리가 그렇게 형편없는 코미디에 관심을 보인 이유를 묻는 그런 시대에 다가서고 있을 가능성이 있다.

..........
80  스페인의 소설가이자 극작가, 철학자(1864-1936).

9장

# 소박한 삶으로
# 돌아가는 것에 대하여

■ 스위스 사람들이 소박한 삶으로 돌아가고 있는 현상에 대한 선생님의 의견은 어떻습니까?[81]

소박한 삶으로 회귀하는 것은 뜻밖의 행운으로 여겨질 수 있다. 그런 삶으로 돌아가는 것 자체가 상당한 자기 희생을 요구하고 자발적으로 이뤄지는 것이 아닐지라도 말이다. 대중 매체 덕분에, 그리고 영화와 라디오, 신문, 온갖 종류의 오락이 제공하는 싸구려 선정주의 덕분에, 최근 스위스 사람들의 삶은 몹시 바쁜 미국인의 템포와 그리 다르지 않은 쪽으로 빠르게 다가서고 있다. 정말로, 이혼 문제에서 취리히는 이미 미국의 기록에 도달했다.

시간을 절약하는 모든 장치는 역설적으로 우리의 시간을 절약시켜주지 않고 오히려 우리가 시간에 쫓기도록 만들고 있다. 이런 장치들

..........
81  이 장은 'Schwizer Feuilleton-Dienst'가 1941년 실시한 설문에 대한 답을 옮긴 것이다.

중에서 커뮤니케이션을 수월하도록 하는 것들이 중요한데, 이 장치들의 발달로 인해 엉뚱하게도 우리 현대인은 절대로 시간적 여유를 누리지 못하게 되었다. 그 결과, 성급함과 피상성은 물론이고, 자극에 대한 갈망, 조급, 짜증, 우유부단 등 다양한 증후를 수반하는 신경 쇠약이 두드러지게 되었다. 그런 상태는 다른 온갖 것을 낳을지언정 정신과 가슴을 살찌우는 결과는 절대로 낳지 못한다.

### ■ 스위스 문화의 보물 쪽으로 더욱더 관심을 쏟아야 한다고 생각합니까?

많은 나라에서 발전하고 있는 출판업이 보여주듯이, 최악의 상황이 벌어지는 경우에도 사람들은 양서로 눈길을 돌린다. 유감스럽게도, 그런 결정은 언제나 강제적인 외부 원인을 필요로 한다. 어떤 필요에 의해 강요를 받지 않는다면, 대부분의 사람들은 "우리 문화의 보물로 눈을 돌리는 일"은 꿈에도 생각하지 않을 것이다. 사회가 지속적으로 향상하게 되어 있다는 망상이 사람들의 내면에 너무 오랫동안 자리 잡고 있었던 탓에, 사람들은 세상을 개혁하겠다고 나서는 자들이 언제나 자신들의 눈 앞에 제시하는 멋진 신세계를 놓치지 않기 위해 과거를 가능한 한 빨리 잊기를 원한다. 그런데 이 개혁가들을 개혁시키는 것은 불가능하다는 사실을 깊이 생각해 볼 필요가 있다.

진기한 것만 추구하려 드는 사람들의 갈망은 신경 쇠약에 해당하는 병이지 절대로 문화가 아니다. 문화의 정수는 지속성과 과거의 보존이다. 진기한 것에 대한 갈망은 오직 반(反)문화만을 낳고 야만으로 끝난다. 그런 현상의 불가피한 결과는 최종적으로 전체 국민이 미래에 보다 나은 조건이 펼쳐질 것이라는 망상 때문에 거의 사라지거나 완전히 사라지게 된 바로 그 문화를 동경하게 된다는 점이다. 불행하게도, 우리의 세계 또는 인간의 도덕적 구조는 어떠한 발전이나 향상도 지속적으로 좋을 수는 없게 되어 있다. 왜냐하면 조만간 발전과 향상에 상응하는 남용이 나타나고, 그것이 축복을 저주로 바꿔놓을 것이기 때문이다. 우리 현대인의 전쟁이 고대 로마의 전쟁보다 어쨌든 "더 선하다"고 자신 있게 말할 수 있는가?

집단 조직에 대한 열광은 모든 사람이 개인적인 세계에서 빠져나와 억지로 장터의 혼란 속으로 들어가도록 만든다. 그러면서 그 사람을 집단 속의 무의식적이고 무의미한 입자 하나로, 온갖 종류의 암시에 무력하게 넘어가는 희생자로 만든다. 절대로 실패하지 않는 미끼가 바로 "보다 나은 미래"라는 주장이다. 이 주장은 모든 사람이 현재에 적응하는 것을 가로막고, 현재를 최대한 이용하는 것을 가로막는다. 모든 사람이 더 이상 현재 속에서 살거나 미래를 위해 살지 못하며 완전히 비현실적인 방식으로 이미 미래에 가 있다. 그런 상태에서 사람은 현재를 완전히 박탈당하고, 과거는 더 심하게 박탈당하며, 자신의 뿌리로부터 단절되고 지속성을 강탈당하고, "보다 나은 미래"라는 '신기루'에 영원히 속게 된다. 사람들을 희망적 사고로부터 해방시켜 전통의 건전한 토대로 돌려놓기 위해서, 그리고 그들에게 "진보의 시대"가 허무주의적 비판으로 파괴했던 정신적인 문화의 축복을 상기시키기 위해선, 어떤 엄청난 환멸이 필요하다. 사이비 지식인들이 유치하기 짝이 없는 논거로 발명한 유물론이 이미 야기한 정신적 황폐에 대해서만 생각해 봐도 정신 문화가 입은 폐해를 미뤄 짐작할 수 있다. 터무니없게도 그 어리석음 때문에 대단한 인기를 누린 그런 종류의 사고방식을 제거하는 것은 대단히 어려운 일이 될 것이다.

**■ 행복은 물질적인 것이 아닌 정신적인 것에서 발견된다고 믿습니까?**

이상(理想)을 물질적인 세계에서 정신적인 세계로 옮기는 문제는 다루기가 다소 까다롭다. 왜냐하면 물질적인 행복은 손으로 만져지는 그 무엇이고(성취하기만 한다면), 정신은 눈에 보이지 않아서 발견하기도 어렵고 드러내 보여주기도 어렵기 때문이다. "정신"이라는 이름으로 통하는 것들 대부분은 아주 공허하고 말의 성찬에 불과하다. 손에 쥘 수 있는 한 개의 소시지가 대체로 헌신적인 어떤 실천보다 훨씬 더 분명하게 다가온다. 바꿔 말하면, 정신에서 행복을 발견하기 위해선 그 사람에게 행복을 발견할 "정신"이 있어야 한다는 뜻이다. 편안하고 안전한 삶은 모두에게 물질적인 즐거움을 확신시켰으며, 더 나아가 정신이 물질적 행복에 이르는 새롭고 더 나은 길을 고안하도록 강요했지만, 그런 삶이 정신을 낳은 것은 결코 아니다. 아마도 고통과 환멸, 자제만이 정신을 낳을 수 있을 것이다. 그런 긴장 속에 살면서 여전히 인생이 살만한 가치가 있다는 사실을 확인하는 사람은 이미 정신을 갖고 있거나 적어도 정신에 대해 어렴풋이 감지하고 있다. 그러나 물질적 행복은 정신에 하나의 위험이 된다는 점을 진정으로 확신하고 정신을 위해서 세상을 부정할 수 있는 사람은 언제나 극소수에 지나지 않는다.

그래서 나는 이런 간절한 희망을 품고 있다. 지금 유럽을 강타하고 있는 재앙이 국가들로 하여금 이 세상이 과거의 모든 가능한 세상들 중에서 가장 훌륭한 세상이 절대로 아니듯이 미래에도 가장 훌륭한 세상이 절대로 아닐 것이라는 점을 깨닫도록 해 주었으면 하는 바람이 있는 것이다. 세상은 여느 때나 마찬가지로 낮과 밤, 빛과 어둠, 짧은 기쁨과 긴 슬픔이 섞여 있으며, 휴식이나 평화가 없는 전쟁터나 다름없다. 세상 자체가 인간의 욕망의 도가니나 다름없기 때문이다.

그러나 정신은 이 세상 안의 또 다른 세계이다. 만약에 정신이 겁쟁이들을 위한 피난처가 아니라면, 정신은 이 세상 속에서 삶을 고해(苦海)로 여기고 행복마저도 회의(懷疑)하는 몸짓으로 정중하게 받아들이는 사람에게만 올 수 있다. 만약에 기독교의 가르침이 기술적 "진보" 앞에서 그처럼 완전히 망각되지 않았더라면, 지금 유럽을 집어 삼키겠다고 위협하고 있는 사태(沙汰)는 절대로 시작되지 않았을 것이다. 이 세상에 대한 믿음은 기독교 정신에도 여지를 주지 않았고 다른 좋은 정신에도 여지를 주지 않았다. 정신은 언제나 세상으로부터 안전하게 숨어 있다. 세상을 부정하지는 않더라도 적어도 세상에 대한 믿음을 부정하는 사람들에게 정신은 불가침의 성역이다.

### ■ 검소한 생활의 낙관주의 같은 것이 있을 수 있습니까?

"낙관주의" 대신에, 나는 "최적"의 검소한 생활에 대해 말하고 싶다. 그러나 만약에 "낙관주의"를 의미한다면, 생활에 훨씬 더 많은 것이 필요할 것이다. "검소한 생활"이 즐길 만한 것이 결코 아니기 때문이다. 검소한 생활은 진정한 고통을 의미한다. 만약에 검소한 생활이 극단적인 형태로 이어진다면, 그 고통은 더 심해진다. 순교해야 하는 상황에서 당신은 천국을 확신할 수 있을 때에만 "낙관적일" 수 있다. 그러나 최소 수준에 가까운 검소한 생활을 나는 유익한 것으로 여긴다. 어쨌든, 검소한 생활은 풍요로운 생활보다는 더 건강하다. 육체적이든 정신적이든, 나쁜 결과를 낳지 않고 풍요를 누릴 수 있는 사람은 극소수에 지나지 않는다.

물론, 사람은 어느 누구에게도 불쾌한 일이 일어나기를 소망하지 않는다. 자기 자신에게는 더더욱 그런 일이 일어나기를 원하지 않는다. 그러나 다른 나라들과 비교할 경우에, 스위스는 아낄 수 있는 풍요가 아주 많다. 그래서 스위스 사람들은 그 풍요 중 일부를 베풀 수 있는 행복한 위치에 있다. "최적"의 검소한 생활이 있다. 그 수준을 넘어서면 위험하다. 왜냐하면 지나친 검소함은 당신을 이롭게 하지 못하고 힘들게 만들기 때문이다. 스위스의 속담은 그것을 이런 식으로 예리하게 표현하고 있다. "모든 부자의 뒤에는 악마가 하나 서 있고, 모든 가난한 자의 뒤에는 악마가 둘 서 있다."

이 문항이 "낙관주의"를, 따라서 불쾌한 무엇인가를 대하는 낙관적인 태도를 의미하는 것 같기 때문에, 나는 나의 의견엔 검소한 생활의 "비관주의"에 대해 이야기하는 것도 똑같이 의미 있는 일일 것이라고 덧붙이고 싶다. 인간의 기질은 정말로 모순적일 만큼 지극히 다양하기 때문에, 우리는 이 사람에게 유익한 것이 다른 사람에게는 해롭다는 점을 결코 잊어서는 안 된다. 어떤 인간은 내적 약함 때문에 격려를 필요로 하고, 또 다른 인간은 내적 확신이 강하기 때문에 검소한 생활 자체를 억제할 필요가 있다. 검소한 생활은 진정한 행복인 단순성을 강화한다. 그러나 후회와 괴로움을 느끼지 않고 단순하게 사는 것은 많은 사람들이 매우 어렵다고 깨닫고 있는 하나의 도덕적 과제다.

## ■ 물질적인 것과 거리를 두는 것이 연대 의식을 배양하는가?

지금 이 순간에 영국에서 확인할 수 있는 것처럼, 어떤 공통의 필요는 당연히 연대 의식을 강화한다. 그러나 도덕적 약골들이 많이 존재한다는 사실 자체가 이기심의 위험을 증대시킨다. 특별한 상황은 반드시 인간들의 선한 점뿐만 아니라 인간들의 나쁜 점까지 드러내게 되어 있다. 그러나 스위스 사람들의 다수가 도덕적으로 건강한 사람으로 여겨지기 때문에, 공통의 필요가 스위스 사람들의 미덕들이 더욱 밝게 빛나도록 할 것이라고 기대할 근거는 충분하다.

스위스 사람들의 미덕과 정직을 믿고 있기 때문에, 나는 스위스 사람들이 국가 독립을 지킬 절대적 의지를 갖고 있다고, 또 언제든 대단히 큰 희생을 치를 준비가 되어 있다고 확신한다. 어쨌든, 스위스의 연대 의식은 발달하지 않은 상태가 아니며 특별한 강화를 필요로 하지도 않는다. 무엇보다도, 스위스 사람들은 위쪽의 견고한 집단과 익명의 대중 사이에 사회적 대립 같은 것을 겪고 있지 않다. 스위스 사람들의 사회적 갈등은 주로 외국에서 수입된다. 연대 의식을 인위적으로 전면으로 밀어붙이는 것보다는 인격의 발달을 강조하는 것이 더 중요하다고 나는 생각한다. 왜냐하면 인격이야말로 팀이 돌아가게 만드는 진정한 도구이기 때문이다.

인간이 무엇을 할 수 있는가 하는 질문 앞에서, 그것을 하는 것이 누구인가 하는 질문을 절대로 잊어서는 안 된다. 만약에 어떤 공동체가 쓰레기 같은 인간으로만 이뤄져 있다면, 그 공동체는 무(無)나 마찬가지다. 왜냐하면 바보 100명이 모여도 거기서 현명한 결실이 하나도 나오지 않기 때문이다. 그런 사람들 앞에서 연대 의식을 요란하게 설교해 봐야, 오히려 그들이 사회에 기여하는 것이 하나도 없다는 사실을 망각하도록 만들 뿐이다.

만약에 내가 회원을 10만 명 거느린 어떤 조직에 가입하고 있다면, 그 같은 사실이 나 자신이 어떤 쓸모를 갖고 있다는 점을 절대로 증명하지 못한다. 회원이 1,000만 명이라도 마찬가지다. 만약에 내가 그 조직의 회원이라는 사실에 스스로 만족하고 있다면, 나는 단지 나 자신의 무가치에 엄청난 가치라는 착각을 더하고 있을 뿐이다. 아무리 훌륭한 인간이라도 집단 속에서 집단 심리의 법칙에 따라 가치와 의미를 잃기 때문에, 사람은 자신이 속한 공동체에 피해를 주지 않기 위해서는 훌륭한 자질을 확실히 갖추고 있어야 한다. 연대 의식에 대해 말을 지나치게 많이 할 것이 아니라, 개인의 정신적 성숙과 책임에 호소하는 것이 더 바람직하다. 스스로 책임감 있는 삶을 영위하는 사람은 당연히 공동체에 대한 의무도 자각하게 되어 있다.

스위스 사람들은 품질을 신뢰한다. 그러므로 스위스 사람들의 국민적 믿음을 개인의 가치를 향상시키는 데 이용하도록 하자. 개인이 공동체라는 거대한 바다의 물 한 방울에 그치도록 만들어서는 곤란하다. 사회적 책임감이 없는 사람들의 군집보다는, 스위스 사람들에게는 아마 자기 인식과 자기비판이 더 필요할 것이고 미래를 위해서도 더 중요할 것이다. 스위스에서는 서로 결합된 상태에서 강력한 규율의 지배를 받는 집단을 이용해서 할 수 있는 일은 아무것도 없다. 스위스라는 나라가 아주 작기 때문이다. 스위스 사람들에게 중요한 것은 자기 자신을 잘 알고 있는 개인의 미덕과 불굴의 정신, 강인함이다. 꼭 필요한 경우에, 모든 스위스인은 할당된 자리에서 자신의 역할을 수행해야 한다. 곤경에 처하는 경우에 도와줄 사람을 기대하는 것은 좋은 일이지만, 그보다 자립이 더 훌륭하다. 공동체는 그 자체로 선한 것은 절대로 아니다. 공동체가 수많은 의지 박약자들에게 서로의 등 뒤로 숨고 자신의 무능을 동료들에게 떠넘길 멋진 기회를 주기 때문이다. 사람들은 스스로 할 수 없는 것을 공동체가 해 주기를 기대하고 있으며, 개인으로서 자신이 해야 할 의무를 다 이행하지 못하는 경우에 공동체가 책임을 져 주길 바란다.

스위스 사람들은 틀림없이 꽤 잘 발달한 연대 의식을 갖고 있음에도 불구하고, 공동체를 추구하려는 시도들 대부분은 불행한 예로 남아 있다. 스위스 사람들은 돌투성이 땅에서 성장하고 가시 울타리에 의해 분리되고 있다. 모두가 예외 없이 완고함과 의심이라는 스위스의 국민적 악으로 고통을 겪고 있다. 사람들이 종종 그렇듯이 이런 국민적 자질에 대해 혐오감을 느낄 때, 그 자질은 악이라 불린다. 그러나 다른 관점에서 보면 그 자질들은 미덕으로 높이 평가받을 수 있다. 스위스를 둘러싸고 있는 막강한 세계로부터 스위스가 이루고 있는 정치적, 지적, 도덕적 독립 중 어느 정도가 이런 불쾌한 자질들 덕분인지를 말하는 것은 아주 어려운 일이다. 다행히도, 그 자질들의 뿌리가 모든 스위스인의 가슴 속 가장 깊은 곳까지 침투하고 있다. 스위스 사람들은 쉽게 속지 않는다. 여러 세기 동안에 이런 자질 덕분에 스위스 사람들이 독성 강한 전염을 피하고 광적인 사상을 피한 예가 얼마나 많았던가! 스위스 사람들이 어떤 면에서 시대에 100년 정도 뒤떨어져 있고, 또 수많은 개혁이 터무니없을 만큼 때가 지난 상태라는 사실은 스위스가 그런 유익한 국민적 실패 때문에 지불해야 하는 대가인 셈이다.

따라서 나는 인위적으로 배양한 연대 의식보다는 스위스 국민의 기질로부터 더 많은 것을 기대한다. 왜냐하면 스위스 국민의 기질이 금방 식게 마련인 어떤 열망보다 스위스 토양에 뿌리를 더 깊이 내리고 있기 때문이다. 열광의 파도에 휩쓸리는 것은 아주 좋은 일이지만, 사람이 무한정 열광할 수는 없다. 열광은 예외적인 상태이며, 인간의 현실은 많은 천박한 것들로 이뤄져 있다. 이 천박한 것들이 어떤 것인가 하는 것이 결정적으로 중요하다. 만약에 평범한 스위스 사람이 스스로 꽤 편안하게 지내고 있다고 확신하면서 다른 사람들과 영광스런 연대를 맺으면서 즐거움을 누리는 데 대해 전혀 아무런 관심을 보이지 않는다면, 그것은 틀림없이 낭만적이지 못하고 더 나아가 이기적일 수 있지만 분명히 건전한 본능이다. 건강한 사람은 다른 사람들을 괴롭히지 않는다. 대체로 고문을 당한 사람이 고문자로 변한다. 그리고 건강한 사람은 또 남에게 베풀 선(善)을 어느 정도 갖고 있다. 건강한 사람이 선을 베풀려는 태도를 보이는 것은 그가 이기심에서 선한 양심을 지키는 것이 아니기 때문이다. 우리는 모두 스스로 선할 필요가 있으며, 우리는 이따금 적절한 행동을 통해서 선을 보여주기를 원한다. 만약에 선이 사악한 이기심에서 나올 수 있다면, 그런 경우엔 인간 본성의 두 가지 측면이 서로 협력했다. 그러나 우리가 발작적인 열광 속에서 선한 일을 시작할 때, 그런 경우에 뿌리 깊은 우리의 이기심은 불만족스럽고 화가 난 상태에서 뒤쪽 배경 속에 남아서 매우 잔인하게 복수할 기회만을 노릴 것이다. 공동체가 틀림없이 늑대를 불러들일 그런 양떼를 낳는 것은 아닌지 걱정된다. 인간의 도덕적 자질이 본질적으로 너무나 의문스럽기 때문에, 모든 양들이 약간은 늑대 같고 모든 늑대들이 약간은 양 같을 때에만 안정적인 어떤 조건이 가능해 보인다. 진리는 이렇다. 부당하게 욕을 듣는 본능들이 자발적으로 선과 악의 상호 작용을 자극할 길을 많이 열어주는 사회일수록 더욱 안전하다는 것이다. "순수한 선"과 "순수한 악"은 둘 다 인간의 영역을 넘어서는 것들이다.

이기심이 너무나 널리 퍼져 있기 때문에 그것에 대해 특별히 설교를 하고 나설 필요는 전혀 없지만, 불필요하게 이기심을 중상해서는 안 된다. 왜냐하면 이기심이란 것이 없으면 개인도 번영하지 못하고 전체도 번영하지 못하기 때문이다. 그리고 개인이 부자연스런 이타심을 갖도록 강요당할 때, 이기심은 비인간적이고 괴상한 형태로 다시 나타난다. "시시각각 형태를 바꾸면서, 나는 나의 야만의 힘을 동원하고 있어."[82] 본능이란 것은 최종적으로 억눌러지거나 근절될 수 있는 것이 아니기 때문이다. 공동체를 위해 개인을 과도하게 희생시키는 것은 어쨌든 우리 스위스의 경우에 말이 되지 않는다. 왜냐하면 스위스가 너무나 작은 탓에 우리가 국가적인 형태로, 말하자면 외국 국가들의 정복을 통해서 우리의 이기심을 단호히 주장할 위치에 절대로 서 있지 않기 때문이다.

나는 스위스가 나아갈 방향을 다시 정립하자고 광적으로 토해 내는 열변보다, 그런 선전적인 연설과 정반대인 냉정한 회의(懷疑)에서, 확실한 본능과 본성을 가까이 하는 데서, 자기 인식에 근거한 자기 제한에서 우리 고국에 유익한 건강을 훨씬 더 많이 보고 있다. 조만간 진정으로 "새로운" 것은 역사에 없다는 사실이 다시 확인될 것이다. 진정

..........
82  '파우스트' 2부 5막.

으로 참신한 무엇인가에 대한 논의는 오직 상상 불가능한 일이 일어

날 때에만, 말하자면 이성과 인류애와 사랑이 항구적인 승리를 거두는

날에만 가능할 수 있다.